dtv

Die Frage nach der richtigen Lebensführung ist ein Grundthema menschlichen Daseins und durchzieht die gesamte Philosophiegeschichte. Die ›Geschichte der Ethik‹ eröffnet am Beispiel herausragender Werke einen Überblick über die grundlegenden Anschauungen und Systeme der philosophischen Ethik und führt in die Lektüre von Quellentexten ein. Wurde in der Antike das Augenmerk darauf gerichtet, das Gute zu erkennen und in der Folge zu tun, so treten im abendländischen Mittelalter mit der christlichen Heilslehre Glaube, Liebe und Hoffnung an die Seite der Erkenntnis. »Liebe und tue, was du willst«, formuliert Augustinus, und er ist der Philosoph, der mit seiner Wendung zur Innerlichkeit eine Epoche eröffnet. Sich selbst zu erkennen und in der Polarität von Willensfreiheit und Determination durch den allmächtigen christlichen Schöpfergott den richtigen Weg zu wählen bedeutet die Quadratur des Kreises und hält die mittelalterliche Geisteswelt in Atem.

Michael Hauskeller, geboren 1964, studierte Philosophie in Dublin, Berkeley und Bonn und ist wissenschaftlicher Mitarbeiter am Institut für Philosophie der TU Darmstadt. Veröffentlichungen u. a.: ›Alfred North Whitehead zur Einführung‹ (1994); ›Atmosphären erleben. Philosophische Untersuchungen zur Sinneswahrnehmung‹ (1995); ›Was das Schöne sei. Klassische Texte von Platon bis Adorno‹ (Hg., dtv 30150, 3. Aufl. 1999); ›Geschichte der Ethik. Antike‹ (dtv 30634, 1997); ›Was ist Kunst? Positionen der Ästhetik von Platon bis Danto‹ (1998); ›Vom Jammer des Lebens. Einführung in Schopenhauers Ethik‹ (1998); ›Auf der Suche nach dem Guten‹ (1999).

Michael Hauskeller

Geschichte der Ethik

Mittelalter

Deutscher Taschenbuch Verlag

Von Michael Hauskeller
sind im Deutschen Taschenbuch Verlag erschienen:

Was das Schöne sei. Klassische Texte von Platon bis Adorno (30150)

Geschichte der Ethik: Antike (30634)

weiterhin geplant:

Geschichte der Ethik: Neuzeit
Geschichte der Ethik: Gegenwart

Originalausgabe
August 1999

Umschlagkonzept: Balk & Brumshagen
Umschlagbild: Hl. Johannes, 11. Jahrhundert
Gesetzt aus der Garamond 10/11·
Gesamtherstellung: C. H. Beck'sche Buchdruckerei, Nördlingen
Gedruckt auf säurefreiem, chlorfrei gebleichtem Papier
Printed in Germany · ISBN 3-423-30727-7

Inhalt

Einleitung

Jede Epochenbezeichnung suggeriert das Vorhandensein von Grenzen, die bestimmte Zeitabschnitte klar voneinander trennen. Auf die Antike folgt dann das Mittelalter, auf das Mittelalter die Neuzeit, auf diese die Gegenwart. Aber das sind letztlich nur Namen, mit deren Hilfe wir versuchen, einen Schein von Ordnung in die chaotische Mannigfaltigkeit geschichtlicher Ereignisse zu bringen. Denn tatsächlich verändert sich ja ständig irgend etwas, während anderes gleich bleibt. Vielleicht lassen sich übergeordnete Strukturen ausmachen, aber auch diese werden nicht zu einem bestimmten Zeitpunkt durch andere *ersetzt*, sondern gestalten sich langsam und in vielen kleinen Einzelschritten um, bis sie sich endlich so weit verändert haben, daß wir – zu Recht oder zu Unrecht – glauben, es mit etwas gänzlich Neuem zu tun zu haben.

In diesem zweiten Band der ›Geschichte der Ethik‹, der dem Mittelalter gewidmet ist, lassen wir das Mittelalter bereits mit Augustinus beginnen, also im 4. Jahrhundert n. Chr., und zwar nicht allein deshalb, weil Augustinus der erste Denker war, der sich bemühte, der neuen, christlichen Ethik ein tragfähiges *philosophisches* Fundament zu geben, sondern auch, weil seine Überlegungen so ungeheuer einflußreich für die nachfolgende Zeit wurden. Mit dem Namen »Mittelalter« soll hier also grob eine Zeit umrissen werden, die es einem von seiner ganzen Anlage her *christlichen* Philosophieren erlaubte, nahezu unangefochten das europäische Denken zu beherrschen. Andere Denktraditionen, seien es heidnische, islamische oder jüdische, wurden zumeist schnell unterdrückt, ignoriert oder assimiliert. Daß es sie gab, steht außer Frage. Entscheidend ist aber, daß es vom 4. Jahrhundert an für mehr als tausend Jahre praktisch keine systematische Reflexion mehr über die Welt und die Stellung des Menschen darin gab, die nicht wesentlich durch irgendeinen religiösen *Glauben* bestimmt gewesen wäre.

Vor allem die mittelalterliche *Ethik* ist daher nicht nur durch und durch theozentrisch, sondern sie geht auch von nicht hinterfragten Voraussetzungen aus, nämlich von Glaubenstatsachen, die als solche der philosophischen Erörterung, das heißt, dem Zwang rationaler *Begründung*, entzogen sind. Martin Heidegger meinte deshalb, daß es eine *christliche Philosophie* nie gegeben habe und auch nicht geben könne, da der Begriff einer christlichen Philosophie widersinnig sei – widersinniger noch als der eines viereckigen Kreises, denn: »Viereck und Kreis kommen ja noch darin überein, daß sie räumliche Gebilde sind, während christlicher Glaube und Philosophie abgründig verschieden bleiben.«[1] Als Philosophieren im eigentlichen Sinne dürfe nämlich nur »das vollkommen freie Fragen des Menschen« gelten, und eben dies sei im Mittelalter (und bei vielen Denkern auch noch lange danach) eben nicht möglich gewesen.[2]

Gibt es aber tatsächlich, wie Heidegger unterstellt, so etwas wie ein *vollkommen freies* Fragen? Beruht nicht unser Denken vielmehr immer schon notwendig auf irgendwelchen Annahmen, die nicht weiter reflektiert werden, weil sie uns selbstverständlich scheinen? Wie sich aus Descartes' gescheitertem Versuch, das ganze menschliche Wissen auf einem absolut sicheren Fundament neu zu gründen, lernen läßt, können wir unmöglich an allem zweifeln. Irgend etwas müssen wir immer voraussetzen, um überhaupt Schlüsse ziehen zu können, so daß es eine gänzlich voraussetzungsfreie Philosophie so wenig geben kann wie einen viereckigen Kreis. Darüber hinaus ist das, was wir voraussetzen, längst nicht für jeden von uns dasselbe. Wäre es das, wären nämlich alle Philosophen einer Meinung über die wesentlichen Fragen. Es gäbe dann nicht, wie es der Fall ist, unzählige verschiedene Ansätze zum Verstehen der Welt. Was wir denken, hängt eben auch davon ab, was wir *glauben*, und

[1] Martin Heidegger, Gesamtausgabe Bd. 48: Nietzsche. Der europäische Nihilismus. Frankfurt am Main 1986, S. 163 f.

[2] Martin Heidegger, Gesamtausgabe Bd. 29/30: Die Grundbegriffe der Metaphysik. Frankfurt am Main 1983, S. 68.

das wiederum davon, welche Erfahrungen wir im Leben gemacht haben und wie wir infolgedessen gelernt haben, die Welt zu *sehen*. Jeder Philosophie liegt somit, buchstäblich, eine *Weltanschauung* zugrunde. Die Weltanschauung des Mittelalters war geprägt durch den Glauben an die Existenz Gottes und die Wahrheit der Offenbarung. Alle Schlüsse ruhten auf dieser Prämisse. Wir mögen diesen Glauben heute nicht mehr teilen, aber das heißt nur, daß wir jetzt an die Nichtexistenz Gottes glauben. Damit machen wir aber nur eine andere Voraussetzung, aus der sich andere Folgerungen ergeben. Bis weit in das 18. Jahrhundert hinein vertraten die meisten Philosophen die Auffassung, daß der religiöse Glaube für die Aufrechterhaltung der Moral unverzichtbar sei. Der Atheist wurde mit dem Amoralisten gleichgesetzt. Nun ist die Annahme sicher falsch, daß jemand, der nicht an die Existenz Gottes und die Unsterblichkeit der Seele glaubt, nicht moralisch denken, fühlen und handeln könne. Doch wird er auf die ethische Grundfrage »Was soll ich tun?« in vielen Situationen vermutlich eine andere Antwort geben als der gläubige Christ. Ob diese Antwort auch *besser* ist als die des Christen, läßt sich jedoch nicht entscheiden, da wir keine Möglichkeit haben, einen neutralen Standpunkt jenseits der beiden Positionen einzunehmen. Entweder wir glauben oder wir glauben nicht. Das schließt freilich nicht aus, daß wir gute *Gründe* für unseren Glauben beziehungsweise Unglauben haben, aber das sind eben *unsere* Gründe, das heißt solche, die zwar *wir* überzeugend finden, andere hingegen offenbar nicht. Auch die anderen haben ja ihre Gründe, sich unserer Auffassung nicht anzuschließen, und es wird uns nicht schaden, sie anzuhören und zu verstehen zu versuchen, warum sie jemand überzeugend finden kann.

Das Fundament der mittelalterlichen Ethik ist der Glaube an die Existenz und das Wesen Gottes. An den Anfang des Begreifens wird damit das Unbegreifliche gestellt: Die Vernunft erkennt ihre eigene Begrenztheit an. So macht uns die mittelalterliche Ethik auf den dunklen Grund *aller* Moral aufmerksam, das Mysterium jener unbedingten Verpflichtung, die sie an uns heranträgt. Die antike Ethik kannte diese Verpflichtung noch nicht, jedenfalls nicht in demselben Ausmaß, denn das Gesollte wurde dort noch abgemildert durch seine Herleitung aus den Erfordernissen des Zusammenlebens und des menschlichen Glücksstrebens. Ein gutes, glückliches Leben führt nur der Tugendhafte, also der in allen menschlichen Belangen Tüchtige. Die Tugend galt der Antike also als (notwendige, manchen sogar als hinreichende) Bedingung des menschlichen Glücks. Nun wird die innige Verbindung zwischen gutem Handeln und Glück zwar auch im Mittelalter noch nicht gelöst, aber doch immerhin gelockert. So wird jetzt nicht mehr angenommen, daß sich das Gute bereits in diesem Leben auszahlen müßte. Auch wenn es immer noch als moralischer Skandal empfunden wird, wenn dem Anschein nach ein Ungerechter alles irdische Glück besitzt, während ein Gerechter im Elend verkommt, so kann doch nicht geleugnet werden, daß so etwas tatsächlich geschieht. Das bedeutet, daß es keinerlei *intrinsische* Verbindung zwischen Tugend und Glück beziehungsweise Laster und Unglück gibt. Wenn das Gute dennoch nicht unbelohnt und das Böse nicht ungestraft bleibt, dann nur deshalb, weil es eine Instanz gibt, die kraft ihrer Güte und Allmacht schließlich doch noch zusammenbringt, was der Gerechtigkeit nach zusammengehören *sollte*. Das heißt, die Tugend belohnt sich nicht mehr selbst, sondern wenn, dann belohnt *Gott* sie, und zwar in einer anderen Welt.

Aber Gott vermittelt nicht nur zwischen Tugend und Glück, sondern er tritt auch als Gesetzgeber hervor. Nicht nur müssen wir auf eine bestimmte Weise handeln, wenn wir das Glück von ihm empfangen wollen, sondern wir *sollen* auch so handeln, ganz unabhängig davon, was wir wollen oder nicht wollen. Es ist also nicht mehr allein unsere Sache, was wir mit unserem Leben anfangen, sondern es ist uns durch eine höhere Instanz eine ganz bestimmte Lebensweise *vorgeschrieben*. Weder sind wir autonom noch kann Autonomie unser Ziel sein; im Gegenteil erfahren wir uns als gänzlich heteronom, einem Gesetz unterworfen, das wir nicht selbst gemacht haben. Wir verpflichten uns nicht etwa selbst, sondern etwas, was auch immer es sein mag, *ruft* uns in die

Pflicht. Wenn wir durch die Erfüllung dieser Pflicht auch noch glücklich werden, um so besser, aber das ist nicht entscheidend. Die Pflicht zum Gehorsam bestünde auch, wenn ich nicht auf Belohnung meiner Anstrengung hoffen dürfte. Das Gute und das Schlechte werden also als objektive Gegebenheiten der Welt verstanden.

I. Augustinus

Als Aurelius Augustinus im Jahr 354 n. Chr. als römischer Bürger in der kleinen nordafrikanischen Stadt Tagaste geboren wurde, hatte der Zerfall der antiken Kultur und Zivilisation schon begonnen. Zwei Entwicklungen sollten ihr noch zu Augustinus' Lebzeiten ein Ende setzen: erstens das Eindringen der Hunnen nach Europa und die daraus resultierende germanische Invasion des Römischen Reiches; und zweitens der Aufstieg des Christentums zu einer das gesamte geistige Leben beherrschenden Macht.

Zerfall des Römischen Reiches

Schon seit Beginn des 3. Jahrhunderts konnten die einstmals unüberwindlich scheinenden Grenzwälle und die sie verteidigenden Soldaten die Grenzen des Reiches nicht mehr so mühelos sichern, wie sie es zwei Jahrhunderte lang vermocht hatten. Im Osten ließen die Sassaniden das alte Perserreich wieder aufleben und wandten sich gegen Rom, um ehemals großpersisches Gebiet zurückzuerobern. Gleichzeitig wurde der Druck der von Nordosten herandrängenden Germanenstämme zunehmend heftiger und gewalttätiger. Immer wieder gelang es Horden solcher Stämme, auf Beutezug tief in römisches Gebiet vorzudringen und ganze Landstriche zu verwüsten. Da auf diese Weise die Landesverteidigung zur dringlichsten Aufgabe wurde, gewann die Armee schnell an Größe und Macht und brachte schließlich das Reich unter ihre Kontrolle. In wenigen Jahren verwandelte sich Rom so von einem verhältnismäßig liberalen, aristokratisch verwalteten Kaiserreich, das seinen Bürgern weitgehend ein Leben in Sicherheit und Wohlstand ermöglichte, in eine äußerst instabile, von Feinden bedrängte und inneren Machtkämpfen geschüttelte Militärdiktatur (235–284). Doch gelang es schließlich allen innenpolitischen Wirren zum Trotz noch einmal, die Eindringlinge abzuwehren und die Grenzen bis über die Mitte des nächsten Jahrhunderts hinaus zu sichern. Die durch die konsequente Militarisierung des Staates nach außen fürs erste wiedergewonnene Sicherheit hatte jedoch einen hohen Preis. Um die für den Unterhalt des gewaltigen Heeres nötigen Ausgaben zu bestreiten, wurde die wirtschaftlich von den Plünderungen ohnehin schon arg getroffene Bevölkerung durch Steuererhöhungen und zusätzliche Abgaben bis an den Rand des Erträglichen belastet. Auch nach der politischen Stabilisierung am Ende des 3. Jahrhunderts und der Neuordnung des Staates durch Diokletian und Konstantin erholte sich die Wirtschaft im Westen des Reiches nur mühsam. Handel und Produktion wurden einer rigiden Kontrolle unterworfen und jegliche Eigeninitiative unterbunden. Die Steuerlast blieb hoch, und in dem zur Durchsetzung der staatlichen Zwangsmaßnahmen notwendigen bürokratischen Apparat blühte die Korruption. Während im Osten des Reiches der Handel weiterhin rege war und ein relativer Wohlstand aufrechterhalten werden konnte, verarmte der Westen zusehends. Die Schere zwischen Arm und Reich öffnete sich weit, das städtische Bürgertum büßte sein Kapital ein und begann sich aufzulösen, und die Bauern verloren ihre Unabhängigkeit an die immer mächtiger werdenden Großgrundbesitzer. Das gelegentliche Aufbegehren der besitz- und rechtlos gewordenen Schichten wurde, wenn nötig, gewaltsam niedergeschlagen. Aus einstmals freien Bürgern, die stolz gewesen sein mochten, Römer zu sein, waren nun Untertanen einer autoritären Staatsmacht geworden, die von ihnen nur eins forderte: Gehorsam und stille Duldung der über sie verhängten Maßnahmen. Den sozialen Verlierern blieb oft keine andere Wahl, als sich mit der Situation abzufinden. Viele fanden jetzt den Weg zum Christentum, das seinen Anhängern Trost gab, indem es ihnen ein besseres Leben in einer anderen Welt in Aussicht stellte.

In der zweiten Hälfte des 4. Jahrhunderts verstärkte sich erneut der Druck auf die Grenzen des Reiches, als die Hunnen von Nordosten her die germanischen Völker aus ihren angestammten Siedlungsräumen verdrängten und sie zwangen, in andere Gebiete auszuweichen. Im Jahr 376 – Augustinus war zweiundzwanzig Jahre alt – wurde die römische Armee von den angreifenden Westgoten vor Adrianopel vernichtend geschlagen. Auch wenn die unmittelbaren politischen Folgen der Niederlage weniger dramatisch ausfielen, als man zunächst befürchtete, war die Erschütterung unter den Zeitgenossen doch gewaltig. Zum ersten Mal schien die Existenz des bislang für unzerstörbar gehaltenen Reiches nicht mehr selbstverständlich, und tatsächlich war der endgültige Untergang nicht mehr fern. Für eine Weile konnten die Goten zwar noch durch allerlei Konzessionen ruhiggestellt werden, doch bereits in der ersten Dekade des neuen Jahrhunderts zogen die Vandalen plündernd durch Gallien; einige Jahre später brachen sie nach Nordafrika durch. Im Jahre 410 plünderten die Westgoten unter Alarich Rom, die »ewige« Stadt. Als Augustinus 430 starb, wurde Hippo Regius, sein Bischofssitz, von den Vandalen belagert und kurz nach seinem Tod erobert. Der letzte weströmische Kaiser mußte 476 abdanken.

Aufstieg des Christentums

Während die Germaneneinfälle schließlich den politischen Untergang des weströmischen Reiches herbeiführten, erfolgte durch das Christentum seine geistige Umstrukturierung, die auf andere, aber genauso wirksame Weise zu seinem Ende beitrug. Zu Beginn des 4. Jahrhunderts war das Christentum nur eine unter vielen Sekten gewesen, die eine persönliche Erlösung von den Bedrängnissen der diesseitigen Welt versprachen. Noch unter Diokletian (284–305) wurden die Christen, die sich hartnäckig der von allen Bürgern erwarteten Verehrung der römischen Staatsgottheiten verweigerten, wieder für einige Jahre energisch verfolgt. Bald schon stellte sich jedoch heraus, daß man die Christen auf diese Weise nicht loswerden konnte. Bereits 311 wurden die Verfolgungen wieder eingestellt. Die große, entscheidende Wende aber kam ein Jahr später, als der römische Kaiser Konstantin (308–337) sich öffentlich zum Christentum bekannte. Später ließ er sich sogar taufen und wurde so zum ersten christlichen Kaiser Roms. 313 erließ er das Mailänder Toleranzedikt, das den Christen im Reich (sowie allen anderen Glaubensgemeinschaften) die freie Ausübung ihrer Religion garantierte. 324 erlangte er die Alleinherrschaft und verlegte 330 seine Residenz nach Konstantinopel, dem ehemaligen Byzanz, das er ausdrücklich als ein zweites, christliches Rom neu gründete. Dieser Schritt hatte unter anderem zur Folge, daß die östliche und die westliche Reichshälfte sich immer mehr verselbständigten, bis es schließlich 395 zur Reichsteilung kam. Dank Konstantins Förderung breitete sich das Christentum immer mehr in der Bevölkerung aus und gewann zunehmend an politischer und wirtschaftlicher Macht. Auch die kurze Herrschaft Julians, genannt Apostata (360–363), der sich wieder vom Christentum abwandte und daher seinen Beinamen (»der Abtrünnige«) erhielt, vermochte daran nichts mehr zu ändern. Unter Kaiser Theodosius (379–395) wurde das Christentum endgültig zur Staatsreligion.

Augustinus

Als Augustinus geboren wurde, war das Christentum bereits zu einer prägenden Kraft im geistigen Leben der Zeit geworden. Augustinus' Mutter war Christin und machte ihren Sohn mit den Grundlagen der christlichen Lehre bekannt, ohne ihn aber für ihren Glauben gewinnen zu können. In der Schule erhielt er eine klassische, hauptsächlich auf die Vermittlung rhetorischer Fähigkeiten ausgerichtete Bildung und wurde mit den Schriften Vergils und Ciceros bekannt. Sechzehnjährig verließ er Tagaste und begab sich in die Provinzhauptstadt Karthago, um dort Rhetorik zu studieren und sich auf eine lukrative Laufbahn im Staatsdienst vorzubereiten. Etwa zwei Jahre später stieß er, wie er in seinen ›Bekenntnissen‹ berichtet, auf Ciceros protreptischen, das heißt zum philosophischen Leben mahnenden, Dialog ›Hortensius‹, der in ihm das Bedürfnis erweckte, sein Leben dem Streben nach Weisheit zu widmen. Ein Versuch, diese Weisheit in der Heiligen Schrift der Christen zu finden, scheiterte zunächst, weil er sich von den ihm darin begegnenden Dunkelheiten und Ungereimtheiten sowie dem wenig eleganten Stil, der dem klassischen so unähnlich war, abgestoßen fühlte. Bald darauf, im Jahr 374, wurde er Lehrer für Rhetorik in Karthago und schloß sich dort den sprachgewandteren Manichäern an, deren Lehre die von ihm begehrte Weisheit zu enthalten schien. Augustinus wurde zu einem der eifrigsten Verfechter des Manichäismus und blieb ihm neun Jahre lang verbunden, bis er Karthago 383 verließ, um zunächst in Rom, dann ein Jahr später in Mailand als Professor weiter zu unterrichten. Die Begegnung mit dem Mailänder Bischof Ambrosius und die von diesem angeregte ausgiebige Beschäftigung mit den Büchern der »Platoniker« Plotin und Porphyrios brachte ihn schließlich 386 dazu, seine Lehrtätigkeit und mit ihr alle weltlichen Aspirationen aufzugeben, sich zurückzuziehen und ganz dem katholischen Glauben zuzuwenden. 387, in seinem dreiunddreißigsten Jahr, ließ er sich taufen, ging zurück in seine Heimat Afrika und übernahm dort 395 in Hippo Regius das Bischofsamt, das er bis zu seinem Tod im Jahr 430 behalten sollte.

Manichäismus und Neuplatonismus

Die Lehre Manis

Nachdem er sich hatte taufen lassen, bekämpfte Augustinus die Manichäer mit der gleichen Entschiedenheit, mit der er ihnen vorher angehangen hatte, obwohl sich die Mailänder Manichäer selbst als die wahren Christen betrachteten. Ihre Lehre wurde von dem Perser Mani (216–276) begründet, der für sich in Anspruch nahm, der von Jesus angekündigte Vollender der christlichen Lehre zu sein. Christus war für die Manichäer eine Quelle der geoffenbarten Weisheit und ein Symbol der leidenden Menschen. Das Neue Testament erkannten sie in großen Teilen an, während sie das Alte Testament wegen seines kruden Gottesbegriffes und seiner Orientierung am Diesseitigen komplett verwarfen.[1] Christus war ein Sendbote Gottes, der den Menschen den Weg zur Selbsterkenntnis wies, indem er ihnen ihre göttliche Abkunft in Erinnerung rief. Die volle Wahrheit aber wurde erst durch Mani offenbar. Er war der Bote des Lichts, der die Menschheit aus ihrer Gefangenschaft befreite. Nach Manis Lehre ist der Mensch ein Fremder in einer verderbten Welt, zu der die gesamte körperliche Natur einschließlich seines eigenen Leibes und seiner Regungen zählt. Die Welt, in der wir leben, ist entstanden aus dem Kampf zweier voneinander unabhängiger Reiche, dem des Lichts und dem der Finsternis. Licht und Finsternis sind die Urprinzipien, das reine Gute und das reine Böse in absoluter Geschiedenheit. Während das Licht sich selbst genügt, in sich ruht und niemals etwas anderes begehrt, als daß jene ursprüngliche Trennung von der Finsternis fortbestehen möge, wurde die Finsternis stets von einer rastlosen zerstörerischen Gier getrieben. Dieser Gier folgend kehrte sich die Finsternis gegen das Licht, im Versuch, es zu zerstören. Da das Licht aufgrund seiner reinen Güte der Vernichtungswut der Finsternis entbehrte, unterlag es ihr im Kampf und gab einen Teil seiner selbst als Opfer preis, um der Gefahr einer völligen Zerstörung zu entgehen. So gelang es der Finsternis, Teile des Lichts zu verschlingen, so daß sich das nicht Zusammengehörige, Gut und Böse, Licht und Finsternis, miteinander vermischten. Aus dieser Mischung ging der Kosmos hervor, in dem die Teile des Lichts als Seelen in der der Finsternis zugehörigen körperlichen Welt gefangen bleiben, bis sie irgendwann wieder daraus befreit werden und das Licht wieder vollständig und von der Finsternis geschieden ist.

[1] Zu den Gründen vgl. Andreas Hoffmann, Einleitung zu: Augustinus, Über den Nutzen des Glaubens. (Fontes Christiani Bd. 9) Freiburg u. a. 1992, S. 20.

Diese ganze, im einzelnen recht verwickelte Mythologie[2] wurde von den Manichäern als einzig rationale Erklärung der Weltbeschaffenheit verstanden. Die stoffliche Welt ist unverkennbar eine Domäne des Bösen[3] und kann deshalb nicht von Gott geschaffen sein, denn Gott ist gut und die Welt ist schlecht. Das Böse stammt folglich nicht von ihm, sondern muß vielmehr eine selbständige Macht sein, die das Gute aktiv daran hindert, sich zu entfalten. Nur so läßt sich der Zustand der Welt erklären. Die Seelen der Menschen (sowie alles Lebendigen und der Elemente) sind also Gefangene im Reich der Finsternis. So ist der Mensch vom Übel oder Bösen[4] umgeben, aber selbst nicht Teil dieses Übels. Wenn er Schlechtes tut, dann tut er es gegen seinen eigentlichen Willen und nur deshalb, weil es die böse Natur, die sich ihm angeheftet hat, offenbar nicht anders zuläßt. Sein Fleisch mag gegen seinen Geist streiten, den Sieg davon tragen und ihn zum Bösen treiben, doch der Mensch selbst, seine gute Seele, bleibt von all dem unbefleckt. Als Teil der göttlichen Substanz kann die Seele des Menschen durch nichts verunreinigt werden. Sie ist nicht von dieser Welt, was sie allerdings selbst, durch ihre Eingebundenheit in die Materie, vergessen hat, weshalb sie erst durch einen Ruf aus ihrem Schlaf geweckt werden und zur Erkenntnis (Gnosis) geführt werden muß. Jeder Mensch, der diesen Ruf hört und so seine wahre Natur erkennt, kann durch das Einhalten bestimmter Lebensregeln seiner Seele den Weg zurück ebnen aus der Fremde und Dunkelheit, in die es sie unschuldig verschlagen hat, in ihre wahre, lichtvolle Heimat, zurück zu dem guten Gott, dessen Teil sie ist. Durch sexuelle Enthaltsamkeit und Verzicht auf

[2] Vgl. hierzu Hans Jonas, Gnosis und spätantiker Geist. 2. Aufl. Göttingen 1954, insbesondere Teil 1: Die mythologische Gnosis, S.284-320.

[3] Mit Ausnahmen: In Sonne, Mond und den übrigen Gestirnen ist der stoffliche Anteil sehr gering. Sie sind Träger des Lichts und damit Repräsentanten des Lichtreiches, weshalb sie auch besondere Verehrung genießen.

[4] Das Lateinische unterscheidet ebensowenig wie das Griechische zwischen Übel und (moralisch) Bösem. Beides heißt *malum*. Wenn im folgenden zumeist vom Bösen die Rede ist, so, um der manichäischen Deutung des empirisch in der Welt vorgefundenen Übels als einer aktiv wirkenden Macht Rechnung zu tragen.

Fleischgenuß verweigert er der Finsternis seine Mithilfe an der Knechtung der Seelen. Er hört auf, die Finsternis nachzuahmen, indem er sich, wie diese, fremde Seelen einverleibt und stets neue Behältnisse schafft, um seine Seele gefangenzuhalten. Durch seine Verweigerung wirkt er mit an dem langen Prozeß der Freisetzung aller gefangenen Seelen und der völligen Wiederherstellung des Lichtreiches.

Die Plausibilität des manichäischen Systems

Trotz ihrer heute bizarr anmutenden Mythologie besaß die manichäische Lehre doch eine verführerische Einfachheit, der sich auch der junge Augustinus nicht entziehen konnte. Mani erzählte das Märchen von einer Welt mit eindeutigen Fronten, auf der einen Seite das Gute, auf der anderen das Böse. Was konnte klarer sein, was den Ansprüchen der Vernunft gemäßer, als daß das Gute gut und das Böse böse ist? So war auch die von den Manichäern behauptete vollkommene Reinheit Gottes, seine Jenseitigkeit und seine Identität mit dem schlechthin Guten dem traditionellen Begriff des Göttlichen weit angemessener als die zornige und eifersüchtelnde Natur, die dem Gott des von Juden und konventionellen Christen geheiligten Alten Testaments zuzukommen schien. In Manis Lehre, so glaubten seine Anhänger, wurde Gott die Vollkommenheit zuteil, die er verdiente. Doch nicht nur dem Guten wurde auf diese Weise gebührende Anerkennung gezollt, sondern auch dem Bösen, das nun in einer bislang unbekannten Radikalität zu einer aktiv wirkenden, durch und durch eigenständigen Macht erklärt wurde. So trugen die Manichäer sowohl dem weitverbreiteten Gefühl des Ausgeliefertseins in einer feindlichen Welt Rechnung als auch der sehr realen Erfahrung des Getriebenseins und der Ohnmacht gegenüber inneren Widerständen, der Erfahrung, etwas zu tun und tun zu müssen, was man eigentlich gar nicht tun wollte. Der geordnete Kosmos der antiken Welt erhielt bei den Manichäern einen tiefen Riß, der quer durch den Menschen selbst ging. Der Mensch erlebte sich selbst als Kampfplatz, auf dem Gutes und Böses miteinander ringen.

Allerdings barg das auf den ersten Blick so einleuchtende manichäische System auch gravierende Mängel. Was Gott durch die dualistische Sichtweise an Reinheit gewann, verlor er an Macht, da das Böse als eine von Gott vollständig unabhängige Urgewalt gedacht wurde und somit seinem herrschaftlichen Gebot entzogen war. Wenn das Böse aber so viel Macht in der Welt besaß und Gott ihm gegenüber so hilflos war, daß er sein Reich nur mit Mühe vor ihm zu schützen vermochte, wie konnte man dann von ihm Erlösung erhoffen? Ein (mehr oder weniger) ohnmächtiger Gott mußte für den nach Erlösung suchenden Menschen unbefriedigend bleiben. Hinzu kam, daß Gott doch vollkommen sein sollte, und etwas, dessen Macht von einem anderen so beschränkt wird wie der manichäische Lichtgott eingestandenermaßen von der Finsternis, konnte kaum als vollkommen gelten. Wie konnte das Göttliche überhaupt in Bedrängnis geraten? Ein vollkommener Gott hätte niemals vom Bösen besiegt werden können, ja mehr noch: Wenn Gott wahrhaft vollkommen wäre, dürfte es das Böse als eigenständig wirkende Macht überhaupt nicht geben. Nun sieht aber die Welt, so wie sie vom Menschen erlebt wird, ganz danach aus, als gäbe es sehr wohl eine solche böse Macht. Wenn aber Gott nicht nur gut ist (wie es nicht anders sein kann, da zur Vollkommenheit auch das Gutsein gehört), sondern auch noch wirklich Macht über die Welt besitzt, woher stammt dann das Böse darin?

Das dringlichste philosophische Problem für Augustinus bestand zunächst darin, einen Weg zu finden, die Erfahrung des Bösen mit der angenommenen Vollkommenheit Gottes in Übereinstimmung zu bringen. Da die Existenz Gottes selbst nicht in Frage stand, gab es nur drei Möglichkeiten, das Verhältnis zwischen Gott und dem Bösen zu verstehen: Wenn Gott a) allmächtig war und das Böse wirklich, mußte das Böse von Gott stammen, und also konnte Gott nicht gut sein. Wenn Gott aber b) gut war und das Böse wirklich, konnte er nicht allmächtig sein. Wenn er hingegen c) sowohl allmächtig als auch gut war, konnte das Böse nicht wirklich sein. Die erste Möglichkeit kam von vornherein nicht in Betracht, da Gott nicht anders als gut gedacht werden konnte, ja das Gute selbst war. Die zweite Möglichkeit wurde von den Manichäern entwickelt und wohl von Augustinus lange mitgetragen, schließlich aber wegen ihrer Unvereinbarkeit mit der Vollkommenheit Gottes zurückgewiesen. Es blieb also nur die dritte Möglichkeit, vor der Augustinus aber noch zurückscheute, da sie der Erfahrung des Bösen in der Welt zu widersprechen schien. So löste sich Augustinus zunächst vom Manichäismus, ohne eine ernsthafte Alternative in Aussicht zu haben, und wurde vorübergehend zum Skeptiker. Erst die Beschäftigung mit dem Neuplatonismus Plotins und seines Schülers Porphyrios im Jahr 386 verschaffte ihm das theoretische Rüstzeug, das er brauchte, um seinen Skeptizismus aufgeben zu können und sein Projekt der Weisheitssuche von einer veränderten, aber nichtsdestoweniger festen Grundlage aus fortzusetzen. Die Manichäer waren von der Erfahrung des Bösen ausgegangen, vom konkreten, unmittelbar erfahrenen Leiden an der Welt. Sie fragten, wie eine Welt beschaffen sein muß, in der das Böse solche Wirklichkeit besitzt, und gelangten auf diese Weise zum Dualismus. Der neuplatonisch geläuterte Augustinus schlug nun geradewegs den umgekehrten Weg ein, indem er die göttliche Vollkommenheit als unverrückbare Prämisse annahm und dann darauf sah, was für Konsequenzen sich hieraus für die Natur des Bösen ergeben würden. Die Fragestellung lautete also nun, wie die Erfahrung des Bösen unter der Voraussetzung von Gottes Vollkommenheit zu interpretieren sei.

Plotin über den Ursprung des Bösen

Eine Antwort auf diese Frage hatte bereits anderthalb Jahrhunderte zuvor Plotin (204–270) gegeben. Plotin zufolge ist die ganze vielfältig gegliederte Welt, in der wir leben, hervorgegangen aus dem unwandelbar und ungeteilt Einen. Dieses Eine ist die neuplatonische Variante der platonischen Idee des

Guten.[5] Seine Fülle und Kraft ist so gewaltig und ungeheuer (ἄφατος καὶ ἄπλετος), daß es gleichsam überfließt und, ohne selbst verändert zu werden oder in irgendeiner Weise eine Einbuße zu erleiden, stufenweise durch das Ausströmen (ἀπόρροια, lat.: emanatio) die seiende Welt aus sich gebiert (En IV.8, 6). So entstehen nacheinander mit abnehmendem Seinsgehalt der Geist und die in ihm enthaltenen Ideen, die Weltseele, die Einzelseelen und schließlich als letztes der Bereich der materiellen Körper. Da diese am weitesten von dem überfließenden Einen entfernt sind, sind sie im Vergleich zu den ihr übergeordneten Stufen nichts. Dieses relativ Nichtseiende ist nach Plotin eben das, was wir das Böse oder Schlechte (κακόν) nennen: »Da es nicht allein das Gute gibt, so muß es notwendig für den Prozeß des Aus-ihm-Hervorschreitens (ἔκβασις) – oder wenn man es so nennen will: des ständigen Hinabschreitens (ὑπόβασις) und Wegrückens (ἀπόστασις) – ein Letztes geben; und eben dies, nach welchem schlechterdings nichts mehr entstehen kann, das ist das Böse (κακόν).« (En I.8, 7) Da aber doch alle Körper eine Form (εἶδος) besitzen und insoweit am Einen und Guten teilhaben, sind sie für sich selbst betrachtet nicht nichts. Da es überhaupt nichts gibt, das nicht in irgendeiner Weise eine Gestalt besitzt und somit am gestaltenden Formprinzip teilhat, gibt es nichts in der Welt, das schlechthin böse wäre. Es kann nur weniger gut sein, denn alles, was ist, ist, insofern es ist, gut.

Der Inbegriff des Bösen, das »erste und an sich Böse« (πρῶτον καὶ καθ' αὑτὸ κακόν), ist für Plotin die ungestaltete, chaotische Materie (ὕλη), aber dieses vollständig Formlose ist ein bloßer Grenzbegriff, der mit dem reinen Nichts konvergiert. Nur in einem uneigentlichen Sinne läßt sich sagen, daß die Materie »ist«, denn ihr Sein (εἶναι) ist in Wahrheit ihr Nicht-sein (μὴ εἶναι; En. I.8, 5). Seiend sind erst die immer schon gestalteten Körper, die Plotin das zweite Böse (δεύτερον κακόν) nennt, nämlich insofern sie an der Materie teilhaben und sich deshalb in ständiger Veränderung ihrem vollständigen Beherrschtwerden durch die gestaltende Idee und damit dem vollen Sein entziehen (En. I.8, 3/4). Wenn aber auch die Körper

[5] Vgl. hierzu Geschichte der Ethik (GE), Bd. 1: Antike, S. 71 ff.

vermöge ihrer Form seiend sind, gehört doch das Böse an ihnen nicht »unter die seienden Dinge«, sondern ist »gewissermaßen eine Gestalt des Nichtseienden« (En. I.8, 3). Das Böse hat mithin keine positive Existenz, sondern ist vielmehr eine Abwesenheit, ein bloßes Schattenbild (εἰκών) des Seins (En. I.8, 3). Es ist nicht Form, sondern Beraubung (στέρησις, lat.: privatio) (En. I.8, 1), nicht seiend, sondern Mangel an Sein und am Guten (ἔλλειψις ἀγαθοῦ). Es ist die Maßlosigkeit (ἀμετρία), das Unbegrenzte (ἄπειρον) und Ungestaltete (ἀνείδεον) an den Dingen, die vollständige Armut (πενία παντελής) (En. I.8C, 3).

Das (plotinische) Böse ist notwendig und gut

Nun haftet aber diese Armut notwendig, wenngleich in unterschiedlichem Maß, der ganzen, aus dem Einen hervorgegangenen Welt an, denn die vielgestaltige Welt ist nicht das Eine und muß folglich, da das Eine vollkommen ist, niedriger und schwächer sein als dieses (En. III.2, 5). Nur durch die Abstufungen des Seins vom schlechthin Einen bis hinunter zum formbaren Stoff entsteht überhaupt eine Welt, denn die Welt ist Kosmos, ist Ordnung, und Ordnung ist Hierarchie (En. III.2, 11/12). Hierarchie aber gibt es nur, wo eines schlechter ist als das andere. Mithin ist das, was wir als Übel erfahren, der Mangel an Sein, für die Existenz einer geordneten Welt notwendig, so daß dieses Übel nicht der Welt oder dem Einen zur Last gelegt werden kann. Sofern es Welt gibt, gibt es auch Abstufungen des Seins und damit das (relativ) Böse. Plotin zufolge ist dieser Mangel aber nicht nur unvermeidlich, weil weltkonstituierend, sondern recht besehen sogar etwas Gutes. Wenn man nämlich das vermeintlich Böse oder Schlechte nicht für sich selbst betrachtet, sondern es im Zusammenhang des Ganzen sieht, zeigt sich, daß die Welt ohne es nicht besser, sondern vielmehr schlechter wäre, als sie es jetzt ist (En. III.2, 3). Durch den Mangel gewinnt das All an Schönheit, da durch den Kontrast das Gute um so deutlicher zutage tritt (En. IV.8, 7), so wie in einem Bühnenstück der Held um so herrlicher erscheint, je stärker er sich von den gewöhnlichen und niederen Charakteren unterscheidet. Eine Welt, in der es nur das Gute gäbe, wäre, selbst wenn sie existieren könnte (was freilich unmöglich ist) ästhetisch so reizlos wie eine Tragödie mit lauter strahlenden Helden (En. III.2, 11/12). Der von Plotin gewählte Vergleich ist aufschlußreich, weil daraus deutlich wird, wie sehr in seinem Denken ästhetische und ethische Kriterien ineinander übergehen oder vielmehr gar nicht erst voneinander geschieden werden. Das Schöne (καλόν) und das Gute sind hier immer noch ein und dasselbe, so wie sie es bei Platon und allgemein im griechisch-antiken Denken waren. Das verbindende Glied ist hier die Form, und Form bedeutet Maß und Zahl. Nichts kann schön noch gut noch überhaupt sein, dem dies fehlt. Das Böse ist der Gegensatz, der das Gute erst gut sein beziehungsweise als Gutes hervortreten läßt. So nimmt das relativ Böse in einer vermöge seiner Ordnung vollkommenen und in diesem Sinne wesenhaft guten Welt seinen notwendigen Platz ein (En. III.2, 17).

Doch geht Plotin sogar noch einen Schritt weiter: Selbst wenn man nicht auf das Ganze schaut, läßt sich dem Bösen etwas Gutes abgewinnen. Denn jedes Übel kann auf vielfältige Weise zum Guten genutzt werden. So weisen etwa Armut und Krankheit den Menschen auf die Verächtlichkeit irdischer Güter hin, und selbst die Schlechtigkeit einer menschlichen Seele, der Mangel an Tugend, lehrt andere »begreifen, welch hohes Gut die Tugend ist, indem sie ihr die Übel gegenüberstellt, die das Los des Bösen sind«. (En. III.2, 5)

Moralische Schlechtigkeit

Was nun die moralische Schlechtigkeit, die Verderbtheit der Seele betrifft, so besteht sie in einer Neigung zum Niederen hin, zur Materie. Da die Seele, die das wahre Selbst des Menschen ist (En. I.4, 14), im Leib wohnt, dieser aber materiell ist, erleidet sie selbst durch diese fremde Beimischung nur gar zu leicht eine »Überdunkelung« (ἐπισκοτεῖσθαι). Aus diesem Grund orientiert sie sich auf die körperliche, in stetem Vergehen begriffene Welt hin, anstatt, wie sie um ihrer eigenen Glückseligkeit willen sollte, auf die nächsthöhere Stufe, den Geist hin. Ähnlich wie die Manichäer führt also auch Plotin die Schlechtigkeit der Seele auf ihr Vermischtsein (μῖξις, κρᾶσις) mit dem Leib und der Materie als einem ihr Fremden zurück (En. I.6, 5), freilich mit dem Unterschied, daß das Böse nun nicht positiv als wirkmächtige Urgewalt, sondern negativ als Mangel konzipiert wird. Das Heil für die Seele liegt aber auch bei Plotin in der Befreiung und Reinigung (κάθαρσις) von den Einflüssen des Körpers. Um dem Guten näherzukommen, darf die Seele nicht mehr auf das »Ungestaltete und Ungemessene« (ἀόριστον καὶ ἄμετρον) sehen, sondern muß sich vielmehr so weit wie möglich von der Materie, also dem Nichtseienden, abwenden und sich so von der Verquikkung mit ihr – und das heißt von ihren Leidenschaften – reinigen (En. I.8, 4). Löst sich die Seele »von den Begierden (ἐπιθυμίαι), die sie durch zu innige Gemeinschaft mit dem Leib erfüllen, befreit sie sich von den anderen Leidenschaften (πάθει) und reinigt sich von Schlacken der Verkörperung und verweilt allein mit sich, dann hat sie das Häßliche, das ihr aus einem fremden Sein (παρὰ τῆς ἑτέρας φυσεως) kommt, sämtlich abgelegt« (En. I.6, 5). Wenn also auch das Böse von Plotin als Nichtseiendes gefaßt wird, so ist es doch immer ein Seiendes, in dem es sich manifestiert. Der menschliche Leib, wiewohl nur ein relativ Schlechtes, bleibt doch von der Stufe der menschlichen Seele aus betrachtet das aktiv wirkende Böse, das es zu überwinden gilt. Da alles Böse im Menschen letztlich seiner Leiblichkeit entstammt, kann die vom Körper befreite Seele nicht anders als gut sein.

Das Böse in der von Gott geschaffenen Welt

Alles ist, insofern es ist, gut

Die ersten Schriften von Augustinus, die 386 nach seiner Bekehrung und der Aufgabe seines Lehramts in der ländlichen Zurückgezogenheit Cassiciacums und auch noch während der darauffolgenden Jahre entstanden, sind stark geprägt von neuplatonischen Vorstellungen, die von ihm aber christlich umgedeutet und vereinnahmt werden. So verwandelt sich das Eine Plotins bei Augustinus in einen personalen, allmächtigen und allgütigen, von Gerechtigkeit und Liebe zu seiner Schöpfung bestimmten Gott. Die Emanation, das unwillkürliche Überfließen aus der Fülle des Einen, wird nun zu einem freien Willensakt Gottes. Es geschieht aus seiner uneingeschränkten Machtvollkommenheit heraus, daß Gott die Welt erschafft. Ihm verdankt alles, was ist, seine Existenz, und da er selbst uneingeschränkt gut ist, ist auch alles von ihm Erschaffene und somit alles Seiende gut. Nun ist nichts einfachhin, sondern alles, was ist, ist in einer bestimmten Weise, die es eben zu dem macht, was es ist. Zu sein heißt immer, etwas zu sein, also, wie Augustinus es ausdrückt, eine Form, eine Bestimmung, ein Wesen, eine Natur zu haben, oder besser noch: diese Natur zu sein, denn die Natur ist eben dasjenige am Seienden, was ist. Nicht Natur (das heißt wesensbestimmende Form) zu sein, heißt nicht zu sein. Ohne Essenz keine Existenz. Da nun alles, was ist, seine Natur von Gott hat, ist es auch, insofern es Natur ist, gut (Omnis natura in quantum natura est bona est; lib 3, 127).[6] Zu sein und gut zu sein ist somit für Augustinus ein und dasselbe (conf VII.12). Daraus folgt, daß dem Bösen kein Sein zukommen kann: Das Böse ist nichts (malum nihil est; sol I.2.3), was sich allerdings in zweifacher Weise verstehen läßt, nämlich erstens in dem Sinne, daß es das Böse allem gegenteiligen Anschein zum Trotz gar nicht gibt, und zweitens in dem anderen Sinn, daß das Böse »das Nichts« ist, eine Art quasi-Seiendes, kein Ding, aber irgendwie doch eine wirkende Macht, mindestens eine Bedrohung – so wie ein Abgrund, der zwar auch nichts ist, einen Menschen aber gleichwohl hinabzuziehen und zu zerstören vermag. Ist das *esse* des Satzes im einen Fall nur die grammatische Kopula der Aussage, die es erlaubt, dem Bösen das Sein abzusprechen, wird es im anderen zu einem Exi-

[6] Diese Formel taucht in mannigfachen Variationen immer wieder auf. Alles, was ist, ist, insofern es ist, gut (Omne quicquid est, in quantum est, bonum est; rel 60). Alles Geformte ist, soweit es geformt ist, von Gott [und daher gut] (Omne formatum in quantum formatum est ex deo habet; rel 98).

stenzquantor, der das Böse mit dem Nichts identifiziert und zugleich als ein Seiendes setzt. Beide Interpretationen werden aber weder von Plotin noch von Augustinus scharf geschieden. Der Sinn der Aussage gleitet vielmehr meist irgendwo zwischen beiden Auslegungen, was Augustinus erlaubt, je nach der von ihm argumentativ verfolgten Absicht mal von der einen, dann wieder von der anderen Auslegung Gebrauch zu machen.

Das Böse gibt es nicht

Die Auffassung, daß es das Böse nicht gibt, unterstreicht Augustinus immer dann besonders, wenn es ihm darum geht, sich möglichst deutlich von den Manichäern und der von ihnen gelehrten Spaltung der Schöpfung in rein böse und rein gute Elemente abzugrenzen. Hervorgehoben wird dann, daß es in der Schöpfung überhaupt nichts gibt, das nicht »für sich betrachtet« (per se autem considerata) »wunderbar und schön« (mira atque pulchra) wäre (quant 76). Es ist möglich, daß etwas im Vergleich mit dem Höheren nichtig und schlecht erscheint, wie der Mond im Vergleich mit der so viel heller strahlenden Sonne und die Sterne im Vergleich mit dem so viel heller strahlenden Mond gering erscheinen, aber das ändert nichts daran, daß jedes von ihnen gleichermaßen, nämlich jedes nach seiner Art (quaeque in genere suo) gut erschaffen ist (quaest Si I.2, 8). Zwar gibt es tatsächlich so etwas wie eine objektiv gültige Rangordnung der Dinge, es gibt Besseres und im Vergleich zu diesem Besseren notwendig auch Schlechteres, aber gut ist auch dieses Schlechtere, nämlich sowohl für sich selbst genommen, als auch insofern es den ihm gemäßen Platz in der Gesamtordnung einnimmt. Das Schlechtere ist nur ein weniger Gutes, und dieses weniger Gute gering zu schätzen, nur weil es Besseres gibt, wäre so unsinnig, wie die Schönheit des Mondes zu verachten, weil es eine Sonne gibt. Nur für den Fall, daß zwischen dem einen und dem anderen gewählt werden muß, ist das Bessere dem weniger Guten vorzuziehen.

Nun ist es ja aber nicht gerade die Existenz von Mond und Sternen, durch die für den Menschen das Problem des Bösen aufgeworfen wird und die dem manichäischen Glauben an eine böse weltbeherrschende Macht eine gewisse Plausibilität verliehen hatte. Nicht dies ist das Böse, das der Erklärung harrt, sondern die vielfältigen Plagen, gegen die sich der Mensch täglich zur Wehr setzen muß, etwa »Feuer, Kälte, wilde Tiere oder dergleichen« (civ XI.22). All dies scheint doch nicht etwa »weniger gut«, sondern positiv schlecht zu sein. Die erwähnte objektive Seinsordnung spielt für diese Beurteilung so gut wie keine Rolle. Während etwa das Belebte gemäß jener Ordnung, also objektiv oder von Gott her gesehen, grundsätzlich besser als das Unbelebte ist, das Empfindende besser als das Empfindungslose, können sich für den Menschen ganz andere und mitunter diametral entgegengesetzte Wertungen ergeben. »So geschieht es wohl, daß wir manche empfindungslose Wesen manchen empfindenden vorziehen, und zwar so sehr, daß wir die letzteren, wenn wir nur könnten, aus der Natur austilgen möchten [...]. Denn wer möchte in seinem Hause nicht lieber Brot haben als Mäuse, nicht lieber Geld als Flöhe?« (civ XI.16) Beurteilt werden diese Dinge hier offenbar nicht nach dem Platz, den sie in der tatsächlichen Seinsordnung einnehmen, da Flöhe und Mäuse als lebendige Geschöpfe definitiv einer höheren Seinsstufe angehören und darum an sich größere Wertschätzung verdienen als Geld und Brot. Das Urteilskriterium ist hier eben nicht das Sein, sondern vielmehr die »Tauglichkeit eines Dinges als Mittel zum Zweck«, wobei dieser Zweck nichts anderes ist als die Erfüllung der leiblich-sinnlichen Bedürfnisse des Menschen (civ XI.16). Was ich essen kann, halte ich für »besser« als das, was ich nicht essen kann. Als positiv schlecht gilt mir alles, was mich an der uneingeschränkten Befriedigung meiner Bedürfnisse hindert. So mache ich letztlich meine eigene Hinfälligkeit und Bedürftigkeit zum unhinterfragten Ausgangspunkt meiner Bewertung (civ XI.22). Was den Menschen gewöhnlich als böse erscheint, ist das, was sich ihrem Willen nicht fügt. Sie sehen durch irgendetwas ihre leibliche Existenz bedroht oder ihr Wohlsein beeinträchtigt und ziehen daraus den übereilten Schluß, daß die betreffende Sache etwas an sich selbst Schlechtes sein müsse oder etwas, das die Vollkommenheit der Weltordnung beeinträchtigt. Daraus aber, daß etwas nicht mit dem menschlichen Wollen übereinstimmt, folgt noch nicht, daß es nicht vortrefflich mit anderen Teilen der Welt übereinstimmen oder nicht in sich selbst gut sein könnte. Der Anschein des Bösen entsteht so in Wahrheit nur aus einer ungerechtfertigten Verabsolutierung der eigenen begrenzten Perspektive. Der Mensch nimmt sich selbst in seiner irdischen Existenz fälschlich für das Maß aller Dinge und scheut dabei nicht davor zurück, die Schöpfung korrigieren zu wollen: »Wenn wir nur könnten«, schreibt Augustinus, würden wir alles, was sich unserem Begehren entgegenstellt, bedenkenlos »aus der Natur austilgen«, ohne zu bedenken, daß all diese von uns für vernichtenswert gehaltenen Dinge von Gott geschaffen wurden und ihren je eigenen Wert haben. Sie sind wie einzelne Steinchen in einem gewaltigen Mosaik, in dem sich alles zu vollendeter Harmonie zusammenfügt (ord I.2) und kein Steinchen zuviel oder fehl am Platz ist. Mag es auch immerhin so scheinen, als könne es für den Menschen Schlechtes geben (in Wahrheit ist auch dies nicht so) – für Gott und für die Schöpfung in ihrer Gesamtheit gibt es nichts Schlechtes (conf VII.13).

Schönheit und Eigenwert der Schöpfung

Für Augustinus ist dies weit mehr als ein bloßer Glaubenssatz, da das Gute in den Dingen nicht verborgen, sondern grundsätzlich der menschlichen Erfahrung zugänglich ist, nämlich vermittels der Schönheit, die allen geschaffenen Körpern in gewissem Umfang zukommt (Habet corpus aliquam speciem, sine qua corpus non est corpus; rel 59). In der sichtbaren Schönheit der Schöpfung zeigt sich ihre Güte und göttliche Herkunft. Das bedeutet, daß der Mensch nicht darauf festgelegt ist, die Schöpfung immer nur aus seiner beschränkten, interessengeleiteten Perspektive zu betrachten. Es besteht durchaus die Möglichkeit, einen höheren, quasi-göttlichen und am Ganzen orientierten Standpunkt einzunehmen und sich von da aus davon zu überzeugen, daß es in der ihn umgebenden Welt schlechterdings nichts gibt, das nicht für sich selbst genommen und im Zusammenhang des Ganzen »wunderbar und schön« wäre. Anstatt alles, was sich ihm in der Welt zeigt, auf sich zu beziehen und durch die Brille einer vermeintlichen Schädlichkeit beziehungsweise Nützlichkeit zu betrachten, kann der Mensch auch Abstand von sich und seiner bedürftigen Existenz nehmen und klaren Auges, jenseits allen Zweckdenkens, der wesenseigenen Schönheit selbst von Flöhen und Mäusen gewahr werden, denn selbst in diesen Geschöpfen leuchtet das Licht ihrer göttlichen Abkunft. Anders als noch bei den Stoikern, die zwar ähnlich wie Augustinus die Schönheit der Welt in den glühendsten Farben herauszustellen wußten, dabei aber letztlich nur ihren universalen Gebrauchswert im Auge hatten[7], wird hier die klassische Identifizierung des Guten mit dem Nützlichen tendenziell aufgegeben. Die Dinge sind nun nicht mehr schön und gut, weil und insofern sie dem Menschen nützlich sind oder werden können, sondern sie sind es, ganz unabhängig von ihm und seinen Interessen, allein aufgrund ihres Geschaffenseins. Sie sind gut und schön, weil und insofern sie sind. So wird durch die Ersetzung der anthropozentrischen Sichtweise durch eine theozentrische ein Gegengewicht gegen die Selbstherrlichkeit menschlicher Setzung geschaffen. Die Dinge können sich erstmals von der menschlichen Bewertung, der sie bislang unterworfen waren, emanzipieren und einen gewissen (wenn auch abgeleiteten) Eigenwert für sich beanspruchen.

Auch für den Menschen gibt es nichts Schlechtes

Freilich kann auch Augustinus die menschliche Perspektive nicht gänzlich außer acht lassen und den Nutzen generell in Abrede stellen, da das Problem des Bösen sich eben für den Menschen stellt, und zwar in seiner konkret-leiblichen

[7] Vgl. GE 1, S. 212–217.

Existenz. Wenn es wirklich etwas in der von Gott geschaffenen Welt gäbe, das mich in meinem Sein (und damit in dem an mir, was zu sein gut ist) bedroht, wenn ich, insofern ich bin, von etwas außer mir verletzt oder gar zerstört werden könnte, wenn es also ein tatsächlich (und nicht nur dem Anschein nach) für mich Böses gäbe: dann müßte die Behauptung, daß dieses Böse für sich selbst genommen gut sei, mindestens unbefriedigend, wenn nicht gar unverständlich bleiben. Es kann nicht sein, daß etwas genuin Gutes ein anderes Gutes (wie ich es ja als Seiendes auch bin) zerstört. Das Gute als solches stimmt notwendig mit dem Guten zusammen. Daraus folgt, daß das an sich und von Gott her gesehen Gute in letzter Instanz auch ein für mich Gutes sein muß. Daher, so folgert Augustinus, täusche ich mich sogar doppelt, wenn ich etwas für schlecht halte, nur weil es sich meinem momentanen Wollen und Begehren nicht fügt. Weder gibt es in der von Gott geschaffenen Welt etwas an sich Schlechtes noch auch nur ein für mich Schlechtes. Wenn der Nutzen auch nicht immer unmittelbar ersichtlich ist, so läßt er sich doch bei näherem Hinsehen meist finden, und selbst wenn er sich einmal nicht finden läßt, so muß man doch davon ausgehen, daß es im Verborgenen einen solchen Nutzen gibt (civ XI.22). Denn das Böse existiert nicht, und alles ist gut.

Dennoch: das Nichts ist

Gegen die Manichäer verteidigt Augustinus so die Vollkommenheit Gottes und die Einheit der Welt. Allerdings hat eine Verteidigung, welche die Existenz des Bösen gänzlich bestreitet, ihre Tücken, die auch Augustinus nicht verborgen bleiben und ihn zwingen, dem Bösen eine gewisse, wenn auch im plotinischen Sinne schattenhafte Existenz einzuräumen. Wenn nämlich tatsächlich alles gut ist und es das Böse nicht gibt, braucht man sich auch nicht vor ihm zu hüten. Ebensowenig bedarf es noch einer Erlösung vom Übel, so daß es eigentlich keinen Grund mehr gibt, sich dem christlichen Gott in Liebe und Hoffnung zuzuwenden und seinen Gesetzen zu gehorchen. In einer völlig harmonisierten Welt wären Geburt, Leiden und Tod Jesu Christi schlicht überflüssig gewesen, so daß Augustinus' Verteidigung dem Christentum, zu dessen Stützung sie doch ersonnen wurde, das Fundament zu entziehen droht. Auch wenn Augustinus von seinem Glauben an die Vollkommenheit Gottes niemals wieder abrücken wird, wird ihn doch, wie wir noch sehen werden, nicht zuletzt die Erkenntnis dieser Konsequenz in seinen späteren Lebensjahren dahin bringen, in deutlichem Kontrast zu seinen neuplatonischen Anfängen die Existenz des Übels in der Welt rückhaltlos anzuerkennen. In seinem umfangreichsten Werk, dem ›Gottesstaat‹, tadelt Augustinus die Stoiker, die genau das tun, was er zunächst selbst getan hat, nämlich »mit erstaunlicher Dreistigkeit« zu behaupten, die Übel, unter denen die Menschheit leidet, seien gar keine. Tatsächlich ist für den späten Augustinus das Leben von Übeln geradezu überschwemmt (civ XIX.4), ja eine »Brutstätte ungezählter Übel« (civ XIX.8), so daß jeder, der die Wahl hätte, zu sterben oder sein Leben noch einmal von vorn zu beginnen, den Tod vorziehen würde, um nicht all diese Übel noch einmal durchmachen zu müssen (civ XXI.14). Doch bis Augustinus diese Position mit seinem Gottesverständnis vereinbaren kann, wird es noch eine Zeit dauern.[8] Zunächst bewegt er sich ganz in neuplatonischen Bahnen und versucht die für das Christentum mißlichen Konsequenzen einer allzu harmonischen Welt dadurch zu unterlaufen, daß er, wie es schon Plotin getan hatte, das nichtseiende, weil nicht sein könnende Übel mit einer Art wirkendem Nichts identifiziert. Das Übel gibt es demnach zwar, es ist Teil der Welt, aber es besteht eben in einem Mangel an Sein beziehungsweise darin, das Gute nicht oder des Guten zuwenig zu haben. Alles Unglück ist Mangel (egestas; beat 28), der Gegensatz von Fülle (pleni-

[8] Die ungezählten Übel dieser Welt wird Augustinus schließlich auf den Sündenfall des Menschen zurückführen. Als gerechte Strafe für das vom Menschen begangene Unrecht, als unverkennbares Zeichen seines Falls und als Mahnung zur Umkehr steht das Übel nicht mehr im Widerspruch zu Gottes Güte. Vgl. S. 69f.

tudo). Mangel ist zu verstehen als Mangel an Maß (modus), als ein Zuviel oder Zuwenig.[9]

Freilich erübrigt sich dadurch nicht die Frage, wie es in einer von Gott geschaffenen, und zwar gut geschaffenen Welt solch ein Übel geben kann – selbst wenn dieses Übel nur ein Mangel sein sollte. Hat Gott die Welt denn nicht vollkommen geschaffen? – Gott hat die Welt geschaffen, und zwar die ganze Welt, aber er konnte sie nur aus dem Nichts schaffen, das für Augustinus gleichbedeutend ist mit dem Gestalt- und Formlosen (rel 96). Diese Herkunft aus dem Nichts können die geschaffenen Dinge nicht abschütteln, weshalb sie im Unterschied zu Gott veränderlich sind (civ XII.1). Ihre Nichtigkeit (nequitia) zeigt sich – gut platonisch – in ihrem zeitlichen Sein: sie fließen, lösen sich auf, verströmen. Sie ermangeln der Stabilität der Form, sind etwas, das »gleichsam dauernd sich verliert« (quasi semper perit) und aus dem Maß gerät. Seiendes bedarf aber der Dauer: Es muß feststehen und sich immer gleich bleiben (beat 8).

Der Mensch als Bürger zweier Welten

Nun wäre die stoffbedingte Mangelhaftigkeit der geschaffenen Welt nicht eigentlich ein Übel zu nennen – da ja alles Geschaffene, sofern es ist, gut und daher das vermeintlich Schlechte allenfalls das weniger Gute ist –, wenn der Mangel nicht eine eigentümliche Anziehungskraft auf den Menschen ausüben würde. Aufgrund seiner der Veränderung und dem Verfall anheimgegebenen Leiblichkeit ist der Mensch einerseits Teil der zerfließenden, vom Nichtsein behafteten Welt, andererseits aber ragt er mit seinem Geist zum Ewigen und Göttlichen hinauf. Er steht gleichsam an der Schwelle, die das Sein vom Nichtsein trennt, und kann sich nach der einen oder nach der anderen Seite hin orientieren. Dabei ist es keineswegs gleichgültig, wohin er sich wendet. Wenn er nämlich glücklich sein will, darf er nicht dem Nichtseienden, das heißt der zeitlichen Welt mit ihren vorüberziehenden Verlockun-

[9] Vgl. Aristoteles' Begriff der Mitte, GE 1, S. 97 ff.

gen, nachstreben, sondern muß vielmehr danach trachten, sich in den Besitz des wahrhaft Seienden zu bringen. Er muß sich abwenden von den zeitlichen Dingen, die nicht wirklich sind, sondern gleichsam nur vorgeben zu sein. »Ich kann dir nur eine Regel vorschreiben, eine andere kenne ich nicht: von Grund auf muß man die Sinnenwelt (sensibilia) fliehen, und man muß sich gut in acht nehmen, solange man den Menschenleib trägt, daß an den Leimruten dieser Welt die Flügel unserer Seele (pennae nostrae) nicht kleben bleiben, um uns aus unserer Finsternis bis zu jenem Lichte emporzuschwingen, das sich denjenigen Seelen, die noch in diesem Käfig (in hac cavea) eingesperrt sind, nicht einmal zu zeigen geruht, sofern sie nicht die Kraft besitzen, ihn aufzubrechen oder zu zertrümmern und in ihre eigenen Sphären (in auras suas) zu entfliehen. Darum glaube mir, wenn du so weit bist, daß dich nichts rein Irdisches (nihil prorsus terrenorum) mehr erfreuen kann (delectet), dann wirst du im gleichen Augenblick, ja in derselben Sekunde, schauen, was du sehen willst.« (sol I.24.2/3)

Die geglückte Flucht aus der zeitlichen Welt fällt hier in eins mit der Erkenntnis oder Schau Gottes. Um sie zu erlangen, muß die Seele zu sich selbst zurückkehren (Ac II.3), denn die Seele, das heißt der Geist als der höhere, vernünftige Teil in ihr, ist von allen Dingen Gott (und somit dem Sein) am nächsten (beat 4). Man könnte auch sagen, daß der Geist, die Vernunft, selbst nichts anderes ist als die Anwesenheit Gottes im Menschen. Er ist gleichsam das Licht, das die Erkenntnis erst ermöglicht (sol 12.1 ff.)[10], und die Wahrheit, die wir in unserem eigenen Geist finden. Unverkennbar ist hier die Verwandtschaft des frühaugustinischen Gottes mit der platonischen Idee des Guten, die allem Erkennbaren Wahrheit und Sein und dem Erkennenden das Vermögen des Erkennens verleiht.[11] Indem sich die Seele also erkennend auf sich selbst zurück- und damit dem in ihr wirkenden Gott zuwendet, entscheidet sie sich gegen das Zeitliche und

[10] Vgl. Plotin, En. V.3, 8.

[11] Vgl. Platon, Politeia 508 e–509 b, sowie GE 1, S. 71 ff.

für das Unvergängliche, Ewige, und erlangt so einen festen Halt im Sein und ein dauerhaftes Glück. Um dieses Glückes willen kann Augustinus sagen: »Gott und die Seele (und sonst nichts) will ich erkennen (Deum et animam scire cupio)«. (sol 7.1)

Die Leimruten dieser Welt

Nun fällt es der Seele aber in der Regel gar nicht so leicht, sich vom Zeitlichen zu trennen und dem sogenannten Ewigen zuzuwenden. Die meisten Menschen leben nicht nur in dieser Welt, sondern sind ihr auch in Liebe zugeneigt. Sie hängen an ihr, wollen sie nicht verlassen und streben keineswegs danach, Gott und die Seele zu erkennen. Augustinus deutet diese verbreitete Anhänglichkeit an die zeitliche Welt als Krankheitssymptom. Wie nur das gesunde Auge die Sonne schauen kann, das kranke hingegen die Dunkelheit liebt (amat tenebras; sol I.25.1), so scheut auch die Seele, die im Schatten der zeitlichen, von Nichtigkeit durchdrungenen Welt dahinlebt, das Licht des zeitlosen Seins. Hierin liegt ein Problem, dessen volle Tragweite Augustinus allerdings erst viel später bemerken wird. Wenn das kranke Auge nämlich die Dunkelheit liebt, wird es niemals aus sich heraus das Licht suchen, dem es Form und Sein verdankt. Da ihm in der Dunkelheit wohl ist, empfindet es seine Krankheit nicht und will daher überhaupt nicht gesunden. Der Mensch kann somit des wahren Seins ermangeln, ohne sich aber selbst dessen bewußt zu sein. Er hält sich für glücklich, ohne zu wissen, was wahres Glück bedeutet, und kann so dieses Glück nicht finden, weil er keinen Grund sieht, es zu suchen. Gerade im Wahn, glücklich zu sein, besteht darum das größte Unglück für den Menschen (Ac I.2). Durch diesen Wahn hält die vom Nichtsein durchherrschte Welt die Menschen fest in ihrem Bann, verdunkelt ihre Seelen und zeugt auf diese Weise von der Macht des Nichtseienden. Jede Bewegung der Abkehr (defectivus motus) von Gott und vom Seienden rührt von diesem Nichts her (omnis defectus ex nihilo est; lib II.204).

Gleichwohl läßt sich doch nicht sagen, daß das Nichts solche Abkehr des Menschen positiv bewirkt, denn wenn es das täte, müßte es *etwas* sein, eine selbständig tätige Macht. Es würde sich dann nur noch dem Namen nach von dem Prinzip des Bösen unterscheiden, das die Manichäer in der Welt am Werk sahen. So muß das Nichts einerseits nichts bleiben, andererseits aber doch Wirksamkeit erlangen können. Es muß, mit anderen Worten, zugleich nichts und etwas sein. Augustinus löst dieses Problem, indem er alle Aktivität des Bösen dem Menschen zuweist: Das Nichts hat, da es nichts ist, aus sich selbst heraus keinerlei Macht. Es kann aber sehr wohl Macht erlangen, nämlich dann, wenn, aber auch nur wenn der Mensch ihm diese Macht einräumt. So zieht das Nichts den Menschen nicht eigentlich hinab, sondern vielmehr neigt sich der Mensch selbst freiwillig (voluntario) dem Nichts zu (vergit ad nihilum; rel 58). Das Böse hat somit seinen eigentlichen Ursprung nicht, wie die Manichäer angenommen hatten, in einer äußeren Welt, in die es den Menschen ohne sein Zutun verschlagen hat. Auch steht es dem Menschen nicht, in was für einer Form auch immer, als ein ihm Fremdes gegenüber. Den wahren Ursprung des Bösen muß der Mensch vielmehr nirgendwo anders suchen als in sich selbst, in seiner eigenen Seele.

Die Sünde des Menschen

Urheber des Bösen ist der Mensch

Manis Lehre vom kosmischen Kampf zwischen Licht und Dunkelheit hatte den Menschen tendenziell von der Verantwortung für sein Handeln freigesprochen. Alles Böse, das er in sich spürte, wurde als das Wirken einer fremden und seiner Kontrolle weitgehend entzogenen Macht gedeutet. Nach manichäischer Auffassung wollte nicht der Mensch das Böse, sondern das Böse wollte in ihm. Selbst Plotin, der das Böse immerhin als Mangel verstanden wissen wollte, war der Meinung, daß der alleinige Grund des Bösen die Vermischung der Seele mit einem fremden Element (ἄλλο τι), nämlich dem Stoff oder dem Körper, sei (En. I.6, 9). Darum nannte Plotin den Körper – wobei er vor allem an den menschlichen Leib dachte – auch das »zweite Böse«. Nun konnte sich Augustinus trotz seiner starken Beeinflussung durch den Neuplatonismus auch mit dieser Auffassung bald nicht mehr zufriedengeben. Soviel Gewicht lag bei Plotin noch auf dem Leib und seinem angeblich schlechten Einfluß, daß die Eigentätigkeit und Verantwortlichkeit der Seele gar zu leicht der Beachtung entgehen konnte. Wird die Aufmerksamkeit in dieser Weise zu sehr auf den Körper als den vermeintlichen Ursprung des Bösen gelenkt, wird der Mensch dieses Böse nur weiterhin irgendwo draußen in der Welt suchen und vergeblich bekämpfen, anstatt, wie es richtig und allein erfolgversprechend wäre, in sich selbst. Überall fahndet er nach dem Ursprung des Bösen, nur nicht dort, wo er es allein finden könnte, weil er es eben dort gar nicht finden will. Die eifrige Suche dient ihm letztlich nur dazu, seinen eigenen Anteil am Geschehen vor sich selbst zu verbergen und so scheinbar reinen Gewissens alle Verantwortung von sich zu weisen. Darum genügt es nach Augustinus nicht, einfach nur nach dem Ursprung des Bösen zu suchen. Vielmehr ist es entscheidend, daß man auch am richtigen Ort danach sucht, da sonst die Suche selbst zu etwas Bösem wird, indem sie darauf hinzielt, die von Gott geschaffene Welt und damit Gott selbst für etwas verantwortlich zu machen, das seinen Ursprung gerade nicht in Gott hat (conf VII.3/4). Der wahre Ort des Bösen ist das eigene Selbst, die Seele, die sich dem weniger Seienden zuwendet, anstatt, wie sie sollte, dem mehr Seienden. »Übel tun (male facere) ist nichts anderes, als unter Vernachlässigung der ewigen Dinge, die der Geist durch sich selbst genießt und durch sich selbst erfaßt und die der Liebende nicht verlieren kann, zeitlichen Dingen (temporalia) nachzulaufen, als wären sie groß und bewundernswert, die durch den Körper, des Menschen niedrigsten Teil, wahrgenommen werden und stets ungewiß bleiben. In diesem einen Begriff sind, so scheint mir, alle Übeltaten (omnia malefacta), das heißt Sünden (peccata) beschlossen.« (lib I.115)

Der menschliche Leib

Obwohl Augustinus hier den Leib als des Menschen niedrigsten Teil (partem hominis vilissimam) bezeichnet, ist es keineswegs der Leib (corpus), der übeltut, sondern allemal die Seele. Der menschliche Leib gehört zwar zum Niedrigsten, wie überhaupt die Körperwelt zum Niedrigsten gehört, insofern sie nämlich in der Schöpfungsordnung auf einer geringeren Stufe steht als die Gott und dem Sein weit näherstehende Seele, aber das ändert nichts daran, daß alles Böse der menschlichen Seele entspringt und nicht dem Leib, der als von Gott geschaffener gut ist und trotz seiner Mangelhaftigkeit niemals so schlecht (allerdings auch nicht so gut) werden kann wie die über ihm stehende Seele. Nur das hoch Stehende kann fallen, und je höher es steht, desto tiefer ist sein Fall. Es wäre daher auch falsch, Augustinus und das Christentum in seiner Gesamtheit der Leibfeindlichkeit zu bezichtigen, wie es häufig geschieht. Die relative Geringschätzung des Leibes im Vergleich mit der Seele geht bei Augustinus nicht aus dem christlichen Glauben hervor, sondern vielmehr aus seiner anfänglichen Übernahme neuplatonischer und (via Cicero) stoischer Wertungen. In der nichtchristlichen Antike verstand es sich, zumindest für die Philosophen, beinahe von selbst, daß der Leib und alles, was mit ihm zusammenhängt, nicht anders als verachtenswert sein konnte. Die Vernunft, und die Vernunft allein, war das, was die Menschen vor den Tieren auszeichnete und ihren Rang begründete. Hingegen stand im Zentrum des christlichen Glaubens von Anfang an nicht so sehr die Vernunft, als vielmehr die Mensch- und Leibwerdung Christi. Dadurch erhielt der Leib zumindest potentiell einen Wert, den er in einer reinen Geistreligion niemals haben konnte. Schon frühkatholische Kirchenlehrer wie Clemens von Alexandria (etwa 150–215) oder Origines (etwa 185–252) hatten sich daher gegen die Ansicht ausgesprochen, daß der Leib schlechthin böse sei. Für den jungen Augustinus war das konventionelle Christentum gerade deswegen unannehmbar gewesen. Da er das Böse mit der Körperlichkeit gleichsetzte – wie es nicht nur die Manichäer, sondern auch andere Gnostiker sowie Häretiker wie Marcion getan hatten –[12], konnte er sich auch nicht vorstellen, daß Gott tatsächlich durch einen menschlichen Leib geboren werden und einen ebensolchen Leib annehmen sollte. Wäre Gott körperlich geworden (incarnatum), hätte er sich ja selbst durch die Vermengung mit dem Bösen verunreinigt (inquinatum; conf V.10). Auch nachdem er sich vom Manichäismus abgewendet und bereits über den Neuplatonismus einen Zugang zum Christentum gefunden hatte, vermied es Augustinus zunächst, diesen Aspekt des Christentums zur Kenntnis zu nehmen. Immer noch sah er in Christus weniger den leibgewordenen Gott als vielmehr den *logos:* das Wort und die Weisheit Gottes (Ac II.1; beat 34). Bald aber muß er sich darüber klar geworden sein, daß ein genuin christliches Gottesverständnis eine andere Einschätzung des Körpers verlangte.

So schien es unangemessen zu sein, Plotin zu folgen und vom menschlichen Leib als einem »zweiten Bösen« zu sprechen, da dieser Leib ja wie die ganze körperliche Welt von Gott in einem freien Willensakt geschaffen worden war. Der Leib gehört zwar nicht zum Besten, das es in der Welt gibt, aber er ist dennoch, insofern er ist, keineswegs etwas Schlechtes, sondern vielmehr seinem Wesen nach gut. Darum kann weder wahre Gottheit durch ihre Fleischwerdung befleckt werden (civ 9.17), noch auch der Mensch durch seine leibliche Existenz. Anders als es die griechisch-römische Tradition wollte, ist der Mensch, wie schon im 2. Jahrhundert der Lyoner Bischof Irenäus gegen die Gnostiker geltend gemacht hatte, nicht nur Geist, sondern ebenso auch Fleisch (caro).[13] Er besteht aus beiden Teilen, von

[12] Vgl. Walter Nigg, Das Buch der Ketzer. Frankfurt am Main u.a. 1962, S. 29–42, 55–67.

[13] Den Begriff des Fleisches entlehnt Augustinus von Paulus; vgl. Römer 7, 14–25.

denen zwar der eine herrscht und der andere dient, beide aber gut sind: »Der Geist ist etwas Gutes und das Fleisch ist etwas Gutes.« (cont 18) Geist und Fleisch gehören beide untrennbar zur menschlichen Natur: erst zusammen machen sie den Menschen aus (cont 26, civ I.13). Darum wird auch die menschliche Seele, wenn sie, wie es Christus verheißen hat, einmal vom Tode auferstehen wird, nicht ohne ihren Leib ins Leben zurückkehren (rel 68).[14] Dieser wiederauferstandene Leib wird sogar das gleiche Geschlecht besitzen wie in seinem ersten Leben, wird also ein männlicher oder weiblicher sein, ohne daß das seiner Vollkommenheit Abbruch tun würde, denn beide Geschlechter sind Natur und von Gott jedes in seiner Art gut geschaffen (civ XXII.17).

Fleischliches Denken

»Es ist einfach, das Fleisch zu verwünschen (execrari carnem), sehr schwer aber, nicht fleischlich zu denken (carnaliter sapere).« (rel 110)[15] Böse oder schlecht ist nicht das Fleisch als solches. Schlecht ist es nur, fleischlich zu denken, das heißt, die mit den Sinnen des Leibes wahrgenommenen Gegenstände wichtiger zu nehmen, als es ihnen ihrem Rang nach gebührt, sie besitzen zu wollen und an ihnen zu hängen, als gäbe es nichts Besseres. Aus einer solchen Fehlorientierung der Seele resultieren alle schlechten Handlungen. Wenn die Seele sich nach außen richtet, sich allen möglichen Dingen zuneigt, statt sich dem Geist (animus), den sich darin bekundenden ewigen Wahrheiten und Gott als ihrer Quelle zuzuwenden (cred 34), schadet sie sich selbst, denn dadurch entfernt sie sich von ihrem Ursprung, mindert auf diese Weise ihr eigenes Sein und erniedrigt ihre von Gott gegebene Natur.

[14] Freilich wird aus seiner Gestalt alle »Schwäche, alle Trägheit und alle Vergänglichkeit verbannt« sein. Der wiederauferstandene Leib wird in allem, auch in seiner Größe, so bemessen sein, »wie es der dem Leibe eines jeden eingepflanzten Idee vollendeter oder zu vollendender Jugendkraft entspricht, wobei die einzelnen Glieder in schicklichem Verhältnis zueinander stehen werden«. (civ XXII.20)

[15] Vgl. Römer 8, 5–12.

Darüber hinaus begeht sie aber auch eine Art kosmischen Unrechts, indem sie das Schlechtere über das Bessere stellt und so die ewige Ordnung der Dinge verkehrt. Diese Verkehrung (depravatio) ist das, was Augustinus Sünde (peccatum) nennt, und diese Sünde ist das wahre und der Sache nach einzige Böse.

Wie aber der Leib nicht schlecht ist, so sind es auch nicht die zeitlichen Dinge, die sich der Seele durch seine Vermittlung zeigen. Dinge können schlechter als andere sein, aber sie können nicht einfachhin schlecht sein. In diesem Sinne schlecht oder böse ist immer nur der Umgang mit den Dingen, denn das Böse ist nichts wesenhaft Existierendes (non est substantia): es besteht nur im Tun (facere) und im Leiden (pati; rel 104). So wie man es auch nicht dem Wasser anlasten kann, wenn einer sich mutwillig (voluntaria) hineinstürzt und dabei ertrinkt (rel 104), so kann man es auch nicht den zeitlichen Dingen anlasten, wenn ein Mensch sie über die ewigen stellt. Nicht bei den Dingen liegt also die Schuld, sondern bei den Menschen, die sie schlecht gebrauchen (qui eis male utuntur; lib I.113). Das Böse ist stets nur der Mißbrauch des Guten. Das Gute schlecht zu gebrauchen heißt, es auf verkehrte Weise zu gebrauchen, auf eine Weise nämlich, die seinem wahren Wert nicht angemessen ist. Es gut zu gebrauchen bedeutet hingegen, es so zu gebrauchen, wie es seinem Wert entspricht. In der Art des Gebrauchs bekundet sich die ihm zugrundeliegende Bewertung, und die Richtigkeit dieser Bewertung ist es, die den Guten vom Schlechten trennt. Nun ist die Bewertung, ob sie der wahren Ordnung der Dinge angemessen ist oder nicht, weniger ein Ergebnis rationaler Betrachtung als vielmehr eine Art affektiver Disposition. Die zeitlichen Dinge den ewigen vorzuziehen, bedeutet, eine größere Neigung für sie zu haben oder, stärker noch, sie mehr zu lieben als diese, wobei diese Liebe selbst nicht wiederum auf einem Sachurteil beruht, sondern vielmehr die Grundlage eines jeden solchen Urteils bildet: Ich liebe die zeitlichen Dinge nicht, weil sie mir besser oder erstrebenswerter erscheinen als die ewigen, sondern sie erscheinen mir so, weil ich sie liebe. Diese Liebe ist die Verkehrung, von der oben die

Rede war, denn sie ist eine »Liebe zu den Dingen, die man wider Willen verlieren kann (earum rerum amorem, quas potest quisque invitus amittere)«, und eben darum ein »verwerfliches Begehren« (culpabilis cupiditas; lib I.31). Daß man sie verlieren kann, kennzeichnet den niederen Status dieser Dinge, ihre vergleichbare Nichtigkeit. Der Liebe wert ist nur das Unverlierbare.

Der Verlust des Besseren

Nach den Gegenständen, auf die sich die verkehrte Liebe zu den verlierbaren Dingen richten kann, lassen sich nun verschiedene Sünden unterscheiden, wobei wohlgemerkt nicht die Gegenstände als solche schlecht sind, sondern ausschließlich die sich auf sie beziehende Seele. »Denn nicht des Goldes Fehler ist die Habgier, sondern des Menschen, der das Gold verkehrt liebt und von der Gerechtigkeit sich abwendet, die man dem Golde unvergleichlich vorziehen müßte. Die Zuchtlosigkeit ist auch nicht ein Fehler schöner und lieblicher Körper, sondern der Seele, die in verkehrter Weise leibliche Genüsse liebt und darüber das Maßhalten vernachlässigt, das uns für Güter von weit höherer geistiger Schönheit und unvergänglicher Lieblichkeit empfänglich machen würde. Aufgeblasenheit ferner ist nicht ein Fehler des Lobes der Menschen, sondern der Seele, die das Lob der Menschen verkehrt liebt und darüber das Zeugnis des Gewissens verschmäht. Hochmut endlich ist nicht ein Fehler dessen, der Macht verleiht, oder auch der Macht selbst, sondern der Seele, die ihre eigene Macht verkehrt liebt und von der gerechteren des Mächtigeren nichts wissen will. Darum, wer verkehrt irgend etwas liebt, mag es auch seiner Natur nach gut sein, er wird, auch wenn er's erlangt, durch das Gut schlecht und elend, weil ihm darüber etwas Besseres verlorengeht.« (civ XII.8)

Die verkehrte Liebe ist demnach nicht nur Sünde, sondern zugleich auch ein »Verlust des Besseren«. Die zentrale Frage der antiken Ethik nach dem Glück des Menschen ist auch bei Augustinus noch lebendig, denn der Verlust soll ja ein Verlust für den Menschen sein. Er ist es, der etwas verliert, so daß er selbst zum Opfer jenes Bösen wird, das er durch seine verkehrte Liebe hervorgebracht hat. Für sich genommen sind weder Gold noch schöne Körper, weder das Lob der Welt noch der Machtbesitz schlecht, aber sie können für mich schlecht werden, wenn ich sie schlecht gebrauche, und das heißt: wenn ich aufhöre, sie *nur* zu gebrauchen, und sie statt dessen um ihrer selbst willen liebe. Denn sie zu lieben bedeutet, sich von ihnen abhängig zu machen, und abhängig von etwas zu sein, das so flüchtig ist wie die der zeitlichen Welt angehörigen Dinge, schränkt die Glücksmöglichkeiten erheblich ein. Denn selbst, wenn ich das, was ich liebe, in meinen Besitz bringen sollte, muß ich es doch immer ängstlich hüten, weil ich es jederzeit wieder verlieren kann und am Ende auch sicher verlieren werde. Deshalb besitze ich die Welt immer nur scheinbar, während ich, im Glauben, sie zu besitzen, in Wahrheit von ihr besessen werde (rel 120). So setze ich mein Glück nicht nur auf eine Karte, die nicht gewinnen kann, sondern bin auch noch von Anfang an durch die ständig präsente Drohung des Verlusts am reinen Genuß jener Güter gehindert. »Denn nur das kann die Seele in Freiheit genießen (fruitur in libertate), was sie in Sicherheit genießt (fruitur in securitate).« (lib II.143) Darum ist der Verlust nicht nur etwas, das mir ständig droht, wenn ich die falschen Dinge liebe. Vielmehr ist schon der Besitz jener Dinge selbst ein Verlust. Da es mir unmöglich ist, sie frei zu genießen, muß ich mich ständig um ihren Erhalt sorgen, und mein Begehren kommt niemals zur Ruhe (rel 183). Wie die Dinge, denen meine Liebe gilt, treibe ich hierhin und dorthin, ohne festen Halt, versuche, das ständig Entgleitende zu fassen und entgleite damit am Ende mir selbst. Ich löse mich auf, zerfließe ins Sichtbare und Zeitliche (conf IX.4). Ich verliere mich in der Flüchtigkeit des relativ Nichtseienden und werde so selbst zu einem solchen Nichtseienden. Ich entferne mich von der Quelle des Lebens und lasse meine Seele sterben, indem ich sie der vergänglichen Welt anheimgebe und ihr gleich werde (conf XIII.21): »bald in Furcht, bald in Verlangen, bald in ängstlicher Scheu, bald in eitler und falscher Freude, bald in qualvollem Vermissen dessen, was man geliebt, bald in glühendem Begehren dessen, was man nicht erreicht, bald in bitterem Schmerz wegen erlittenen Unrechts, bald in heißen Flammen der Rachsucht. Geiz engt das Leben ein, Üppigkeit läßt es zerfließen, Gunstbuhlerei wirft sich weg, Hochmut bläht sich auf, Neid martert, Trägheit verkriecht sich, Hartnäckigkeit erbittert, Unterwürfigkeit peinigt. All das und noch unzähliges andere macht jenes Reich des Gelüstens (regnum libidinis) ruhelos und qualvoll.« (lib I.78)

Sünde und Tugend

Nun macht diese quälende Ruhelosigkeit die Sünde der verkehrten Liebe zu einem erlebbaren Übel für den Menschen, aber sie macht sie noch nicht zur Sünde. Eine Sünde (lat.: peccatum, gr.: ἁμαρτία) zu begehen, bedeutet mehr, als nur sich selbst zu schaden. Es bedeutet, wider die von Gott gefügte Ordnung aufzubegehren, sich gegen seinen Willen zu empören und dadurch schuldig zu werden. Da nicht die Dinge den Menschen zu sich hinabziehen, sondern der Mensch sich ihnen freiwillig zuneigt, ist der Verlust des Besseren, den er dadurch erleidet, kein unverdientes Geschick, sondern eine schuldhafte Preisgabe des Besseren zugunsten des Schlechteren und damit eine Verwerfung des von Gott geschenkten Seins. »Denn auch daß ich bin, hast du mir gegeben (quia et ut sim tu dedisti mihi).« (conf I.20) Die Preisgabe, derer der Mensch schuldig wird, ist eine Preisgabe des Herzens. Er fällt, indem er liebt, und zwar indem er die Werke mehr als den Künstler liebt (rel 189). Liebend neigt er sich so dem Nichts und damit dem Tode zu, obwohl ihm Sein und Leben geschenkt wurde. Er »fällt ab von dem, der es schuf und an dessen wahreren Sein er genußreichen Anteil hatte (cuius essentia fruebatur)« und will nun »dem Gesetz Gottes zuwider (contra dei legem) die Körperwelt genießen, der es doch von Gott übergeordnet ist (quibus eam deum praefecit)« (rel 58). Indem er das Falsche liebt und begehrt, liebt er auf böse, verkehrte Weise. Richtig zu lieben, heißt dagegen, in allem nur Gott zu lieben. »Wenn aber der Schöpfer wahrhaft geliebt wird, das heißt, wenn er selbst und nicht statt seiner etwas anderes, was er nicht ist, geliebt wird, gibt es keine böse Liebe. Denn damit in uns die Tugend wohne, kraft derer man gut lebt, muß in rechter Ordnung auch die Liebe selbst geliebt werden, die das Liebenswerte gut liebt.« Darum kann die Tugend auch treffend als »rechte Ordnung der Liebe« definiert werden (civ XV.22).

Nicht die Tat ist Sünde, sondern der Wunsch

Wenn nun die Sünde darin besteht, auf falsche Weise (oder das Falsche) zu lieben und diese Liebe eine Tätigkeit der Seele ist, dann braucht ein Mensch, um im genannten Sinne zu sündigen, nicht einmal in einer bestimmten Weise zu handeln. Die Art und Weise, wie ein Mensch handelt, kann zwar unter Umständen zeigen, was er für ein Mensch ist, aber sie muß es nicht, und auch wenn seine Handlungen äußerlich nichts zu wünschen übrig lassen, kann seine Seele doch verdorben sein. Es kommt nicht so sehr darauf an, was ein Mensch tut und was er nicht tut, sondern was er zu tun begehrt und was er tun würde, wenn seinem Begehren nichts im Wege stünde. Aus der Tatsache, daß er bestimmte Handlungen im Augenblick unterläßt, läßt sich ja nicht erkennen, ob er sie unter günstigeren Umständen nicht doch beginge. Es mag diverse Gründe geben, sich nach außen hin an den Maßstab des Guten zu halten, so daß das Handeln allein noch gar nichts über den Zustand einer Seele aussagt. Ob jemand sündigt oder nicht, hängt daher nicht davon ab, was er tut, sondern *warum* er es tut beziehungsweise *worumwillen* er es tut. Das muß nicht unbedingt bedeuten, daß grundsätzlich alle Handlungen moralisch neutral sind, denn es wäre ja immerhin möglich, daß bestimmte Handlungen ihrem Wesen nach stets ein verkehrtes Begehren voraussetzen. Wenn sie aber schlecht sind, dann allein wegen des buchstäblich verkehrten Begehrens, das ihnen zugrunde liegt. So ist beispielsweise der Ehebruch (adulteria) nicht etwa deswegen schlecht, weil er gegen das Gesetz verstößt oder weil man ihn beim eigenen Ehepartner nicht gutheißen würde oder er von allen Menschen verurteilt wird, sondern darum, weil er das Produkt einer falschen Lust (libido) ist. Deshalb ist auch derjenige der Sünde des Ehebruchs schuldig, der ihn nicht ausführt, sofern er sich die Ausführung nur wünscht (cupere; lib I.14–20). Der Wunsch ist bereits schlecht, weil er darauf zielt, etwas zu erlangen, was keinen oder einen vergleichsweise geringen Wert besitzt, nämlich die Befriedigung eines leiblichen Bedürfnisses durch den Genuß eines anderen Leibes. Dieses begehrliche Wünschen (cupiditas oder concupiscentia), die lüsterne Liebe zu etwas, das einer solchen Liebe nicht wert ist, das ist der Kern jeder Sünde, der aller Tat vorausgeht.

Vergewaltigung und die Reinheit der Seele

Aus diesem Grund begeht auch niemand eine Sünde, der zum Ehebruch genötigt wird. Anders als es der altrömische Ehrbegriff wollte, entehrt der erzwungene Beischlaf nicht das Opfer, sondern allein den Täter. Niemand kann »durch irgendwelche leibliche Befleckung unrein werden«, sofern er selber kein Unrecht tut (mend 15), denn die »Keuschheit des Leibes verletzt niemand ohne Einwilligung und Erlaubnis der Seele«. Die Reinheit der Seele aber »liegt in dem guten Willen und der lauteren Liebe, die nur zerstört wird, wenn man liebt und erstrebt, was man nach der Lehre der Wahrheit nicht lieben und erstreben darf« (mend 40)[16]. Selbst für den Fall, daß man sich trotz allen Widerstrebens einer gewissen Lust nicht erwehren kann – »im äußersten Empfinden der Seele, das im Fleische verstrickt ist« – selbst dann macht man sich nach Augustinus keiner Sünde schuldig, solange man im Geist die Handlung und die von ihr wider Willen hervorgerufene Lust nicht *gutheißt* (mend 40). Als die Westgoten 410 Rom plünderten und viele der römischen Frauen nach dem Vorbild der Lucretia den Tod suchten[17], um der drohenden Vergewaltigung und damit der vermeintlichen Schande

[16] Vgl. auch lib I.38.

[17] Dem römischen Historiker Livius zufolge (1, 57ff.) war Lucretia die Gattin des Lucius Tarquinius Collatinus. Nachdem sie von dem Königssohn Sextius Tarquinius vergewaltigt wurde, nahm sie sich das Leben. Bis in die Neuzeit hinein galt sie deshalb als Heldin der Tugend.

zu entgehen, oder aber sich nachträglich umbrachten, weil sie ehrlos geworden zu sein glaubten, zeigte Augustinus zwar Verständnis für die Tat, nahm aber auch diejenigen Frauen in Schutz, die es trotz des Geschehenen vorzogen weiterzuleben. »Warum sollte jemand, der nichts Übles getan hat, sich selbst übel tun [...]?« (civ I.17) Es gibt keinen Grund für die vergewaltigte Frau, sich für etwas zu bestrafen, was ein anderer ihr getan hat. »Nur der Mann frevelt, der die Vergewaltigung begeht, nicht dagegen die Frau, welche sie unfreiwillig erleiden muß.« Mögen die Menschen es ihr auch vorwerfen, bleibt sie doch »vor Gottes Augen« schuldlos und rein (civ I.19).

Das Gesetz der Liebe

Taten als solche sind weder gut noch schlecht

Dennoch läßt sich sagen, daß Ehebruch nach der Auffassung von Augustinus immer und uneingeschränkt zu verurteilen ist, da dies nämlich nicht bedeutet, daß auch die mit dem Ehebruch einhergehenden Handlungen in jedem Fall schlecht und verurteilenswert sind. Schon der Begriff des Ehebruchs beinhaltet ja für Augustinus, daß die betreffenden Handlungen aus Begehrlichkeit (cupiditas) begangen werden. Folglich ist jeder Akt des Beischlafs, der mit einem anderen als dem eigenen Ehepartner aus Gründen vollzogen wird, die von jener verkehrten Liebe frei sind, kein Ehebruch. Dies gilt nicht nur für den Fall der Vergewaltigung. Auch Abraham beging keinen Ehebruch, als seine Frau Sara ihm kein Kind gebären konnte und er auf ihren Wunsch hin deren Magd Hagar beilag, um auf diese Weise doch noch zu Nachkommenschaft zu gelangen.[18] Da Abrahams

[18] 1 Mose 16.

Handeln jedoch nicht der Befriedigung der Lust diente, sondern nur der Erfüllung des gottgewollten und damit über jeden Tadel erhabenen Zeugungszweckes, kann seine Tat nicht als Ehebruch oder überhaupt als etwas Schlechtes gelten. »Willig, nicht gierig hingegangen, aber nicht angehangen, Samen gespendet, aber keine Liebe verschwendet.« (civ XVI.25)

Was für den Ehebruch gilt, gilt nun im Prinzip auch für alle anderen schlechten Handlungen. Augustinus' Auffassung, daß erst die Kernsünde der fehlgeleiteten, »verschwendeten« Liebe eine Tat zu einer schlechten macht, entkoppelt, zumindest tendenziell, die Sünde von der Tat. Nicht nur kann ein Mensch sündigen, ohne überhaupt etwas (soweit es sich für einen Beobachter erkennen läßt) zu tun, sondern er kann auch ohne zu sündigen etwas tun, das gemeinhin für falsch gehalten wird oder dem Anschein nach dem Gesetz widerspricht. Jede Handlung ist gerechtfertigt, wenn der ihr zugrundeliegende Wille gut ist, das heißt wenn der Handelnde auf die rechte Weise liebt. Selbst für das Töten eines Menschen kann es insofern gute Gründe geben. Es kann zum Beispiel durch die Gerechtigkeit und durch Gott als ihren Hüter gefordert sein (etwa um einen Verbrecher zu bestrafen). Zwar ist das biblische Gebot, nicht zu töten, uneingeschränkt gültig, doch muß es auch von vornherein in der richtigen Weise verstanden werden, nämlich als Verbot *unrechtmäßigen* Tötens (civ I.21).[19] Aus Habgier, Neid oder Eifersucht zu töten, ist immer unrechtmäßig; rechtmäßig aber ist es, aus Liebe (zu Gott und der von ihm verfügten Ordnung) zu töten. Auf die Motive und allein auf diese kommt es an, nicht auf die Taten als solche. Das, was jemand tut, ist somit nicht nur für die moralische Beurteilung seiner Person irrelevant, sondern, da die Handlung erst durch den sie leitenden Willen zu einer bestimmten wird, auch für die Beurteilung der Handlung selbst. Subjekt der Handlung ist nicht der Leib, sondern die Seele. Daraus folgt, daß ich, solange ich nicht weiß, warum jemand tut, was er tut, nicht einmal

[19] Wie es übrigens auch dem Wortlaut der hebräischen Bibel entspricht.

sagen kann, welche Art von Handlung hier eigentlich begangen wurde – Ehebruch oder aber ein untadeliger und notwendiger Akt der Fortpflanzung, Mord oder gerechte Tötung.

Nur Gott sieht in die Herzen der Menschen

Eine derartige Entmoralisierung der Tat als solcher hat weitreichende Konsequenzen. Da die Sünde sich nunmehr in der Verborgenheit der menschlichen Seele ereignet und somit der Wert einer Handlung nicht mehr offen zutage liegt, können wir einen Menschen nicht mehr ohne weiteres nach dem beurteilen, was er tut. Wir sind gezwungen, unser Urteil zurückzuhalten, bis wir mehr über die Hintergründe der Tat wissen, denn die Tat ist für sich genommen nichts, der Gedanke oder besser: der *Wille* ist alles. Es ist möglich, daß ein Mensch Gründe für sein Handeln hat, die ihn vor Gott rechtfertigen, uns selbst aber noch verborgen sind. Umgekehrt kann es auch so sein, daß wir sein Handeln für besser halten, als es tatsächlich ist. »Denn viele Taten, die den Menschen verwerflich scheinen, billigt dein Urteil, vieles, was Menschen preisen, verdammt dein Zeugnis, und oft genug legt eine Handlungsweise, von außen betrachtet, ein anderes Urteil nahe, als die Gesinnung des Täters und die uns undurchsichtige Zeitlage es erfordern.« (conf III.9) Solange uns die Gründe des Handelns, und zwar die wahren, die Herzensgründe, nicht bekannt sind, können wir uns oft nicht anmaßen zu sagen, ob so zu handeln gut oder schlecht war. Auch besteht immer die Möglichkeit, daß wir niemals dazu imstande sein werden, denn wir sehen nicht in die Herzen der Menschen. Das vermag nur Gott. Tatsächlich können wir nicht einmal darauf vertrauen, daß uns unsere eigenen Herzensgründe, das heißt unser eigentliches, innerstes Wollen, ganz klar sind, so daß wir uns sogar über unsere eigenen Motive täuschen können (conf X.5). Auch wenn wir der Ansicht sind, nicht zu sündigen, können wir dessen niemals sicher sein, weil die Tat uns ja nicht rechtfertigt und wir dem Gesetz folglich in allen Einzelheiten gehorchen und dennoch sündigen können. (In

Wahrheit sündigen wir sogar gerade dann am meisten, wenn wir fest davon überzeugt sind, nicht zu sündigen, weil in dieser Überzeugung ein unangemessener Stolz mitschwingt, eine Form der verkehrten Liebe zum eigenen Selbst, das sich mit der vermeinten Sündlosigkeit als einer persönlichen Errungenschaft schmeichelt und dabei vergißt, daß alles Gute von Gott kommt.)[20] Deshalb steht es keinem Menschen zu, ein abschließendes Urteil zu fällen, weder über sich selbst noch über einen anderen, weder im Guten noch im Bösen. Somit führt Augustinus' Sündenverständnis zu einer Haltung moralischer Bescheidenheit, indem es dem Menschen die richterliche Urteilsbefugnis entzieht, ihn vor Selbstgerechtigkeit warnt und zur Vorsicht und Behutsamkeit in der Bewertung sowohl anderer als auch eigener Taten ermahnt. Ob ich wahrhaft gut bin und der andere so schlecht, wie er mir erscheint, weiß Gott allein, und das heißt: ich weiß es nicht.

Gewaltanwendung aus Liebe

Das verinnerlichte Sündenverständnis des Augustinus führt aber nicht nur zu einer bedenkenswerten Zurückhaltung in der Beurteilung vermeintlicher fremder Verfehlungen und eigener Verdienste. Es schafft auch die prinzipielle Möglichkeit, jede auch noch so grausam scheinende Tat durch den angeblich guten Willen und die rechte Liebe zu rechtfertigen. Wenn die Taten als solche gleichgültig sind, dann ist alles erlaubt, solange es nur aus rechter Liebe geschieht. Darin liegt eine beinahe unbeschränkte Handlungsvollmacht, von der die katholische Kirche in den späteren Hochzeiten ihrer Macht auch ausgiebig Gebrauch gemacht hat, um Heiden, christliche Häretiker und alle Arten von Störenfrieden rücksichtslos zu verfolgen. Augustinus selbst hat diese Konsequenz zunächst zögerlich, schließlich aber doch in aller Deutlichkeit gezogen, um den ermüdenden Auseinandersetzungen mit der rivalisierenden Kirche der

[20] Darum kann Augustinus sagen: »Meine unheilbare Sünde war, daß ich kein Sünder zu sein glaubte.« (conf V.10)

Donatisten[21] endlich ein Ende zu setzen: »Liebe aus ganzem Herzen; dann tu, was du willst.« (1 Jo 7.8). Obwohl Augustinus persönlich der »scharfen Zucht« zweifellos die »sanfte Belehrung« vorzog (civ XVIII.51), gelangte er doch allmählich zu der Auffassung, daß jemand, der sich nicht durch Freundlichkeit zum rechten Glauben bekehren und von seiner verkehrten Liebe heilen lassen will, eben notfalls mit Gewalt dazu gebracht werden muß. Und zwar nicht zuletzt um seiner eigenen kranken Seele willen, die nichts von ihrer Krankheit weiß und daher erst recht eines verständigen und sie auch gegen ihren Willen heilenden Arztes bedarf. Nach ihrer Heilung wird sie ihm dankbar sein, denn jeder Sünder wird viel glücklicher sein, wenn er daran gehindert wird, weiterhin zu sündigen (civ V.26). »Es gehört zur Pflicht eines untadeligen Mannes, nicht nur niemandem Böses zu tun, sondern auch Sünde zu verhüten und zu bestrafen, so daß entweder der Gezüchtigte selbst durch Schaden klug wird oder andere durch das Beispiel abgeschreckt werden.« (civ XIX.16) Die Gewaltanwendung wird so unter Umständen zu einem zwar unangenehmen, weil dem menschlichen Gefühl widerstrebenden, aber nichtsdestoweniger notwendigen Akt der Nächstenliebe: »Die Zuchtrute hat ihre eigene Art der Liebe.« (Par III.1.3) So wird Augustinus, wie Peter Brown in seiner lesenswerten Biographie schreibt, »der erste Theoretiker der Inquisition«[22].

Wie der Nächste zu lieben ist

Die »Regel der Liebe« (regula dilectionis), nach der wir uns im Umgang mit dem Nächsten richten sollten, lautet: »Das Gute, das man sich wünscht, soll man auch anderen wünschen, und das Böse, das man von sich fernhalten möchte, soll

[21] Als Donatisten wurden die zahlreichen Anhänger des Bischofs Donatus von Karthago (gest. 355) bezeichnet. Sie bestanden darauf, daß die Wirksamkeit der Sakramente von der Reinheit ihres Spenders abhängig sei, also ein sündiger Priester jegliche Befugnis und auch Macht verloren habe, geistliche Handlungen zu vollziehen. Die Donatisten verstanden sich selbst als eine »Kirche der Reinen«.

[22] Peter Brown, Augustinus von Hippo. 2. Aufl. Frankfurt am Main 1982, S. 209.

man auch vom Nächsten fernzuhalten suchen.« (rel 245)[23] Nun sind wir alle leibbehaftete Menschen und haben als solche bestimmte Grundbedürfnisse, auf deren Erfüllung wir angewiesen sind und deren Nichterfüllung uns folglich als Übel erscheint. Die Regel der Liebe fordert deshalb von uns, diesen Grundbedürfnissen nicht nur in uns selbst, sondern auch in anderen Rechnung zu tragen, das heißt einander in unseren »irdischen Nöten« beizustehen und darauf zu achten, daß kein anderer Not leidet (conf XIII.17/18). Und das gilt nicht nur für den Nächsten, sondern auch für den Fernsten: Die geforderte Solidarität erstreckt sich auf alle Menschen ohne Ausnahme, denn »wer irgend als Mensch, das heißt als sterbliches, vernunftbegabtes Lebewesen geboren wird, mag er an Leibesgestalt, Farbe, Bewegung oder Stimme uns noch so fremdartig vorkommen, mag er Kräfte, Teile, Eigenschaften haben, welche er will, er stammt in jedem Fall von jenem Ersterschaffenen [= Adam] ab; daran darf kein Gläubiger zweifeln« (civ XVI.8).

Dennoch hat die von der Regel der Liebe angemahnte gegenseitige Hilfsbereitschaft in den Nöten des Lebens auch Grenzen. Um diese Regel nämlich auch in allen Fällen richtig anwenden zu können, müssen wir beachten, daß weder alles, was man sich wünscht, etwas Gutes ist, noch alles, was man von sich fernhalten möchte, etwas Böses. Gut ist nicht einfach das, was gewünscht wird. Vielmehr soll gewünscht werden, was gut ist. Nur wenn das, was ich mir wünsche, etwas Gutes oder wenigstens nichts Schlechtes ist, fordert die Regel der Liebe von mir, es auch dem anderen zu wünschen. Und dieses Gute, das ich mir für ihn wünsche, muß nicht notwendig das sein, was *er* sich wünscht. Tatsächlich gibt es für den Menschen letztlich nur ein einziges wirkliches Gut, nämlich mit der Seele bei Gott zu sein. Entsprechend ist die Entfernung von Gott das einzige unbedingt zu vermeidende Übel. Wenn ich also nach der Regel der Liebe

[23] Vgl. Matthäus 7.12: »Alles nun, was ihr wollt, daß euch die Leute tun sollen, das tut ihnen auch!« Ähnlich Lukas 6.31. Die sogenannte Goldene Regel führt Augustinus öfters als grundlegendes Moralprinzip an, etwa ord II.25: »In allem Umgang mit Menschen reicht es aus, sich an das eine Sprichwort zu halten: ›Was du nicht willst, daß man dir tu, das füg auch keinem andern zu!‹« Auch quant 73; lib I.15–17; conf I.18.

dafür Sorge zu tragen habe, daß auch der andere das Gut hat, das ich mir für mich selbst wünsche, darf ich mich nicht nur darum kümmern, daß seine leiblichen Bedürfnisse gestillt werden und er im landläufigen Sinne keine Not leidet, sondern ich muß vor allem auch danach streben, daß der andere sich Gott zuwendet beziehungsweise sich nicht von ihm abwendet. Da dies das einzige ist, was wirklich zählt, da hiervon allein Glück und Unglück, Heil und Unheil des Menschen abhängen, wäre es eine verfehlte Rücksichtnahme, wenn man den Leib des anderen schonen wollte, dabei aber in Kauf nähme, daß seine Seele zugrunde geht. Manchmal ist es Liebespflicht, die Sünde mit Feuer und Schwert zu bekämpfen und dabei etwaige Regungen des Mitleids zu unterdrücken: »Um so schmählicher und um so mehr klaren Gottesworten zuwider irrt man, je milder man zu empfinden sich schmeichelt.« (civ XXI.17) Den Nächsten zu lieben bedeutet eben nicht, ihn in allen Dingen so zu akzeptieren, wie er geworden ist, sondern sein von Gott nach dessen eigenem Bilde geschaffenes Wesen zu lieben, seine vollkommene Natur (perfecta natura), die er auch dann nicht verlieren kann, wenn er sie verleugnet (rel 252, 262). Den Nächsten zu lieben bedeutet dann vor allem, dafür zu sorgen (und zwar mit allen zur Verfügung stehenden Mitteln), daß er diese seine eigene vollkommene Natur erkennt und liebt. Recht verstandene Nächstenliebe ist also letzten Endes Hilfe zur Gottesliebe (civ XIX.14).

Kategorische Gebote

Die Liebespflicht, die kreatürliche Not anderer Menschen (Hunger, Durst, Schmerzen und so fort) nach Möglichkeit zu lindern und ihnen auch selbst keine solche Not zu verursachen, besteht also nicht, wenn die Seele des anderen durch mein Handeln respektive Nichthandeln Schaden zu nehmen droht. Ebenso muß ich aber auch danach trachten, meine eigene Seele vor Schaden zu bewahren, denn ich soll den anderen zwar lieben, aber »wie mich selbst«, und das heißt auch: nicht mehr als mich selbst. Schaden nimmt meine Seele aber dann, wenn ich nicht auf rechte Weise liebe. Wenn Augustinus von rechter Liebe spricht, meint er immer eine Liebe, deren Gegenstand in letzter Instanz Gott ist. Wenn meine Liebe zum Nächsten mir nicht schaden soll, muß sie daher zugleich Gottesliebe sein. Das aber bedeutet, daß ich den anderen nicht zu sehr lieben darf, nämlich nicht mehr als Gott selbst. Unter keinen Umständen darf das Geschöpf über den Schöpfer gestellt werden.[24] Die Nächstenliebe hat zu enden, wenn sie mit der Gottesliebe nicht mehr vereinbar ist. Wenn wir daher Augustinus die Auffassung zugeschrieben haben, daß die (rechte) Liebe jede Handlung rechtfertigt, dann bedeutet das nicht, daß er der Meinung wäre, schlechterdings jedes Gebot dürfe übertreten werden, wenn dies nur aus einer wie auch immer gearteten Liebe geschieht. So darf ich niemandem wegnehmen, was ihm gehört, selbst dann nicht, wenn ich mich selbst gar nicht bereichern will. Auch wenn ich es tue, um die Not eines Armen zu lindern, also scheinbar aus rein altruistischen Motiven, oder, wenn man so will, aus Menschenliebe, ist mein Handeln zu verurteilen, denn Gott gebietet, nicht zu stehlen. Wohl wiegt meine Sünde schwerer, wenn ich aus Habgier stehle, als wenn ich es aus Barmherzigkeit tue, aber eine Sünde ist es allemal (c mend 19). Mein Handeln ist aber nicht deshalb falsch, weil in diesem einen Fall des Stehlens das Gebot mehr wöge als die Liebe, sondern vielmehr, weil hier wie überall Gottesliebe vor Menschenliebe geht. Denn wenn ich das göttliche Gebot auf die rechte Weise halte, dann tue ich es nicht, weil ich soll, sondern weil ich Gott liebe. Ich liebe Gott in seinem Gebot, liebe die von ihm geschaffene Ordnung und vertraue darauf, daß er alles zum Guten eingerichtet hat. Da ich somit nicht zugleich stehlen und Gott meine Liebe erweisen kann, besitzt das Gebot in der Praxis kategorische Gültigkeit. (Dennoch ist es auch hier nicht die Tat als solche, die den Diebstahl zur Sünde macht, sondern die fehlende Liebe der Tat.) Daß manche Gebote unter keinen Umständen übertreten werden dürfen, ist aber nicht etwa nur darauf zurückzuführen, daß Gott es nun einmal so gewollt

[24] Vgl. Römer 1, 25.

hat. Die menschliche Gemeinschaft bedarf solcher unbedingt gültigen Gebote, weil es ohne sie keine stabile, verläßliche Ordnung geben könnte. Jeder einzelne müßte ständig damit rechnen, um eines vermeintlich guten Zweckes willen geopfert zu werden, da sich immer jemand findet, der eine Sache nötiger braucht als man selbst. »Warum unterschlagen wir nicht auch, wenn wir die Möglichkeit dazu haben, ein gültiges Testament und unterschieben ein gefälschtes, damit die Erbschaft oder das Vermächtnis nicht Unwürdige erhalten, die nichts Gutes damit tun, sondern lieber solche, die Hungernde speisen, Nackte bekleiden, Fremde aufnehmen, Gefangene loskaufen, Kirchen bauen? Warum sollte man denn jene schlechten Handlungen um dieser guten Zwecke willen nicht tun, wenn um dieser guten willen jene gar nicht mal schlecht sind?« (c men 18) – Weil nicht wir (also jeder Beliebige) darüber zu entscheiden haben, wer was wem zu vererben hat, sondern allein derjenige, dem die zu vererbende Sache gehört. Andernfalls könnte sich niemand darauf verlassen, daß sein Recht gewahrt bleibt. Es gäbe überhaupt keine Rechte. Nur die unbedingte Gültigkeit des Gebots vermag den einzelnen vor der Willkür anderer Menschen zu schützen. Sie besagt, daß ich einem anderen nicht gegen seinen Willen schaden darf, um mir selbst oder einem dritten einen Vorteil zu verschaffen, auch dann nicht, wenn dieser Vorteil den Schaden bei weitem überwiegt. Der Zweck heiligt eben *nicht* die Mittel. Darum darf man auch »Brot, das einem nicht gehört, einem anderen, mag er auch stärker sein, nicht gegen seinen Willen entwenden, um damit einen Schwächeren zu speisen, und ebensowenig darf man einen Unschuldigen gegen seinen Willen mit Ruten züchtigen, damit ein anderer nicht getötet wird« (mend 16).

Wer Gott liebt, ist nicht erpreßbar

Durch die kategorische Geltung des Gebots verbietet sich eine utilitaristische Aufrechnung der Übel. Es ist für Augustinus nicht die Frage, ob der Tod ein schlimmeres Übel ist als die Züchtigung mit Ruten (mag sein oder mag nicht sein) oder der Hunger schlimmer als der Verlust eines Brotes (wenn man genug davon hat). Worauf jeder einzelne vor allem anderen zu achten hat, ist, daß er selbst kein Unrecht begeht. Das heißt nicht, daß er sich überhaupt nicht darum zu kümmern bräuchte, was den einen geschieht oder die anderen tun, sondern nur, daß, wenn er sich darum kümmert, er dabei nicht die Gebote Gottes mißachten darf. Dies ist seine erste Pflicht, wenn auch nicht die einzige. Die bloße Priorität aber reicht schon aus, um den, der sie beachtet, gegen jeden Erpressungsversuch immun zu machen. Wenn jemand, egal in welcher Form, zu mir sagt: »Tu Schlechtes, damit wir es nicht tun«, so werde ich mich auf den Handel nicht einlassen können. Droht man etwa, mich oder einen von mir geliebten Menschen umzubringen, wenn ich nicht dieses oder jenes Verbrechen begehe, so werde ich mich weigern, um mich nicht einer Sünde schuldig zu machen. Wenn ich auch nicht verhindern könnte, daß die Drohung wahr gemacht würde, so wäre doch nicht ich der Mörder, sondern allein derjenige, der den Mord auch tatsächlich ausführte (mend 13). Am besten wäre es freilich, wenn ich beides verhüten könnte, sowohl die Sünde, die man von mir zu begehen verlangt, als auch den angedrohten Mord, und sicher werde ich versuchen, auch letzteren zu verhindern, wenn es mir möglich ist, ohne mich selbst eines Vergehens schuldig zu machen. Letztlich aber steht es nicht in meiner Gewalt, was andere tun, sehr wohl aber, was ich tue. »Mag Mord auch eine schwerere Sünde sein als Diebstahl, so ist es doch schlimmer, einen Diebstahl zu begehen als einen Mord zu erleiden. Darum angenommen, es würde einem Menschen angedroht, wenn er einen Diebstahl nicht ausführen wollte, so würde man ihn umbringen [...], so würde er, weil er beides nicht vermeiden könnte, besser das vermeiden, was seine eigene Sünde, als was die eines anderen wäre.« (mend 14) Selbst wenn die verlangte Sünde nur klein wäre, eigentlich kaum eine Sünde zu nennen, darf man sich nicht darauf einlassen. Wenn man einmal damit anfängt, Sünden zu begehen, um schwerere Sünden zu verhüten, so ist kein Ende abzusehen, denn mit der Schwere und Zahl der angedrohten Verbrechen wird ja auch die Schwere und Zahl der Sünden wachsen, die zu begehen ich mich genötigt fühle. So werde ich vielleicht bald vom Dieb zum Mörder und dann vom einfachen Mörder zum mehrfachen, und all das immer nur in der besten Absicht (c men 20).[25]

Verbot der Lüge

Zu den Geboten, die Augustinus zufolge kategorische Gültigkeit besitzen, gehört nicht zuletzt auch das Wahrhaftigkeitsgebot. Unter keinen Umständen darf ein Mensch, der Gott liebt, sich der Lüge bedienen, zu welchem Zweck auch immer. Auch nicht, um einen Mord oder irgendein anderes schlimmes Verbrechen zu verhüten, denn die Lüge tötet die Seele, der Mord hingegen nur den Leib (mend 9). Die Lüge ist eine bewußte Verleugnung der Wahrheit und deshalb alles andere als eine geringfügige Sünde, da die Seele zu ihrem Heil nichts mehr erstreben muß als die Wahrheit, deren Prinzip und Quelle Gott selbst ist (conf III.6; civ XIV.4). Ohne Gott gäbe es nach Auffassung des jungen Augustinus nichts Wahres, weil es ohne ihn kein Maß gäbe, an dem sich irgend etwas messen ließe (beat 34). Gott, nicht der Mensch, ist das Maß aller Dinge, und die Dinge sind um so wahrer, je mehr sie diesem Maß entsprechen.[26] Wahrheit ist für Augustinus von Anfang an nicht nur eine Eigenschaft von Aussagen oder Vorstellungen über die Welt, sondern auch eine Eigenschaft der Dinge selbst.[27] Alles, was ist, kann mehr oder weniger wahr sein, das heißt mehr oder weniger Anteil an dem von Gott gegebenen und in ihm allein vollkommen realisierten Sein haben. Die zeitliche Welt ist in ihrer Vergänglichkeit weniger seiend und daher weniger wahr als die ewige. »Nun faßte ich ins Auge auch das übrige, das unter dir ist, und sah, daß es weder schlechthin (omnino) ist, noch schlechthin nicht ist. Es ist zwar, weil von dir geschaffen, aber ist doch auch

[25] Augustinus formuliert hier ein geradezu klassisches »Dammbruchargument«, wie es auch heute noch gern gegen utilitaristische Argumentationen verwendet wird.

[26] Augustinus denkt hier noch an die Platonischen Ideen als die unvergänglichen Urbilder alles Seienden.

[27] Vgl. dazu sol II.8; lib II.147.

nicht, weil nicht dasselbe, was du bist. Denn wahrhaft (vere) ist nur, was unwandelbar beharrt (inconmutabiliter manet).« (conf VII.11) Daher sind im Grunde genommen alle Sünden Lügen, weil sie darin bestehen, das relativ Nichtseiende, also weniger Seiende, dem uneingeschränkt Seienden vorzuziehen (civ XIV.4).[28] Zu sündigen bedeutet, die innere, durch den Intellekt erfaßte Wahrheit für den äußeren Schein zu opfern, und das heißt nichts anderes als das Falsche für das Wahre auszugeben, und zwar in der irrigen Annahme, daß dort das wahre Sein und damit die Glückseligkeit zu finden sei. Wer aber das glaubt, obwohl er es besser wissen sollte (da ihm die Wahrheit ja in seiner Seele zugänglich ist), belügt sich selbst. »Denn der Mensch will glückselig sein, ohne doch so zu leben, daß er es sein kann. Gibt es etwas Verlogeneres als solchen Willen? So kann man nicht ohne Grund sagen, alle Sünde sei Lüge.« (civ XIV.4) Das Lügenhafte der Sünde kommt ihr aber nicht nur beiläufig zu, sondern macht vielmehr ihr innerstes Wesen aus. Die Sünde ist Sünde, weil und insofern sie Lüge ist und aus keinem anderen Grund. Daher kann es keine Lüge geben, die nicht Sünde wäre. Wer lügt, sagt, was nicht ist. Er nimmt gleichsam das Nichtseiende in sich auf und tritt damit in die weitestmögliche Entfernung von Gott.

Der Fall Adams

Grund der verkehrten Liebe

Wie aber kann es überhaupt sein, daß der Mensch so häufig Gott zurückweist und an seiner Stelle etwas liebt, das der Liebe viel weniger wert ist? Warum sollte er so etwas tun, warum sollte er, wie es ja tatsächlich der Fall ist, das Schlech-

[28] Vgl. Römer 1.25.

tere dem Besseren vorziehen und auf diese Weise nicht nur Schuld auf sich laden, sondern sich darüber hinaus auch noch um sein eigenes Glück bringen? Eine Erklärungsmöglichkeit wäre, erwägt Augustinus, daß er sich über seinen Verlust gar nicht im klaren ist. Aber wenn das tatsächlich so ist, wenn er nicht weiß, daß er das Schlechtere liebt, wie ist es dann möglich, *daß* er es nicht weiß? Hat ihm doch Gott Vernunft verliehen, die er nur zu benutzen bräuchte, um der ewigen Ordnung der Dinge und damit seines Irrtums gewahr zu werden. Wenn er also nicht weiß, um was er sich bringt, kann das nur daran liegen, daß er es nicht wissen *will*. Aber warum will er nicht?

Sokrates hatte gelehrt, daß niemand freiwillig schlecht sei, und damit gemeint, daß niemand freiwillig für sich das Schlechte wähle. Daß ein Mensch das Schlechte tun sollte, im vollen Wissen, daß es schlecht ist, erschien ihm unvorstellbar.[29] Augustinus hingegen kommt aufgrund seiner Prämissen zu dem Schluß, daß sich das von Menschen gemachte Übel, die Sünde, nur dann verstehen läßt, wenn man genau das annimmt, was Sokrates zurückgewiesen hatte. Da objektiv gesehen die Gegenstände der verkehrten Liebe, das heißt die zeitlichen Dinge, vergleichsweise schlecht sind, läßt sich aus ihrem Wesen nicht erklären, warum sie Gott und dem Ewigen vorgezogen werden. Sie können auch nicht von sich aus besser erscheinen, als sie tatsächlich sind, da Gott sie dann so gemacht haben müßte und der Mensch, derart von Gott in die Irre geführt, schuldlos an seinem Irrtum wäre. So kann die verkehrte Liebe auch nicht durch irgendeinen vom Liebenden zu erwartenden Gewinn erklärt werden. Alles Gute stammt von Gott, so daß der Mensch durch seine Hinwendung zum Zeitlichen und die damit verbundene Abwendung von Gott nur verlieren kann. Wenn aber die Liebe, die den zeitlichen Dingen entgegengebracht wird, ihren Grund nicht in diesen Dingen selbst hat, kann das eigentliche Ziel des verkehrten Willens nicht die Inbesitznahme jener Dinge sein. Es muß dem Willen vielmehr um etwas anderes zu tun sein. Bei diesem anderen aber kann es sich offenbar nicht um etwas

[29] Vgl. GE 1, S. 47 f.

wesenhaft Seiendes handeln, denn wäre es ein solches, müßte es entweder Gott oder von Gott geschaffen und damit schlechter als Gott sein. Wenn es Gott wäre, wäre der begehrende Wille, also die Liebe, nicht mehr schlecht; wenn es etwas anderes als Gott wäre, gäbe es keinen zureichenden Grund mehr, es Gott vorzuziehen. So bleibt nur übrig, daß es dem verkehrten Willen um nichts zu tun ist oder eben um das Nichts, das heißt um die Verkehrung selbst. Er wählt das Böse um des Bösen willen, weil es das Böse ist.

Liebe zur Sünde: der Birnendiebstahl

Die Verkehrung des Willens (perversitas voluntatis), die das Böse ist, ist nichts Wesenhaftes (conf VII.16) und damit letzten Endes grundlos. Die neuplatonische Lehre von der Wesenlosigkeit und Nichtigkeit des Bösen, die Augustinus anfänglich dazu diente, gegen die Manichäer die Makellosigkeit der von Gott geschaffenen Welt behaupten zu können, erhält jetzt einen neuen, zusätzlichen Sinn. Es gibt das Böse: Es hat seinen Ort in der verkehrten Liebe der Menschen, aber diese Liebe wird nicht durch irgend etwas in der von Gott geschaffenen Welt verursacht. Sie ist überhaupt keine Liebe zu etwas, sondern buchstäblich eine Liebe zu nichts, oder zum Nichts. Die Nichtigkeit des Bösen äußert sich in seiner Grund- und Ziellosigkeit. Das Böse hat nur sich selbst zum Grund, nur sich selbst zum Ziel. In seinen ›Bekenntnissen‹ berichtet Augustinus, wie er selbst als Junge mit anderen Kindern unerlaubt einen Birnbaum plünderte, ohne daß es dafür einen Grund in der Sache gegeben habe. Es waren Früchte, die »weder durch Aussehen noch Geschmack locken konnten«, und keiner der Jungen war hungrig, keiner bedurfte dessen, was er stahl. Von den großen Mengen, die sie entwendeten, warfen sie das meiste den Schweinen vor, weil sie keine Verwendung dafür hatten. Der Gegenstand des Diebstahls war gleichgültig und austauschbar: »Denn ich stahl, was ich selbst im Überfluß und viel besser besaß, wollte das gestohlene Gut auch nicht etwa genießen. Sondern den Diebstahl selbst und die Sünde (peccatum) wollte ich genießen.« (conf II.4) So gab es für die Bosheit des Stehlens »keinen anderen Grund als die Bosheit selbst (malitiae meae causa nulla esset nisi malitia)«. Das Begehren richtete sich also nicht etwa auf die gestohlene Sache, sondern auf das Stehlen, die Sünde als solche. »Was uns reizte, war nur dies, daß es verboten war.« Augustinus erkennt in dieser zunächst eher harmlos erscheinenden Episode das Wesen (oder Nicht-Wesen) aller Sünden. Der unscheinbare Birnendiebstahl ist ihm der Schlüssel zum Verständnis des Bösen. Nur dem äußeren Anschein nach ist die sündige, verkehrte Liebe eine Liebe zu den Dingen der zeitlichen Welt. In Wahrheit ist der Gegenstand dieser Liebe die Sünde selbst: »Abscheulich war sie [i. e. die Boshaftigkeit], und ich liebte sie; ich liebte es, zu verkommen (amavi perire), ich liebte meine Sünde [meinen Abfall: defectum meum]: nicht das, wonach ich in der Sünde griff [wohin ich abfiel: ad quod deficiebam], sondern mein Sündigen selbst (defectum meum ipsum).« (conf II.4)

Willensfreiheit und Würde des Menschen

Der böse Wille, der das Schlechte um seiner selbst willen liebt, kann nicht begründet werden, da jede Begründung auf ein Wesen verweisen müßte, und alles Wesen, alles substantielle Sein, eine Gabe Gottes und daher gut ist. Das Böse kann nicht aus dem Guten entspringen, das heißt aber auch, daß es nicht aus dem Menschen entspringen kann, sofern er nämlich von Gott geschaffen ist, denn insofern er ist, ist er gut. Darum kann das Böse auch nicht auf irgendeine natürliche Eigenschaft des Menschen zurückgeführt werden, so daß es unmöglich ist zu sagen, warum der eine sündigt und der andere nicht. »Wollen wir eine Ursache ausfindig machen, die in dem einen den eigenen bösen Willen hervorgebracht habe, finden wir auch bei genauem Zusehen nichts.« (civ XII.6) Das Böse hat mithin keine bewirkende Ursache (causa efficiens) in der Welt, sondern, wenn man hier überhaupt von Ursache reden will, höchstens eine versagende (causa deficiens), denn »abfallen (deficere) von dem, der zuhöchst ist, zu dem, was geringer ist, ist der Anfang des bösen Willens. Die

Ursachen solchen Abfalls, die ja, wie gesagt, keine wirkenden, sondern versagende sind, ausfindig machen wollen, hieße die Finsternis sehen, das Schweigen hören wollen.« (civ XII.7) Möglich wird dieser Abfall freilich erst durch die Willensfreiheit, die Gott dem Menschen verliehen hat. Daraus läßt sich aber nicht folgern, daß letzten Endes Gott die Schuld am Abfall des Menschen trägt, denn Gott gab dem Menschen diese Freiheit nicht, damit er sie zum Bösen, sondern damit er sie zum Guten gebrauche. Zwar könnte er ohne sie nicht böse werden, aber genausowenig gut, denn die Willensfreiheit ist etwas, ohne das niemand recht leben könnte (sine qua nemo potest recte vivere; lib II.185), das heißt auf eine Weise, die Lob und Anerkennung verdiente (lib III.13). Daher ist die Willensfreiheit auch, obwohl sie mißbraucht werden kann, an sich selbst etwas Gutes, wie schon die Möglichkeit ihres Mißbrauchs beweist, denn nur was gut ist, kann überhaupt mißbraucht werden. Tatsächlich verdankt der Mensch seinen hohen Rang in der Ordnung der Natur allein der Tatsache, daß er sich frei entscheiden kann. »Denn wie ein durchgehendes Pferd besser ist als ein Stein, der nicht durchgehen kann, weil ihm Eigenbewegung und Gefühl (proprio motu et sensu) fehlen, ist auch ein Geschöpf, das mit freiem Willen sündigt (libera voluntate peccat), vortrefflicher (excellentior) als eins, das darum nicht sündigt, weil es keinen freien Willen hat.« (lib III.56) Noch besser ist freilich, wer aus freiem Willen nicht sündigt, doch unabhängig davon, wie er seine natürliche Willensfreiheit gebraucht, erhebt sie ihn in jedem Fall über die übrigen Kreaturen. So kommt selbst dem sündigsten Menschen vermöge der von ihm ausgeübten Willensfreiheit eine Würde (dignitas) zu, wie sie kein Tier (und erst recht kein unbelebter Körper) jemals haben wird (lib III.57).

Nun kann man aber, da die Willensfreiheit ja zum Guten und zum Bösen gebraucht werden kann, auch nicht sagen, daß sie die Ursache der Sünde sei. Der Mensch sündigt ja nicht, weil er frei ist. Nur die Möglichkeit, das Vermögen zum Bösen, ist mit der Willensfreiheit gegeben, nicht aber schon seine Wirklichkeit. Diese geht vielmehr auf eine freie Willensentscheidung des Menschen zurück, die als solche nicht weiter ableitbar und nur von ihm selbst zu verantworten ist. Nichts kann »den Geist zum Genossen der Begierde (cupiditatis comitem) machen als der eigene Wille (propria voluntas) und die freie Wahl (liberum arbitrium)« (lib I.76). Daß jeder Mensch über seinen eigenen Willen verfügt, bedeutet, daß es nur von diesem Willen abhängt, was er will. Er ist sein eigener Herr (lib II.194), wenngleich ihm diese Herrschaft auch zunächst von Gott verliehen werden mußte. Daher ist es sinnlos zu fragen, warum er gerade dies will und nicht etwas anderes, denn gäbe es einen zureichenden Grund seines Wollens, wäre er nicht mehr frei, und wäre er nicht frei, könnte man ihm seine verkehrte Liebe nicht als Schuld zurechnen, und folglich gäbe es überhaupt keine Sünde (lib III.2 f.).

Die Ursünde des Hochmuts

Gleichwohl geschieht die Sünde nicht unbeabsichtigt, gleichsam zufällig. Der Mensch sündigt, um zu sündigen, das heißt, die Sünde verfolgt einen Zweck, auch wenn nicht weiter begründet werden kann, warum sie diesen Zweck verfolgt. Dieser Zweck ist sie selbst: Die Sünde ist Selbstzweck. Wenn nun Sünde verkehrte Liebe ist, diese wiederum die Bevorzugung des Schlechteren vor dem Besseren und das heißt des Geschöpfes vor dem Schöpfer, ist sie letztlich eine Zurückweisung Gottes. Ohne Notwendigkeit, aus einer nicht weiter begründbaren Freiheit heraus, fällt die Seele von Gott ab. Um diesen Abfall von Gott geht es ihr, unbeschadet dessen, daß sie sich auf diese Weise um alles bringt: um Sein und Leben und Glück, denn all dies hat sie nur von und durch und bei Gott. Eben dies aber ist es, was die abfallende Seele nicht ertragen kann. Was sie hat, will sie durch sich selbst haben. In allem abhängig von Gott, will sie gänzlich frei sein, ihr eigener Schöpfer, ihr eigenes Fundament. So wendet sie sich ab von Gott, im Glauben, seiner nicht zu bedürfen, um zu sein, was doch nur Gott sein kann. Sie, »deren Gut Gott ist, will sich selbst ein Gut sein, wie Gott es sich ist« (lib III.250). Es genügt ihr nicht, nur bei ihm zu sein. Sie will ihm gleich werden, wie Gott sein, selbst Gott sein (conf II.6). Sie sucht eine Bestätigung ihrer Freiheit, indem sie diese gegen Gott gebraucht, und erlangt dadurch, da sie sich selbst der Quelle alles Guten beraubt, doch nur eine schlechte, verkrüppelte Freiheit (mancam libertatem), gleichsam ein verdunkeltes Abbild der Allmächtigkeit (tenebrosa omnipotentiae similitudine; conf II.6). »Gierig, mehr zu haben«, erhebt sie »die Hörner einer falschen Freiheit« (cornua falsae libertatis) gegen Gott und nimmt dabei in Kauf, alles zu verlieren (conf III.8). Der verkehrte Wille ist der Wille einer Seele, die ausschließlich sich selber liebt, die gewissermaßen etwas eigenes (quasi proprius) und in ihrer eigenen Gewalt (in sua potestate) sein will (sol I.30) – was ihr freilich niemals gelingen kann, da alles, was ist, durch Gott ist und somit nichts (außer Gott) durch sich selbst. Der sich von Gott abwendende Wille ist etwas, das »zu sein versucht und nicht ist« (quod esse aliquid tendit et non est; sol II.17). Hinter der falschen Liebe zu den zeitlichen Dingen, die zunächst die Sünde auszumachen schien, verbirgt sich also letztlich Eitelkeit, die nicht zufällig im Lateinischen mit dem Wort *vanitas* bezeichnet wird, was soviel wie Nichtigkeit und leerer Schein bedeutet.[30] Es handelt sich um eine selbstgefällige, aufgeblasene, in der Sache durch nichts gerechtfertigte Liebe zu sich selbst, eine Liebe, die keine Beschränkung duldet; maßlose Ichsucht. Es ist die Sünde einer Seele, die nicht wahrhaben will, wie gering sie im Vergleich mit der Größe Gottes ist, wie mangelhaft im Vergleich mit seiner Vollkommenheit, und die nur sich selbst wertschätzt. Augustinus nennt diese Sünde Hochmut (superbia), ein »Laster, das aufkeimt, wenn einer zu sehr auf sich vertraut (sibi praefidit) und somit sich selbst zur Quelle seines Lebens (vivendum caput) macht« (spir VII.11). Als übersteigertes Selbstgefühl ist der Hochmut nicht nur das »schrecklichste aller Laster« (Ac 21), sondern der Anfang aller Sünde (initium omnis peccati), so wie der Anfang allen Hochmuts des Menschen Abfall von Gott ist (hominis apostatare a deo; lib III.263).[31] So ist die Sünde des Hochmuts gleichsam die Urmutter aller Sünden.[32]

[30] Vgl. Römer 1, 21.

[31] Vgl. das apokryphe Buch Jesus Sirach, Ecclesiasticus, 10, 14/15.

[32] Vgl. auch civ XII.6; XIV.13.

Indem Augustinus den letzten, weil selber grundlosen Grund aller Sünden im Hochmut festmacht, verabschiedet er endgültig die noch bei Plotin wirksame, die gesamte Antike durchziehende Vorstellung, daß die moralische Schlechtigkeit irgend etwas mit der leiblichen Natur des Menschen zu tun haben müsse. Mit einem vertieften Sündenverständnis erklimmt Augustinus eine Ebene, auf der die Körperlichkeit, die von Platon bis zu den Stoikern immer zur Erklärung des Bösen herhalten mußte, keine Rolle mehr spielt. Auf der Ebene der verkehrten Liebe zu den zeitlichen Dingen war dieser Bruch noch nicht so deutlich erkennbar, da hier immerhin noch ein Zusammenhang zwischen den Einzelsünden und der Leiblichkeit des Menschen zu bestehen schien. Die Liebe zu den zeitlichen Dingen geht einher mit einer Liebe zum eigenen Leib, da jene Dinge nur von diesem ihnen gleichgearteten Leib besessen werden und daher nur für ihn überhaupt Wert haben können. Wollust, Neid, Eifersucht, Habsucht und Zorn, um nur einige Erscheinungsformen verkehrter Liebe zu nennen, haben die Bedürftigkeit des Leibes zur Voraussetzung, da es für ein Wesen ohne Leib keinen ersichtlichen Anlaß gäbe, solche Gefühle zu haben. Darum spricht Augustinus auf dieser Ebene auch noch zu Recht von *fleischlichem* Denken. Wenn aber die verkehrte Liebe in Wahrheit oder ihrem Grunde nach unbeschränkte Selbstliebe ist, also ein Bestreben, sich selbst an die Stelle Gottes zu setzen, dann gibt es überhaupt keine ursprüngliche Beziehung der Sünde auf körperliche Gegenstände und damit auch nicht auf Leibliches. Indem alle Sünden auf die eine des Hochmuts zurückgeführt werden, auf einen freien, nicht weiter begründbaren Abfall der Seele von Gott, erscheint die Sünde als etwas, das die Seele aus sich selbst heraus gebiert. Zum Realsymbol dieses vergeistigten Sündenverständnisses wird der sich gegen Gott empörende, körperlose Engel Luzifer (civ XIV.3).

Nun erleben wir Menschen aber die Liebe zu den zeitlichen Gegenständen, an der die meisten von uns sich wie selbstverständlich orientieren, weder als Folgeerscheinung jener ihr angeblich zugrundeliegenden selbstherrlichen Abwendung von Gott noch überhaupt als etwas, das in unserer Entscheidungsgewalt stünde. Wie bereits oben bemerkt, entscheiden wir uns nicht für diese Liebe, sondern diese Liebe ist immer schon da, und sie ist in einer Weise da, daß wir uns ihrer gemeinhin gar nicht erwehren können. Oft genug sogar selbst dann nicht – und das ist das eigentlich Erstaunliche –, wenn wir wirklich davon überzeugt sind, daß diese Liebe schlecht ist und wir uns fest vornehmen, ihr nicht nachzugeben. Häufig erweist es sich dann, daß diese von uns als falsch erkannte Liebe weit stärker ist, als wir geglaubt (oder gehofft) hatten, und jedenfalls widerständig genug, um all unsere guten Vorsätze im Nu zunichte zu machen. Zum Beispiel nehmen wir uns vor, nicht mehr soviel zu essen, und tun es dann doch. Wir wollen enthaltsam leben, werden aber schließlich von unserem Begehren überwältigt. Wir wollen Verzicht üben, greifen aber dann doch wieder zu, sobald sich die nächste Gelegenheit bietet. Wir neigen dazu, diese Erfahrung als einen Widerstreit zwischen Körper und Geist zu interpretieren: Der Geist ist willig, aber das Fleisch ist schwach. Es scheint, als entfalte der Leib mitunter eine Art Eigenwillen, der sich unserem bewußten Willen widersetzt. Der Apostel Paulus, den Augustinus nach 391 intensiv zu studieren begann, hatte diese Erfahrung schon beschrieben: »Das Fleisch begehrt wider den Geist und der Geist wider das Fleisch. Diese sind einander entgegen, so daß ihr nicht das tut, was ihr wollt.« (Ga 5.17)[33] Nicht zuletzt auf solchen Differenzerfahrungen hatten die Manichäer ihre dualistische Metaphysik gegründet. Da Augustinus aber mittlerweile zu der Auffassung gelangt war, daß der Leib nichts Schlechtes sein kann und überhaupt keinen Anteil, geschweige denn eine Schuld

[33] Vgl. auch Römer 7, 19: »Denn das Gute, das ich will, das tue ich nicht; sondern das Böse, das ich nicht will, das tue ich.«

an der Sünde des Menschen hat, war für ihn die Erfahrung einer solchen Ohnmacht gegenüber den leiblichen Begierden erklärungsbedürftig. Schon Platon hatte seinerzeit ein Problem darin gesehen, daß Menschen bei weitem nicht immer das tun, was sie als richtig erkannt haben. Aristoteles hatte ausführlich die Frage erörtert, wie es möglich sei, daß jemand das Schlechte tut im vollen Wissen, daß es schlecht ist.[34] Beider Interesse galt aber der Abweichung des Handelns vom Wissen, und zwar vom Wissen des Guten, während Augustinus das eigentliche Problem in der Abweichung des Handelns vom *Wollen* erblickt.[35] Nicht die Wirkungslosigkeit des Wissens (vom Guten) gilt es nun zu erklären, sondern die Erfahrung des Gezwungenseins, die der Annahme eines freien Willens und damit der Idee moralischer Verantwortlichkeit zu widersprechen scheint. Wie ist es möglich, fragt Augustinus, daß meine Liebe zu den zeitlichen Dingen einerseits auf einer freien Wahl beruht (denn nur als freie kann sie mir als Schuld angerechnet werden), ich aber andererseits an dieser Liebe offenbar willentlich nichts zu ändern vermag. Wie kann ich annehmen, daß ich für mein Lieben (mein Begehren und Wünschen) verantwortlich bin, und zugleich der unbestreitbaren Erfahrung des Verstricktseins in diese Liebe Rechnung tragen? Für Augustinus ist dies weit mehr als nur ein theoretisches Problem. Wie er in seinen ›Bekenntnissen‹ berichtet, hat er selbst viele Jahre lang einen erfolglosen Kampf gegen seine Begierden geführt – insbesondere wohl die Begierde nach sexueller Befriedigung. Selbst nach seiner sogenannten Bekehrung zum gläubigen Christen scheint es ihm lediglich gelungen zu sein, sich die Erfüllung solchen verkehrten Begehrens zu versagen, nicht aber das Begehren selbst vollständig auszulöschen. »So kämpften zwei Willen miteinander,

[34] Nikomachische Ethik VII.5, vgl. GE 1, S.112 ff.

[35] Im ersten Buch seiner Abhandlung über die Freiheit des Willens stellt sich auch für Augustinus das Problem noch in dem von Platon und Aristoteles vorgegebenen Rahmen: »Meinst du, daß das Gelüsten (libido) mächtiger sein kann als der Verstand (mens), dem, wie wir einsahen, vom ewigen Gesetze (lex aeterna) die Herrschaft über die Lüste zugestanden ist? Ich kann das durchaus nicht glauben. Denn es entspräche nicht der höchsten Ordnung, daß weniger Mächtiges über Mächtigeres herrschte. Also muß der Verstand stärker sein als die Begierde (cupiditas), und zwar deswegen, weil er von Rechts wegen (recte) über sie herrscht.« (lib I.71)

beide die meinigen, der eine alt, der andere neu, vom Fleische der eine, vom Geiste der andre, und ihre Zwietracht zerriß mir die Seele.« (conf VIII.4) Nach solchen Erfahrungen zweifelte Augustinus immer mehr daran, ob es dem Menschen überhaupt gegeben ist, aus eigener Kraft in dieser Hinsicht Reinheit zu erlangen, wie es etwa Plotin noch ganz selbstverständlich angenommen hatte. Die verkehrte Liebe zu den zeitlichen Dingen scheint offenbar so fest in uns verwurzelt zu sein, daß, selbst wenn es uns irgendwie gelingt, unsere Begierde im Zaum zu halten und uns in unserem Handeln nicht mehr von ihr bestimmen zu lassen, die Begierde selbst doch nicht endet und wir somit ständig auf der Hut sein müssen, um ihr nicht doch wieder nachzugeben.

Die Erbsündenlehre

Um die Annahme der menschlichen Freiheit trotz solcher Erfahrungen aufrechterhalten zu können, bedarf es einer plausiblen Erklärung. Anfänglich versucht Augustinus, die unleugbare Widerständigkeit des leiblichen Begehrens auf die Gewöhnung an bestimmte Handlungsweisen zurückzuführen, die sich dem Leib gewissermaßen eingeschrieben haben, so daß sich die ursprünglich vorhandene Freiheit mit der Zeit mehr und mehr verflüchtigen konnte (quant 71). Aber die Gewöhnungshypothese erweist sich schnell als unzureichend, da schon neugeborene Kinder mit größter Heftigkeit ihre Begierden bekunden und offenbar nicht die geringsten Skrupel haben, die Quelle ihrer Lust für sich allein zu beanspruchen und eifersüchtig gegen jeden etwaigen Konkurrenten zu verteidigen (conf I.7). Gerade die Kindheit »unterliegt widerstandslos dem Fleische« (civ XXI.16), und es sieht nicht so aus, als hätten kleine Kinder irgendeine Wahl, nicht zu begehren oder ihrem Begehren nicht nachzugeben. So scheint der Mensch von Geburt an dem fleischlichen Denken und damit der Sünde verfallen zu sein. Er kann aber, wie wir gesehen haben, nicht seiner geschaffenen Natur nach schlecht sein, weil sonst Gott ihn so geschaffen haben müßte, was (aufgrund der angenommenen Vollkommenheit Gottes) unmöglich ist.

Dieses Problem läßt sich nach Ansicht von Augustinus nur lösen, wenn man annimmt, daß der Mensch seine naturgegebene Fähigkeit zum Guten bereits vor seiner Geburt irgendwie verloren hat. Verloren aber kann er sie nur aus eigener Schuld haben, so daß seine jetzige Unfreiheit auf eine ursprüngliche freie Tat des Menschen zurückgehen muß, deren wohlverdiente Strafe nun seine Verstrickung in leibliches Begehren ist: »Da er aber, so wie er jetzt ist, nicht gut ist, es auch nicht in seiner Macht hat, gut zu sein – sei es, daß er nicht sieht, wie er sein sollte, sei es, daß er es wohl sieht, aber nicht so sein kann, wie er sollte –, wer zweifelt dann noch daran, daß dies Strafe (poena) ist?« (lib III.174/175) Weil er seine gottgegebene Freiheit einst schlecht benutzt hat, nämlich um sich hochmütig von Gott abzuwenden, ist er mit Unfreiheit und dem Fluch des Todes bestraft worden. Seine jetzige, sterbliche Natur ist nicht die des geschaffenen, sondern die Strafe des verurteilten Menschen (non est natura instituti hominis sed poena damnati; lib III.177), die von Generation zu Generation durch den Zeugungsakt weitervererbt wird (civ XIII.3).[36] Wie die zahllosen Leiden, die das Erdenleben für den Menschen bereithält (civ XXII.22),[37] ist auch die Zerrissenheit, die der Mensch heute im Umgang mit seinem Leib erfährt, Folge jener ursprünglichen Sünde des ersten, urbildlichen Menschen, der Sünde Adams. Zum Zeichen und als Strafe für diese Sünde kehrt sich nicht nur die äußere Natur, sondern auch sein eigenes Fleisch gegen ihn (cont 18). »Denn die Seele, der ihre eigene, dem Bösen sich zuwendende Freiheit gefiel und der Dienst Gottes mißfiel, verlor die frühere Herrschaft über ihren Leib, und da sie den Herrn über sich eigenwillig verlassen, vermochte sie den Diener unter sich nicht mehr unter ihren Willen zu beugen und besaß nun nicht mehr ein fügsames Fleisch, wie sie es immer hätte haben können, wenn sie ihrem Gotte fügsam geblieben wäre.« (civ XIII.13)

[36] Vgl. Römer 5, 12: »Derhalben, wie durch einen Menschen die Sünde ist in die Welt gekommen und der Tod durch die Sünde, so ist der Tod zu allen Menschen durchgedrungen, weil sie alle gesündigt haben.«

[37] Erst die Erbsündenlehre ermöglicht Augustinus die Anerkennung der Leidenswirklichkeit.

Die gefallene Natur offenbart sich im Geschlechtsakt

Wenn man von der Unvermeidlichkeit des körperlichen Verfalls und schließlich des Todes absieht, äußert sich die Eigenwilligkeit des Leibes und damit der Fall des Menschen am nachdrücklichsten in der dem bewußten Willen nicht unterworfenen Erektion des männlichen Zeugungsgliedes (civ XIV.16; 19). Wann immer sich sonst ein Begehren einstellt, besteht doch grundsätzlich die Möglichkeit, ihm die Zustimmung zu verweigern und den Leib an der Ausführung bestimmter Bewegungen zu hindern. Die sexuelle Begierde hingegen bedarf keiner Zustimmung des bewußten Willens, um sich in eine Bewegung des Leibes umzusetzen. Die Umsetzung geschieht unmittelbar, gänzlich losgelöst vom Willen. Das bewegte Glied kann in diesem Fall auch durch nichts anderes als ausschließlich durch die Begierde bewegt werden. Es ist ihr ganz und gar untertan: »Denn wer ein zorniges Wort ausstößt oder jemanden schlägt, kann das nur, wenn Zunge oder Hand auf Willensgeheiß die erforderlichen Bewegungen verrichten, Glieder also, die, auch ohne daß Zorn dabei im Spiele ist, vom Willen bewegt werden. Aber die Geschlechtsteile hat die Wollust dermaßen mit Beschlag belegt, daß sie nicht bewegt werden können, wenn diese fehlt und nicht, sei es von selbst, sei es irgendwie angereizt, in Erregung versetzt ist.« (civ XIV.19) Der Geschlechtsakt als solcher müßte gar nichts Schlechtes sein, und tatsächlich ist er sogar etwas Gutes, insofern er nämlich der Fortpflanzung des Menschengeschlechts dient. Schlecht ist diese Fortpflanzung nur, insofern sie mit wollüstigen Empfindungen einhergeht, aber diese Empfindungen sind nicht naturgemäß, sondern Folge der Ursünde, die sich weitervererbt an jeden Menschen, solange nämlich die Zeugung jedesmal wieder von Begehrlichkeit befleckt ist. Da der Mensch vor seinem Sündenfall frei war und folglich Herr seines Leibes gewesen sein muß, wird er damals auch seine Zeugungsorgane, wie heute seine anderen Glieder, nach seinem Willen bewegt und den Fortpflanzungsakt vollzogen haben, ohne daß daran etwas schlecht gewesen wäre (civ XIV.23–26, pec II.36). Darin, daß er dies heute nicht mehr kann und er, um zu zeugen, seine

Selbstkontrolle aufgeben und der Wollust freies Spiel lassen muß, bekundet sich mit größter Deutlichkeit der Verlust seiner Willensfreiheit. Darum wird die Lust, die mit dem sexuellen Akt untrennbar verbunden ist, vom Menschen nicht nur gesucht, sondern auch als Demütigung empfunden, da sie ihm immer wieder aufs neue seine gefallene Natur vor Augen führt. Das ist der Grund, warum er sich des Zeugungsakts schämt und versucht, ihn möglichst vor anderen Menschen zu verbergen.

Die göttliche Gnade

Pelagius

Ein entschiedener Gegner von Augustinus' Erbsündenlehre war der (vermutlich) irische Mönch Pelagius, der zu Beginn des 5. Jahrhunderts in Rom auftauchte und durch sein Wirken Augustinus bald zu einer Reihe von Schriften veranlaßte, in denen er seinen Standpunkt gegen die Einwände des Pelagius und seines rührigen Schülers Caelestius verteidigte und weiterbildete. Pelagius sah durch die Annahme einer Erbsünde die Eigenverantwortlichkeit des Menschen bedroht und bestritt deshalb, daß die Natur des Menschen in irgendeiner Weise durch die Tat des ersten Menschen in Mitleidenschaft gezogen sei. Die Sünde Adams wirkt lediglich als schlechtes Beispiel, so wie das Verhalten Jesu dem Menschen zum Vorbild dienen kann. Die Willensfreiheit der nachfolgenden Menschen bleibt von Adams Sünde gänzlich unberührt, und jeder Mensch steht aufs neue vor der Entscheidung, sich zum Guten oder zum Bösen zu wenden. Daher sieht Pelagius auch im Gegensatz zu Augustinus keinen Sinn in der (damals bereits üblichen) Taufe von Neugeborenen (pec I.9), da diese in einem Zustand gänzlicher Schuldlosigkeit (impeccantia) zur Welt kommen und infolgedessen auch keiner Reinigung bedürfen. Kein Mensch haftet für die Taten seiner Vorgänger, sondern jeder immer nur für seine eigenen Taten. Für diese muß er dann allerdings auch wirklich die Verantwortung tragen, weil er sein etwaiges Versagen nicht mehr mit dem Hinweis auf eine vermeintliche Erbsünde, eine Schwäche des Fleisches oder dergleichen entschuldigen kann. »Wir widersprechen dem Herrn, wenn wir sagen: es ist hart, es ist schwer, wir können nicht, wir sind Menschen, wir sind vom hinfälligen Fleisch umgeben. O blinder Unsinn! O unheilige Verwegenheit!«[38] Für das schlechte Handeln gibt es schlechterdings keine Entschuldigung. Tatsache ist, daß Gott Gehorsam verlangt und uns gebietet, in bestimmter Weise zu handeln, was er sicher nicht tun würde, wenn wir nicht fähig wären, seine Gebote zu halten (pec II.3). Darum müssen wir sie halten, ohne Wenn und Aber, und wenn wir sie halten, werden wir auch das ewige Heil erlangen. Aus dem Gebot folgt also nach Pelagius das Vermögen; um es mit Kant zu sagen: Du kannst, denn du sollst.

In Pelagius' Denken lebte noch einmal für kurze Zeit das stoische Ideal individueller Selbstbestimmung auf, der alte heidnische Glaube an die Herrschaft der Vernunft, den auch der junge Augustinus noch geteilt hatte. In der Endphase des Römischen Reiches war dieser Glaube jedoch bereits ins Wanken geraten, und auch Pelagius konnte den Untergang des antiken Selbstbewußtseins nicht mehr aufhalten. Auf Betreiben von Augustinus wurde er schließlich aus Rom verbannt und seine Lehre offiziell als Häresie verurteilt. Die Erbsündenlehre hatte fürs erste den Sieg davongetragen. Gründe, sich der Auffassung des Augustinus anzuschließen, gab es für die katholische Kirche genug. Abgesehen davon, daß die Schwäche des Menschen offen zutage lag und für den Kenner der menschlichen Natur kaum zu leugnen war, konnte es für die Kirche nur von Vorteil sein, diese Schwäche zu betonen, da die Macht Gottes auf diese Weise nur in einem um so strahlenderen Licht erscheinen mußte. Je schwächer und ohnmächtiger der Mensch vorgestellt wurde, desto mehr schien er des göttlichen Beistands und der vom christlichen

[38] Zitiert nach Nigg, Das Buch der Ketzer, S. 126f.

Glauben versprochenen Erlösung zu bedürfen. Zudem bot die Erbsündentheorie, wie Augustinus hervorhob, auch die einzig plausible Erklärung für die zahlreichen Übel, denen der Mensch sich in der Welt ausgesetzt findet. Wenn Pelagius recht hätte und es keine Erbsünde gäbe, ließen sich diese Übel auch nicht mehr als gerechte Strafe verstehen. Damit würde aber dem manichäischen Dualismus Tür und Tor geöffnet, da ein guter Gott die Welt nicht von vornherein so geschaffen haben kann, wie sie jetzt ist. Wenn Gott gerecht ist, kann er den Menschen nicht schuldlos leiden lassen. Weil er aber gerecht ist, muß der Mensch – müssen schon die kleinen Kinder, wenn sie unter Qualen sterben – schuldig sein. Da somit alles für die Annahme der Erbsünde spricht, kann ihre Leugnung nur einem verfehlten Stolz entspringen. »Warum erwartet man so viel von der Befähigung der Natur? Sie ist verwundet, verletzt, gequält, zugrunde gerichtet: Wahres Bekennen, nicht falsche Verteidigung hat sie nötig (vera confessione, non falsa defensione opus habet).« (nat 53)

Kampf mit den Begierden

In der Auseinandersetzung mit Pelagius nimmt Augustinus manichäische Gedanken wieder auf, freilich in modifizierter Form. Er sieht jetzt, daß die Manichäer durchaus recht mit ihrer Ansicht hatten, es gehe ein tiefer Riß durch die menschliche Natur, nur hatten sie sich hinsichtlich der Ursache geirrt. Denn erst der Sündenfall des Menschen hat diesen Riß in die Welt gebracht. Da der Mensch aber unfähig ist, seine ursprüngliche Natur wiederherzustellen, ist er auf die Hilfe Gottes angewiesen. Die Heilung vollzieht sich in drei Stufen: Sie wird möglich mit der Menschwerdung und dem Tod Jesu Christi[39], setzt ein mit dem Glauben an ihn und der Taufe auf seinen Namen und vollendet sich schließlich, wenn Gott die Gestorbenen am Tage des Jüngsten Gerichts zu neuem Leben erweckt. Christlicher Glaube und das Sakrament der Taufe

[39] »Denn wie wir durch einen Menschen, der sündigte, in dies tiefe Elend abgesunken sind, werden wir auch durch einen Menschen und Gott zugleich, der rechtfertigt, zu jenem hocherhabenen Gut aufsteigen.« (civ XXI.15) Vgl. auch civ VII.31, IX.15.

befreien die Menschen von der Schuld der Erbsünde, nicht aber von der Sündenstrafe, weil sie dadurch noch nicht von ihrem Begehren erlöst worden sind. Durch den Glauben erlangt der Mensch aber die Fähigkeit, den lebenslangen Kampf gegen das Begehren aufzunehmen und ihm seine Zustimmung zu verweigern (cont 21). »Aber in diesem Erdenleben, wenn wir uns noch so sehr bemühen, erreichen wir's nicht, bringen es höchstens mit Gottes Hilfe so weit, daß der Geist dem wider ihn gelüstenden Fleisch nicht weicht und unterliegt und wir uns nicht dazu hinreißen lassen, in die Sünde einzuwilligen. Aber fern muß es uns liegen, solange dieser innere Kampf dauert, zu glauben, wir hätten die Seligkeit, zu der wir siegend gelangen möchten, schon erlangt. Und wer hat es in der Weisheit so weit gebracht, daß er gegen die Begierden überhaupt keinen Kampf mehr zu führen brauchte?« (civ XIX.4) Durch die Erbsünde haftet die Begehrlichkeit so fest an der jetzigen Konstitution des Menschen, daß niemand, auch nicht der gläubige Christ, sicher sein kann, daß er ihr nicht doch wieder unterliegt, »wenn nicht in leichtfertiger Tat, so doch in leichtentschlüpftem Wort und flüchtigem Gedanken« (civ XIX.27). Die verkehrte Liebe hat viele Gestalten, und nicht immer gibt sie sich gleich als solche zu erkennen. Zuweilen tritt sie harmlos auf, zuweilen trägt sie sogar die Maske der Tugend, so daß wir gezwungen sind, ständig gegen uns selbst und unsere Regungen überaus wachsam und mißtrauisch zu bleiben. Gar zu leicht schleicht sich die Sünde in unser Denken, Fühlen und Handeln ein, ohne daß wir es recht bemerken. Zu den Folgen der Erbsünde gehört es eben auch, daß wir Mühe haben, klar zu sehen, daß wir nicht immer wissen, was gut und was schlecht ist, und uns über die Beweggründe unseres eigenen Handelns täuschen können. Wer dennoch davon überzeugt ist, er hätte in sich alles sündige Begehren vollständig abgetötet, so daß ihm keine Gefahr mehr drohe, wähnt sich im Besitz einer Macht, die ihm als Mensch nach dem Fall nicht zukommt. Dies ist aber das sicherste Anzeichen dafür, daß er der falschen Liebe noch nicht entronnen ist, da sein Wähnen nicht frei von Stolz und Selbstgefälligkeit ist, also genau jene Sünde wiederholt, die den jetzigen Zustand des Menschen erst herbeigeführt hat. »Stets müssen wir wachsam sein, daß wir nicht Schein für Wahrheit nehmen, daß arglistige Rede uns nicht betrügt, die Finsternis eines Irrtums unsern Blick nicht verdunkelt, daß wir nicht Böses für gut, Gutes für böse halten, uns weder durch Furcht von Pflichterfüllung abhalten noch durch Begierde zu pflichtwidrigem Tun hinreißen lassen, die Sonne nicht über unsern Zorn untergehen[40], uns auch nicht durch Feindschaft verleiten lassen, Böses mit Bösem zu vergelten. Wir müssen wachen, daß uns nicht unziemliche oder unmäßige Traurigkeit niederdrücke, Undankbarkeit träge mache wohlzutun, üble Nachrede gutes Gewissen lähme, voreiliger Verdacht uns an anderen irre, falscher Verdacht anderer uns mutlos mache, müssen wachen, daß nicht die Sünde herrsche in unserm sterblichen Leibe und wir ihren Lüsten Gehorsam leisten, daß unsere Glieder nicht der Sünde dienen als Waffen der Ungerechtigkeit[41], das Auge nicht dem Begehren folge, Rachsucht nicht Oberhand gewinne, Blick oder Gedanke nicht bei böser Lockung verweile [...], daß wir in diesem mit Mühsal und Gefahr überladenen Kriege den Sieg nicht von unseren Kräften erhoffen oder, wenn wir ihn errangen, unsern Kräften zuschreiben, sondern der Gnade dessen, von dem der Apostel sagt: ›Gott sei Dank, der uns den Sieg gegeben hat durch unsern Herrn Jesus Christus‹.«[42] (civ XXII.23)

Die Notwendigkeit göttlichen Beistands

In dieser letzten Äußerung wird deutlich, wie weitreichend die Konsequenzen der Erbsünde tatsächlich sind. Es ist eben nicht nur so, wie man glauben könnte (und Augustinus selbst zunächst annahm), daß die Folgen der Erbsünde nur eine Erschwernis für den Menschen bedeuten in dem Sinne, daß ihm zur Strafe für seine Tat Hindernisse auf den Weg gelegt worden sind und es deshalb mühseliger für ihn geworden ist, tugendhaft zu werden und zu bleiben. Wäre nur dies gesche-

[40] Epheser 4, 26.
[41] Römer 6, 12/13.
[42] 1 Korinther 57.

hen, hätte es der Mensch immer noch in seiner Gewalt, Gutes zu tun, wenn er sich nur ausreichend darum bemüht, und einer, dem es gelänge, hätte sogar noch mehr Grund, sich seines Eifers zu rühmen, als es ohne die Erbsünde der Fall gewesen wäre. Das aber kann nicht der Sinn der Strafe gewesen sein. Die Strafe soll den Menschen nämlich etwas lehren, und zwar, daß er aus sich selbst heraus überhaupt nichts vermag und daß ihm alle Macht, die er besitzt, verliehen wurde. Könnte er nach seinem Fall aus eigener Kraft zu Gott zurückfinden, wie Pelagius dachte, hätte er die entscheidende Lektion gerade nicht gelernt, und die über ihn verhängte Strafe wäre nutzlos gewesen (was unmöglich ist, da alles, was Gott tut, für irgend etwas gut ist). Darum erschöpfen sich für Augustinus die Folgen der Erbsünde nicht in einer bloßen Schwächung des menschlichen Willens. Vielmehr vertritt er die Auffassung, daß aus der Erbsünde eine vollständige Unfähigkeit des Menschen resultiert, das Gute zu tun, zu wollen oder auch nur zu erkennen (quaest Si I.2.2). Es ist zwar richtig, daß dem Menschen einst das Vermögen gegeben war, sich zum Guten oder zum Bösen zu wenden, das heißt im Bewußtsein seiner Abhängigkeit und Geschöpflichkeit bei Gott zu bleiben oder sich in eitlem Geltungsdrang von ihm loszureißen, aber heute gilt dies nicht mehr. Er traf seine Wahl, entschied sich gegen Gott und verlor so die Freiheit zum Guten, die er besessen hatte, um nur noch die Freiheit zum Bösen zu behalten. Deshalb ist es nun unmöglich, daß er sich aus eigenem Antrieb wieder Gott zuwendet. Er ist darauf angewiesen, daß Gott ihm zuvor das Vermögen zurückgibt, das er leichtfertig preisgab. Denn alles Vermögen ist von Gott, das Vermögen zu handeln ebensosehr wie das Vermögen zu wollen und das Vermögen, das Gute zu erkennen. Darum lautet das rechte Gebet an Gott nicht einfach – wie Pelagius gedacht haben mochte – »Befiehl, was du willst«, sondern: »Gib, was du befiehlst, und dann befiehl, was du willst (da quod iubes et iube quod vis).« (conf X.29) Ohne göttlichen Beistand vermag der Mensch überhaupt nichts (quaest Si I.2.3). Das geht so weit, daß er ohne göttlichen Beistand nicht einmal die Fähigkeit hat, um Gottes Beistand zu bitten. Und wenn Gott ihm seinen Beistand gewährt, dann wird er auch tun, wozu er dank dieses Beistands imstande ist, denn der göttliche Beistand ist unwiderstehlich. Er bewirkt, daß das Gute tatsächlich getan wird (quaest Si I.2.12/13). Das heißt, der Mensch gewinnt durch die göttliche Hilfe nicht nur die Freiheit zum Guten zurück, sondern verliert dabei auch zugleich die Freiheit zum Bösen.

Unverdiente Gnade

Für eine solch radikale, stark von Paulus beeinflußte Auslegung der Erbsündenlehre[43] entscheidet sich Augustinus vor allem, um der Sünde des Hochmuts von vornherein jede Grundlage zu entziehen. Die Menschen sollen ein für allemal begreifen, daß sie nicht Schöpfer ihrer selbst sind. »Niemand soll sich der Verdienste seiner Werke rühmen.« (quaest Si I.2.1) Auch wenn mein Glaube inbrünstiger ist als der meines Nachbarn, wenn meine Liebe nicht größer sein könnte als sie ist, wenn meine Taten die aller anderen Menschen an Güte übertreffen, so habe ich doch keinen Grund, mich für besser zu halten als jene. Denn wie ich bin und was ich vermag, verdanke ich ja nicht mir. Alles, was ich bin, war und jemals sein werde, ist mir gegeben worden.

So sehr dies allerdings auch einleuchten mag, hat doch die Leugnung jedes Verdienstes auf seiten des Menschen für die religiöse Moral eine schwer hinzunehmende Konsequenz. Wenn nämlich alles, was ich denke, empfinde und tue, also schlechterdings jeder Impuls in mir, sofern er gut ist, immer schon den Beistand Gottes voraussetzt, kann ich offenbar von mir aus gar nichts tun, um diesen Beistand zu *verdienen*. Es kommt, wie es bei Paulus heißt, »nicht auf den Wollenden oder Laufenden an, sondern auf den sich erbarmenden Gott« (Römer 9, 16). Wenn ich aber nicht einmal den kleinsten Schritt auf Gott zu tun kann, ohne daß Gott diesen Schritt selbst in die Wege leitet und sogar ausführt, dann ist auch

[43] Vgl. Römer 3, 23/24: »Denn es ist hier kein Unterschied: Sie sind allzumal Sünder und mangeln des Ruhmes, den sie bei Gott haben sollten, und werden ohne Verdienst gerecht aus seiner Gnade (χάρις) durch die Erlösung, die durch Christus Jesus geschehen ist.«

nicht ersichtlich, warum gerade *mir* diese Hilfe gewährt wird, so vielen anderen hingegen nicht. Von der Erbsünde sind ja alle Menschen gleichermaßen betroffen, nicht aber von der Erlösung, die nur denen zuteil wird, die Gott lieben. Erst in Folge des göttlichen Eingreifens scheiden sich aber die Menschen in solche, die Gott lieben, und andere, die es nicht tun. Darum kann ich auch für meine Liebe nicht belohnt werden, da ich sie nicht selbst vollbracht habe. Vielmehr ist die Hilfe, die mir zuteil wird und ohne die ich überhaupt nichts ausrichten könnte, eine Gnade (gratia), denn sie wird mir gänzlich unverdient (gratis) zuteil. »Denn durch Gottes Gnade sind wir gerettet worden; und das nicht aus uns selbst, nein, es ist Gottes Geschenk (dei donum); nicht aus Werken, damit keiner sich rühme.« (quaest Si I.2.6)[44] Wenn nun aber Gott, ohne daß es für die von ihm getroffene Wahl einen Grund gibt, sich der einen erbarmt, die anderen aber der ewigen Verdammnis überläßt, mißachtet er dann nicht eine elementare Bedingung der Gerechtigkeit, nämlich Gleiche auch gleich zu behandeln? Wenn Gott sich erbarmt, »wessen er will, und verstockt, wen er will«[45], wenn er schon im Mutterleib »Jakob liebt, Esau aber haßt«[46], und zwar weder aufgrund der Taten, die sie begangen haben noch aufgrund derer, die sie noch begehen werden (quaest Si I.2.9), wenn sein Erbarmen und seine Liebe also völlig willkürlich sind, wie kann ich ihn dann noch gerecht nennen?

Gott ist gerecht und barmherzig

Wie auch immer diese Frage zu beantworten ist, darf nach Augustinus doch nicht daran gezweifelt werden, »daß es bei Gott keine Ungerechtigkeit gibt« (quod nulla est iniquitas apud deum; quaest Si I.2.16). Die Annahme, daß Gott gerecht ist, ist ein *Axiom*. Sie kann nicht angetastet werden, ohne das gesamte Christentum aus den Angeln zu heben.

[44] »Ist's aber aus Gnaden«, heißt es bei Paulus, »so ist's nicht aus Verdienst der Werke; sonst würde Gnade nicht Gnade sein.« (Römer 11, 6).

[45] Römer 9, 18.

[46] Römer 9, 13.

Darum muß Gott selbst dann für gerecht gehalten werden, wenn wir das Maß, nach dem er richtet, nicht erkennen können. Seine Gerechtigkeit (aequitas) mag wohl verborgen (occulta) und mit menschlichem Maß unerforschbar (ab humano modulo investigabilis) sein, aber sie ist unzweifelhaft vorhanden (quaest Si I.2.16). Immerhin läßt sich aber zeigen, daß Gott auch nach menschlichen Maßstäben jedenfalls nicht ungerecht ist. Denn auch wir empfinden es gemeinhin nicht als ungerecht, wenn jemand einfordert, was ihm geschuldet wird. Es mag vielleicht hartherzig sein, aber sicher nicht ungerecht. Ebensowenig ist es aber ungerecht, wenn jemand einem anderen seine Schuld erläßt. Dies ist eher ein Akt der Barmherzigkeit. Wenn ich nun von dem einen fordere, was er mir schuldet, von dem anderen aber nicht, weil es mir so gefällt, kann der erstere mich schlecht der Ungerechtigkeit beschuldigen, denn ich verlange von ihm nur das, was mir zusteht, und nichts verpflichtet mich dazu, gleich allen ihre Schuld zu erlassen, nur weil ich es bei einem getan habe. In dieser Weise will Augustinus nun auch das Verhältnis zwischen Gott und Mensch verstanden wissen. Alle Menschen stehen ihm zufolge in der Schuld Gottes, nicht weil sie ihm etwas verdanken, sondern weil sie sich einst in Adam gegen ihn erhoben haben. Das, was sie Gott schulden, ist die Strafe für ihr Vergehen. Alle Menschen sind »wie ein einziger Sündenklumpen (una massa peccati), der von der höchsten Gerechtigkeit die Todesstrafe verdient hat« (quaest Si I.2.16). Wenn Gott nun trotzdem einige aus diesem Klumpen herausnimmt und von der Strafe befreit, so handelt er keineswegs ungerecht. Vielmehr fügt er dadurch seiner Gerechtigkeit noch die Barmherzigkeit hinzu, die angesichts der ewigen Verdammnis, die alle verdient gehabt hätten, aber nur einige trifft, nur um so wertvoller erscheint.[47] Warum er aber gerade diese rettet, jene aber nicht, kann der Mensch in diesem Leben nicht ergründen (spir 35). Ebensowenig kann er, obgleich die Antwort für Gott schon feststeht, jemals mit Si-

[47] Vgl. Paulus, Römer 9, 22 f.: »Gott, der seinen Zorn zeigen und seine Macht erweisen wollte, hat die Gefäße des Zorns, die zur Vernichtung bestimmt sind, in großer Langmut ertragen. Um den Reichtum seiner Herrlichkeit an den Gefäßen des Erbarmens zu erweisen, die er zur Herrlichkeit vorherbestimmt hat.«

cherheit die Frage beantworten, wer gerettet werden wird und wer nicht, also auch nicht, ob er selber zu den Verdammten oder aber zu denen gehören wird, die ewige Seligkeit erlangen (conf XIII.23). Der Ratschluß Gottes bleibt auch in dieser Hinsicht unerforschlich.

Abschied vom Rationalismus

Auch der Einsichtsfähigkeit des Menschen sind also Grenzen gesetzt, was möglicherweise ebenfalls als eine Folge der Erbsünde anzusehen ist. In den entscheidenden Fragen des Lebens können wir nach Augustinus jedenfalls nur Vermutungen anstellen, aber kein unzweifelhaftes Wissen erlangen. Es gibt so vieles, das wir uns nicht erklären können, so vieles, das der »kümmerlichen Vernünftelei der Sterblichen« spottet. Bei all dem steht jedoch ein Vernunftsatz unerschütterlich fest, »nämlich, daß der Allmächtigste nicht ohne vernünftigen Grund Dinge tut, die der schwache Menschengeist nicht vernünftig erklären kann« (civ XXI.5). Mit dieser Versicherung verabschiedet Augustinus endgültig den Rationalismus der antiken Philosophie, den er als junger Mann selbst noch vertreten hatte. Die Vernunft spaltet sich in menschliche und göttliche Vernunft und verliert damit die Rolle, die sie in der antiken Tradition bis hin zum frühen Augustinus immer gespielt hatte, nämlich ein Verbindungsglied zwischen dem Menschen und dem Göttlichen zu sein. Der Mensch, der einst als Vernunftwesen in seiner eigenen Seele einen unmittelbaren Zugang zu den Ordnungsprinzipien des Kosmos besaß, sieht sich nun einer Welt gegenüber, die sich nicht mehr ohne weiteres als durch und durch vernünftig erkennen läßt. Ihre Ordnung entzieht sich seinem Verständnis. Die Behauptung, daß die Welt dennoch nach Vernunftprinzipien geordnet sei, wird damit zur bloßen Glaubenssache (civ II.23).

Durch das Eingeständnis einer unüberbrückbaren Kluft zwischen menschlicher und göttlicher Vernunft verschiebt sich auch das Verhältnis von Glaube und Vernunft. In seinen ersten Schriften hatte Augustinus das philosophische Wissen als den Königsweg zur göttlichen Wahrheit begriffen und noch über den Glauben gestellt (ord II.16). Der Glaube war zweifellos nützlich, nämlich als eine möglicherweise notwendige Vorstufe des Wissens, gleichsam als Wegweiser für die Unerfahrenen, der ihnen zeigt, wo sie nach dem Wissen zu suchen haben (ord II.26; cred; lib II.17; rel 122), konnte aber das durch die Philosophie erreichbare Wissen nicht ersetzen. In seinen späteren Jahren entwickelt Augustinus jedoch ein starkes Mißtrauen gegenüber der Philosophie, die sich anmaßt, mit den Mitteln menschlicher Vernunft Gott erkennen zu wollen. Als der einzig mögliche Weg zu Gott gilt ihm nun der christliche Glaube. »Du lässest dich nicht finden von den Hochmütigen, auch wenn sie in ihrer eitlen Wißbegier (curiosa peritia) die Sterne zählen und den Sand am Meere, auch wenn sie die Himmelsräume ausmessen und die Gestirnbahnen berechnen.« (conf V.3) Die Heilige Schrift besitzt nun als Manifestation einer höheren Vernunft fraglose Autorität, der darum in allen Fällen, auch wo sie unverständlich oder gar widersprüchlich ist, der eigene Verstand zu unterwerfen ist (conf XIII.23). Alles notwendige Wissen ist in ihr enthalten. Was ihr widerspricht, ist falsch, was darüber hinausgeht, etwa die wissenschaftliche Erforschung der Natur, überflüssig oder gar schädlich (conf XIII.21), weil es die Blickrichtung nach außen auf die vergänglichen Dinge lenkt und so von dem Wesentlichen gerade wegführt, nämlich der Zerrissenheit der eigenen Seele, die nur durch Gott geheilt werden kann: »Die künftige Finsternis der Sonne sehen sie lange voraus, ihre eigene gegenwärtige sehen sie nicht.« (conf V.3)

Glaube, Liebe, Hoffnung

Die Verabschiedung der menschlichen Vernunft, die sich in der bedingungslosen Akzeptanz der biblischen Autorität bemerkbar macht, hängt mit der Annahme einer höheren, göttlichen Vernunft zusammen, zu der der Mensch keinen unmittelbaren Zugang besitzt. Daß es solch eine höhere Vernunft tatsächlich gibt, ist aber selbst – entgegen Augustinus' ausdrücklicher Versicherung – kein Vernunftsatz, sondern ebenfalls ein Glaubenssatz. Das heißt aber nicht, daß es keine Gründe für diesen Glauben gäbe, sondern nur, daß diese Gründe letztlich wohl weniger theoretischer als vielmehr praktischer Art sind. Der Glaube, daß Gott niemals etwas Unvernünftiges (und das heißt eben auch: nichts Ungerechtes) tun wird und es daher für alles, was geschieht, einen guten Grund geben muß, hilft dem Menschen, die scheinbaren Ungerechtigkeiten zu ertragen, die er täglich miterlebt. »Denn wir wissen nicht, welches Gottesgericht dem zugrunde liegt, daß hier ein Guter arm, dort ein Böser reich ist; [...] daß ein Bösewicht kerngesund ist, während ein Frommer dahinsiecht; daß junge Männer kraftstrotzend das Räuberhandwerk treiben, während kleine Kinder, die niemanden auch nur mit einem Worte kränken konnten, von mancherlei schrecklichen Krankheiten heimgesucht werden; daß jemand, der der Menschheit noch hätte nutzen können, durch vorzeitigen Tod hingerafft wird, während ein anderer, der, wie man meinen sollte, gar nicht hätte geboren werden dürfen, obendrein sehr alt wird [...] und dergleichen mehr.« (civ XX.2) Augustinus' unbeirrbares Festhalten an der göttlichen Vernunft verdankt sich keinem blauäugigen Optimismus, sondern vielmehr einer nur mühsam beherrschten Verzweiflung über die schwer erträglichen Grausamkeiten des Lebens. Um mit all dem Leid, das um uns herum geschieht, fertigwerden zu können – so seine Überzeugung –, müssen wir einfach daran glauben, daß unser Verstand nur zu schwach ist, um es zu verstehen, müssen glauben, daß die Welt nicht das Produkt eines launischen Zufalls ist, sondern alles darin seinen Sinn hat, auch wenn wir diesen Sinn nicht erkennen können. Um nicht zu verzweifeln, müssen wir glauben, daß Gott nicht willkürlich handelt, daß er nicht bloß würfelt, sondern »nach einer uns zwar verborgenen, ihm aber klar vor Augen liegenden Ordnung der Dinge und Zeiten« entscheidet (civ IV.33).[48] So nährt sich der Glaube von der Hoffnung, und die Hoffnung spendet den nötigen Trost, der uns gestattet, Gott zu lieben, wie es ihm gebührt.

[48] Vgl. auch civ XI.5.

Die Einsicht in den Sinn des Ganzen wird damit freilich nicht aufgehoben, sondern nur aufgeschoben. Das Wissen, das uns in diesem Leben nicht erreichbar ist, bleibt jenem fernen Tag vorbehalten, an dem Gott Gericht halten wird und wir alles verstehen werden (civ XIX.14; XX.1). Bis dahin können wir nichts anderes tun als zu glauben, zu hoffen und zu lieben (rel 285), sofern uns Gott diese Gnade erweist. Denn wir sehen jetzt, wie Paulus schrieb, »durch einen Spiegel in einem dunklen Wort; dann aber von Angesicht zu Angesicht. Jetzt erkenne ich stückweise; dann aber werde ich erkennen, gleichwie ich erkannt bin. Nun aber bleibt Glaube, Hoffnung, Liebe, diese drei; aber die Liebe ist die größte unter ihnen.« (Römer 13.12–13; vgl. civ XXII.29)

Quellen:

Augustinus:

Opera omnia, post Lovaniensium theologorum recensionem ... Accurante J.-P. Migne. Ed. novissima. 15 Bde, Paris 1841–1849 (Patrologia cursus completus. Series Latina 32/47).

Werke des Augustinus in sieben Bänden. Hg. v. Carl Andresen, Olof Gigon, Erik Hornung und Walter Rüegg (Bibliothek der Alten Welt). Zürich, München 1950 ff.

Augustinus: Bekenntnisse/Confessiones. Eingeleitet und übersetzt von Joseph Bernhart. Frankfurt am Main 1987 (München 1955).

Sankt Augustinus. Der Lehrer der Gnade. Lateinisch-deutsche Gesamtausgabe seiner antipelagianischen Schriften. Hg. v. Adalberto Kunzelmann und Adolar Zumkeller. Würzburg 1955 ff.

Sankt Augustinus. Der Seelsorger. Deutsche Gesamtausgabe seiner moraltheologischen Schriften. Hg. v. Adalberto Kunzelmann und Adolar Zumkeller. Würzburg 1949 ff.

Aurelius Augustinus' Werke. In deutscher Sprache herausgegeben von Carl Johann Perl. Paderborn 1940 ff.

Plotins Schriften, griechisch-deutsch. Übersetzt und herausgegeben von Richard Harder. Hamburg 1956–1971.

Literaturauswahl:

Bonner, G.: St. Augustine of Hippo. Life and Controversies. Philadelphia 1963.
Brown, Peter: Augustinus von Hippo. 2. Aufl. Frankfurt am Main 1982.
Chadwick, Henry: Augustin. Göttingen 1987.
Evans, Gillian R.: Augustine on Evil. Cambridge 1982.
Flasch, Kurt: Augustin. Einführung in sein Denken. 2. Aufl. Stuttgart 1994.
Flasch, Kurt: Logik des Schreckens. 2. Aufl. Mainz 1995.
Jolivet, Jean: Le problème du mal d'après Saint Augustine. 2. Aufl. Paris 1936.
Jonas, Hans: Augustin und das paulinische Freiheitsproblem. 2. Aufl. Göttingen 1965.
Kirwan, Christopher: Augustine. London 1989.
Kreuzer, Johannes: Augustinus. Frankfurt am Main 1995.
Marrou, Henri-Irénée: Augustinus und das Ende der antiken Bildung. Paderborn u. a. 1981 (erstmals ersch. 1938).
Mausbach, Joseph: Die Ethik des heiligen Augustinus. Freiburg 1909.
Rist, John M.: Augustine. Cambridge 1994.
TeSelle, Eugene: Augustine the Theologian. New York 1970.

Zitierte Schriften der Augustinus in zeitlicher Folge:

386	Contra Academicos (Gegen die Akademiker) [Ac]
386	De beata vita (Über das Glück) [beat]
386	De ordine (Über die Ordnung) [ord]
386	Soliloquia (Selbstgespräche) [sol]
386-7	De immortalitate animae (Über die Unsterblichkeit der Seele) [immort]
388	De quantitate animae (Von der Größe der Seele) [quant]
388	De libero arbitrio I (Vom freien Willen, Buch I) [lib]
389	De magistro (Der Lehrer) [mag]
389-91	De vera religione (Von der wahren Religion) [rel]

391-2 De utilitate credendi (Über den Nutzen des Glaubens) [cred]
391-9 De libero arbitrio (Vom freien Willen, Buch II/III) [lib]
394-5 De mendacio (Über die Lüge) [mend]
395 De continentia (Über die Enthaltsamkeit) [cont]
396 De diversis quaestionibus ad Simplicianum (Verschiedene Probleme, an Simplician) [quaest si]
396-8 Confessiones (Bekenntnisse) [conf]
411-2 De peccatorum meritis et remissione (Strafe und Nachlassung der Sünden) [pec]
407-16 In epistulam Ioannis ad Parthos tractatus decem [1 Jo]
412 De spiritu et littera (Der Geist und der Buchstabe) [spir]
413-26 De civitate Dei (Vom Gottesstaat) [civ]
413-5 De natura et gratia (Natur und Gnade) [nat]
420 Contra mendacium (Gegen die Lüge) [c men]
420 Contra epistulam Parmeniani [Par]
421-423 Enchiridion ad Laurentiam de fide et spe et caritate (Handbüchlein über Glaube, Hoffnung und Liebe) [ench]
426-7 Retractationum libri duo (Retractationen in zwei Büchern) [retract]

II. Abaelard

So stark waren der Einfluß und die Autorität von Augustinus, daß sich die christliche Ethik über sieben Jahrhunderte hinweg nicht aus dem Bann seines Menschen- und Gottesbildes zu lösen vermochte. Der erste Denker von Rang, der dem Augustinismus die Stirn bot, war der zweimal wegen seiner »perversen Lehre« – so Papst Innozenz II. – verurteilte Peter Abaelard.

Lebensabriß

Geboren wurde Abaelard im Jahr 1079 in der Nähe des bretonischen Nantes. Es war eine Zeit ökonomischen Aufschwungs, der durch technische Innovationen und die Etablierung der Geldwirtschaft begünstigt wurde. Handel und Fernhandel nahmen zu, die Städte wuchsen, wurden reicher und gewannen immer mehr an Bedeutung. Auch die katholische Kirche profitierte von dem Aufschwung und strebte nun mit aller Macht zur Weltherrschaft. Die Verfolgung von Andersgläubigen nahm wieder zu, man suchte Ketzer und fand sie auch. Islamische Einflüsse wurden expansiv zurückgedrängt; die ersten Kreuzzüge lagen schon in der Luft: 1085 eroberten die Christen Toledo zurück, 1099 Jerusalem.

Derweil wuchs Abaelard heran. Nach einer mehrjährigen Wander- und Lehrzeit, unter anderem bei dem Nominalisten Roscelin, studierte er Logik an der Domschule von Notre-Dame zu Paris unter Wilhelm von Champeaux, mit dem er jedoch schon bald in Streit geriet, weil er sich dessen Ansicht von der Realität der Universalien nicht anschließen mochte.[1]

[1] Im sogenannten Universalienstreit, in dem es um den ontologischen Status von Allgemeinbegriffen (Universalien: das, was mehreren Dingen zukommt) ging, vertrat Wilhelm von Champeaux einen realistischen Standpunkt, das heißt, er war der Auffassung, daß die Universalien ausschließlich *in* den Dingen zu finden seien (universalia in

Durch seine brillante Argumentationskunst machte er sich schnell einen Namen, eröffnete 1102 seine eigene Schule und verfaßte in den folgenden Jahren Kommentare zu den Klassikern seines Fachs[2] sowie eigene Lehrschriften, darunter sein mehrbändiges logisches Hauptwerk ›Dialectica‹. 1113 wandte er sich der Theologie zu, zunächst als Schüler Anselms von Laon, dessen Bibelglossarien er jedoch wenig abgewinnen konnte, dann später als Lehrstuhlinhaber in Notre-Dame. 1116 ließ er sich schließlich mit seiner Privatschülerin Heloisa in jenes berühmte und kaum platonisch zu nennende Liebesverhältnis ein, das ein oder zwei Jahre später mit Abaelards gewaltsamer Kastration im Auftrag von Heloisas Pflegevater, der sich trotz einer im verborgenen vollzogenen Heirat betrogen wähnte, ein unfreiwilliges Ende nahm. In der Folge zog sich Heloisa in ein Nonnenkloster zurück, und Abaelard tat es ihr wenig später nach; er legte das Mönchsgelübde ab und trat ins Kloster St. Denis ein. Durch den Briefwechsel der beiden Liebenden (dessen Echtheit lange umstritten war)[3] sowie den lesenswerten Bericht, den Abaelard von der »Geschichte seiner Unglücksfälle« (›Historia calamitatum‹) gegeben hat, sind diese und die folgenden Ereignisse recht gut dokumentiert.

Weder seine Kastration noch der Klostereintritt und die Trennung von Heloisa vermochten Abaelard daran zu hindern, seine logischen und theologischen Studien weiter zu betreiben. 1120 vollendete er seine (späterhin mehrfach überarbeitete und erweiterte) Abhandlung über die göttliche Einheit und Dreieinigkeit (›Theologia summi boni‹), in der er den gewagten Versuch unternahm, das Trinitätsdogma einem rationalen Verständnis zugänglich zu machen –,

re). Roscelin hingegen dachte, wie später Wilhelm von Ockham, nominalistisch: Für ihn waren die Universalien nichts als Lautgebilde, bloße Namen, die zur Klassifizierung der Dinge dienten, ohne etwas real Existierendes zu bezeichnen (universalia post rem). Abaelard nahm einen mittleren Standpunkt ein. Eine dritte, idealistische Möglichkeit hatte übrigens Platon (und mit ihm Augustinus) vertreten: Die Universalien hätten ihre eigene Wirklichkeit unabhängig von den Dingen, die ihrerseits nur durch Teilhabe an den Universalien wirklich seien (universalia ante rem).

2 Boethius, Porphyrios und den wenigen seinerzeit bekannten aristotelischen Schriften ›Peri hermeneias‹, ›Kategorien‹ und ›Topik‹.

3 Vgl. John Marenbon, The Philosophy of Peter Abelard. Cambridge, 1997, S. 82–93.

was ihm prompt eine Anklage wegen Ketzerei einbrachte. In einer demütigenden Prozedur wurde er 1121 auf dem Konzil von Soissons für schuldig befunden, gezwungen, sein Werk eigenhändig zu verbrennen, und zu lebenslänglicher Haft verurteilt. Allerdings ließ man ihn schon nach wenigen Monaten frei und erlaubte ihm, nach St. Denis zurückzukehren, wo er sich nach einem Streit über die Identität des Klostergründers Dionysios um die Entbindung von seinem Gelübde bemühte. Als ihm schließlich gestattet wurde, sich an »irgendeinen einsamen Ort« zurückzuziehen, errichtete er bei Nogent-sur-Seine ein provokant der Heiligen Dreieinigkeit geweihtes Bethaus, das bald Schüler anzog und unter dem Namen »Paraklet«, das heißt Helfer oder Tröster (ein Beiname des Heiligen Geistes), zur philosophischen Lehrstätte avancierte. Nach einigen Jahren reger Lehrtätigkeit wurde Abaelard 1128 Abt des Klosters St. Gildas de Rhuys. Seine Bemühungen um die Förderung der klösterlichen Moral scheiterten jedoch am Widerstand der Mönche, welche die ungestörte Pflege ihrer (damals in Klöstern alles andere als ungewöhnlichen) Zuchtlosigkeit dem von Abaelard favorisierten Leben stiller Frömmigkeit so entschieden vorzogen, daß sie selbst vor wiederholten Mordversuchen an ihrem Prior nicht zurückschreckten. Wieder sah sich Abaelard gezwungen, seinen Aufenthaltsort zu wechseln.

Seit 1133 lehrte er zum zweiten Mal in Paris auf dem Mont Ste. Geneviève. In den folgenden Jahren entstanden einige von Abaelards wichtigsten Werken, der Römerbrief-Kommentar, der interreligiöse ›Dialog zwischen einem Philosophen, einem Juden und einem Christen‹ sowie die leider nur teilweise erhaltene moralphilosophische Hauptschrift ›Ethica sive scito te ipsum‹ (›Erkenne dich selbst‹). Diese fruchtbare Zeit endete jedoch jäh im Jahr 1140, als es auf Betreiben des nachmals heiliggesprochenen Bernhard von Clairvaux auf dem Konzil von Sens erneut zu einer Verurteilung von Abaelards Schriften kam. Seine letzten Lebensjahre verbrachte Abaelard auf päpstliche Anordnung in Klosterhaft und unter strengstem Lehrverbot in Cluny. Er starb 1142, berühmt in ganz Europa.

Ohne Verständnis kein Glaube

Obwohl die Gegner Abaelards keine Schwierigkeiten hatten, in seinem Werk eine ganze Reihe von angeblich häretischen Ansichten dingfest zu machen, lag doch der entscheidende Grund für seine offizielle Verurteilung weniger in den von ihm vertretenen Thesen selbst als vielmehr in dem ihnen zugrundeliegenden Anspruch auf Vernünftigkeit und Verständlichkeit der christlichen Lehre. Abaelard zweifelte nicht an der Wahrheit der von der katholischen Kirche gelehrten Dogmen, doch hielt er zeit seines Lebens an der Überzeugung fest, daß man sich auch darum bemühen müsse, sie zu verstehen. Diese Forderung war an sich nicht sonderlich anstößig. Bereits der junge, noch auf neuplatonischen Wegen wandelnde Augustinus hatte zunächst die Erkenntnis höher bewertet als den (bloßen) Glauben. Von ihm stammt das oft wiederholte Wort: *Credo ut intelligam* – ich glaube, um zu verstehen. Auch Abaelards bedeutender älterer Zeitgenosse Anselm von Canterbury (1033–1109), der schon vor ihm die Wahrheit des christlichen Glaubens rational zu beweisen strebte, hielt es für eine Nachlässigkeit, »wenn wir, nachdem wir im Glauben gefestigt sind, uns nicht zu verstehen bemühen, was wir glauben«[4]. Abaelards Ansichten sind jedoch weit radikaler. Anders als Anselm und Augustinus ist er nicht der Auffassung, daß das Verständnis eine wünschenswerte Ergänzung des Glaubens sei, sondern vielmehr daß ein Glaube ohne Verständnis gar keinen Wert habe, ja nicht einmal verdiene, Glaube genannt zu werden. Für Abaelard sind Worte, die den Menschen zwar beständig vor- und von diesen bereitwillig nachgesagt, aber in keiner Weise verstanden werden, bloß sinnlose Laute, dem Blöken der Schafe zu vergleichen (Epist. VII.125/126). Man kann sich nicht, wie es Anselm wollte, zuerst im Glauben festigen und dabei das Verstehen auf einen späteren Zeitpunkt verschieben, da in

[4] Anselm von Canterbury, Cur Deus homo I.1.

Wahrheit das Verständnis der Worte eine notwendige Voraussetzung für den Glauben ist. Denn um zu glauben, muß man wenigstens wissen, was man eigentlich glaubt (Hc 30). Glaubt man an etwas (oder gibt vor, an etwas zu glauben), dessen Sinn völlig unklar ist, könnte man genausogut an nichts glauben.

Mit dieser Argumentation dreht Abaelard kühn die »rechte Ordnung« um, welche laut Anselm verlangt, »daß wir die Tiefen des christlichen Glaubens zuerst glauben, bevor wir uns erkühnen, sie mit der Vernunft zu erörtern«[5]. Anselm hatte freilich einen guten Grund, auf die Einhaltung der rechten Ordnung zu dringen. Knüpft man nämlich, wie Abaelard, den Glauben von vornherein an seine Einsichtigkeit, ist man schon nahe daran, ihn überhaupt entbehrlich zu finden, denn was die Vernunft mir als wahr zeigt, das brauche ich nicht mehr zu glauben. Mehr noch werde ich dann bald alles, was die Vernunft mir nicht als wahr zu zeigen vermag, nicht mehr glauben können.[6] So steht zu befürchten, daß sich eine Offenbarungsreligion wie das Christentum nicht so einfach in den engen Rahmen einer Vernunftreligion einspannen läßt, ohne daß ihre Eigenart verloren geht.

Aber Abaelard hatte nicht vor, dem Glauben den Boden zu entziehen. Er vertraute darauf, daß göttliche Offenbarung und menschliche Vernunft nicht miteinander in Konflikt geraten würden. Auch war er nicht so vermessen, von der Religion Beweise für die Wahrheit ihrer Inhalte zu verlangen: Er erwartete und forderte lediglich, daß die christliche Lehre der Vernunft nicht widerstreiten dürfe. Es muß möglich sein, ihr einen klaren Sinn zu geben. Wenn sie sich darüber hinaus auch noch als wahrscheinlich erweisen läßt, um so besser. Die Wahrscheinlichkeit beeinträchtigt ja nicht etwa den Glauben (da wir nicht wissen können, ob das, was uns wahrscheinlich erscheint, auch tatsächlich wahr ist), sondern verwandelt nur einen blinden (und damit leeren) in einen begründeten Glauben.

[5] Cur Deus homo I.1.

[6] »Petrus Abälardus«, schreibt sein Gegenspieler Bernhard von Clairvaux über ihn, »arbeitet darauf hin, das Verdienst des christlichen Glaubens auszuhöhlen, indem er meint, er könne das Ganze dessen, was Gott ist, mit der menschlichen Vernunft begreifen.« (Epist. CXCI.1)

Gott will verstanden werden

Das Christentum stützt sich auf das Wort Gottes, wie es in den Schriften des Alten und Neuen Testaments festgehalten ist. Doch vieles von dem, was darin geschrieben steht, ist nicht unmittelbar verständlich und bedarf darum der Interpretation. Zuweilen sind die Glaubensinhalte, die auf dieser Grundlage entstanden sind, geradezu paradox, wie das für die katholischen Christen zentrale Dogma der göttlichen Trinität, welches bekanntlich besagt, daß es zwar nur einen einzigen, unteilbaren Gott gebe, dieser aber gleichwohl aus drei sogenannten Personen bestehe, nämlich Vater, Sohn und Heiliger Geist. Wie aber kann etwas zugleich eins und drei sein?

Um des Glaubens willen darf man vor einer rationalen Klärung solcher und ähnlicher Fragen nicht zurückscheuen. Gerade weil es um das Wichtigste überhaupt geht, nämlich um das Heil der Seele. Worin dieses besteht und auf welchem Wege es zu erlangen ist, das lehrt die Heilige Schrift, weshalb sie vor allen anderen Dingen studiert werden muß, wenn man richtig leben will (Hc 7). Allein zu diesem Zweck, als Leitfaden und Orientierungshilfe zum richtigen, seligmachenden Leben, hat uns Gott in dieser Weise sein Wesen und seinen Willen offenbart. Hätte er nicht gewollt, daß wir sein Wort, so weit es eben geht, verstehen können, hätte er sicher geschwiegen. Gott vertraut also darauf, aufmerksame Zuhörer und verständige Leser zu finden. »Denn ein Leser, der ein Buch in der Hand hält, ohne daß er etwas damit anfangen kann, wozu das Buch schließlich gemacht ist, ist wie ein Esel, der vor einer Leier sitzt.« (Epist. VII.130) Der Mensch ist aber kein Esel, wenn er sich nicht selbst zu einem solchen macht, denn Gott hat ihm Geist und Vernunft verliehen, damit er sie *gebraucht*. Ohne Verständnis bleibt das Wort toter Buchstabe, wer aber, wie es Gott zweifellos beabsichtigt hat, seinen Sinn erkennt, dem wird das Wort zu einem unerschöpflichen Quell des Lebens (Epist. VII.133). Darum sollte der Mensch seinen Verstand beständig üben und sein Wissen zu vergrößern suchen.

Auch das Wissen des Bösen ist gut

Augustinus hatte vor dem Wissen gewarnt, weil er damit rechnete, daß die Menschen hochmütig würden, wenn sie zuviel Wissen anhäufen und zu sehr auf ihren eigenen Verstand vertrauen. Auch Abaelard leugnet nicht, daß Wissen häufig von Überheblichkeit begleitet wird, aber er zieht daraus nicht den Schluß, daß zuviel Wissen als solches schlecht sein könnte. Der Hochmut des Vielwissenden entspringt nämlich nicht dem Wissen selbst, sondern der irrigen Annahme, daß er sich dieses Wissen allein verdankt. Er erkennt nicht, daß er all sein Wissen von Gott empfangen hat, es mithin eine Gabe ist, auf die stolz zu sein unangemessen ist (Tsb II.32). Hochmütig wird also jemand gerade dadurch, daß er die Wahrheit nicht erkennt, also stets in Folge seiner Unwissenheit. Weil alles Wissen von Gott kommt (und Gott alles weiß), ist tatsächlich alles Wissen gut, und zwar nicht nur das Wissen dessen, was ist, sondern auch dessen, was nicht ist, nicht nur des Guten, sondern auch des Bösen (Tsb II.30). Denn ohne die Fähigkeit, das Gute vom Bösen zu unterscheiden, kann niemand sicher sein, ein gutes, gottgewolltes Leben zu führen. Was aber gut und schlecht ist, lehrt uns die Schrift, die man folglich richtig verstehen muß, um nach ihren Weisungen zu handeln. Gebote, die man nicht verstanden hat, kann man auch nicht halten. »Je weniger wir nach Verständnis trachten, desto weniger vermögen wir die bösen Wege zu erkennen und uns vor der Sünde zu hüten.« (Epist. VII.126) Darum hält Abaelard die unter Christen verbreitete Scheu vor dem Wissen geradezu für den Anfang des Abfalls von Gott (Epist. VII.127).

Der Hochmut der Unwissenden

Aber anstatt sich zu schämen, wenn sie über die Inhalte des Glaubens, dem sie doch anzuhängen beteuern, keine Rechenschaft abzulegen vermögen, lassen sich die Christen ihr mangelndes Verständnis noch zur Ehre gereichen. Sie schmeicheln sich, einer Religion anzugehören, die so unerhört tief, so erhaben und von solcher Exklusivität ist, daß niemand sie verstehen kann. Die Unverständlichkeit erscheint ihnen als besondere Auszeichnung, die sie in ihren eigenen Augen über jede andere Glaubensrichtung erhebt und deren Verdammung rechtfertigt. Da etwas, das keiner rationalen Explikation fähig ist, auch nicht kritisiert werden kann, steht es ihnen frei zu reden, wie es ihnen beliebt, ohne je einen Einwand fürchten zu müssen. In der Gewißheit ihrer Unangreifbarkeit verfallen sie in einen Hochmut, der nicht einmal die Entschuldigung des Wissens hat und jeder Grundlage entbehrt (coll S. 19). Was ihnen dabei freilich entgeht, ist, daß das, was sie zu glauben vorgeben, hierdurch ganz und gar beliebig wird. Wenn nicht die Vernunft sie die Berechtigung ihres Glaubens einsehen läßt, dann gibt es keinen Grund für ihren Glauben, abgesehen von dem zufälligen Umstand, daß ihnen von anderen versichert wurde, daß ihr Glaube der richtige sei. Sie wiederholen nur das, was ihnen (von ihren Eltern, ihren Lehrern) gesagt wurde. Dies mag zwar natürlich sein, es macht aber ihre Religion, wenn sie nicht durch Vernunftgründe unterstützt wird, zu einem Produkt des Zufalls ihrer Geburt. Wären sie an einem anderen Ort, zu einer anderen Zeit geboren und aufgewachsen, hätten sie einen anderen Glauben angenommen, wären Juden oder Moslems oder Anhänger irgendeiner heidnischen Religion geworden. Glaube ohne Vernunft ist nicht mehr als eine bloße Gewohnheit und kann daher keinen Wahrheitsanspruch für sich geltend machen. »Denn wenn der Glaube keinesfalls mit Vernunft erörtert werden dürfte, um nicht sein Verdienst zu verlieren, und das, was man glauben sollte, nicht nach eigenem Urteilsvermögen erörtert werden dürfte, sondern man sofort dem, was verkündigt wird, zustimmen müßte, welche Irrtümer die Verkündigung auch immer ausstreuen mag, so bedeutete es nichts, ihn anzunehmen, weil man nichts mit Vernunft widerlegen darf, wo es nicht erlaubt ist, seine Vernunft anzuwenden. Mag ein Götzendiener von einem Stein oder Holz oder einem beliebigen Geschöpf sagen: dies ist der wahre Gott, der Schöpfer des Himmels und der

Erde; oder mag einer irgendeinen offenkundigen Greuel verkündigen – wer wird fähig sein, ihn zu widerlegen, wenn über den Glauben nichts mit Vernunft erörtert werden dürfte?« (coll S. 115 f.)

Vernunft und Autorität

Da hilft es auch nichts, sich auf irgendwelche allgemein anerkannten Autoritäten in Glaubensfragen zu berufen, da jede Autorität, wenn sie zu Recht beansprucht wird, selbst wieder auf Vernunft oder irgendeiner Art von Fähigkeit zu höherer Einsicht beruhen muß. Ob diese aber besteht oder nicht, kann offenbar nicht durch eine weitere Autorität entschieden werden, da auch deren Fähigkeit zur Einsicht zuvor gesichert sein müßte. Die Sache wäre vielleicht leicht zu entscheiden, wenn es nur *eine* anerkannte Autorität gäbe, aber der Streit der Glaubensrichtungen geht ja gerade darum, wessen Wort als Autorität anzuerkennen ist. Selbst wenn man sich nur auf die Autoritäten des Christentums beschränken wollte, wird man unter ihnen leicht für jede Glaubensfrage zwei einander widersprechende Antworten finden, so daß sich stets für jede beliebige Ansicht eine Autorität zitieren läßt, ohne daß dadurch etwas gewonnen wäre.[7] Wenn aber mehrere solcher Autoritäten darüber streiten, was wahr ist, wem sollen wir dann Glauben schenken? Jeder muß letztlich für sich selbst eine Entscheidung treffen, muß die für ihn maßgeblichen Autoritäten wählen, auf die eine oder andere Art, entweder blind nur aufgrund seiner Herkunft und daher ohne jede Verbindlichkeit für andere, oder aber dadurch, daß er die Vernünftigkeit der verschiedenen Autoritätsansprüche mit Hilfe seiner eigenen Vernunft überprüft und sich anschließend für das entscheidet, was ihm persönlich am einleuchtendsten erscheint. Damit wird die Autoritätsfrage aber im Grunde hinfällig, denn offenbar sind wir auch dann, wenn wir uns von der Berechtigung eines Autoritätsanspruches

[7] In ›Sic et non‹ hat Abaelard die widersprechenden Ansichten der christlichen Autoritäten gegeneinander gestellt.

bereits überzeugt haben, nicht gezwungen, der von uns anerkannten Autorität auch in jedem einzelnen Fall zuzustimmen. Wann immer uns nach reiflicher Überlegung eine Schriftstelle oder die Deutung, die ihr von jenen gegeben wurde, die in Glaubensfragen für kundig gelten, der Sache unangemessen erscheint, sind wir zur kritischen Nachfrage und gegebenenfalls zum Widerspruch berechtigt. Zwar ist die Wahrheit des göttlichen Wortes nicht zu bezweifeln, aber dieses ist uns ja nicht in unmittelbarer Form gegeben, sondern Menschen haben es aufgeschrieben, andere haben es abgeschrieben, wieder andere seinen Inhalt interpretiert. Menschen aber können sich irren. Auch kann bei der Übertragung unwillentlich der ursprüngliche Sinn entstellt worden sein. Keine Autorität ist daher vom Verdacht auf Irrtum grundsätzlich ausgenommen, weder die großen Kirchenlehrer noch auch die als Autoritäten viel höher einzuschätzenden Propheten des Alten Testaments und Evangelisten des Neuen. »Es steht nämlich fest, daß auch den Propheten zuweilen die Gnadengabe der Prophetie gefehlt hat und daß sie dann aufgrund der Gewohnheit zu prophezeien, indem sie noch glaubten, den Geist der Prophetie zu haben, aus ihrem eigenen Geist manches falsch prophezeiten.« (Sn, Prol.) So kann es unter Menschen letztlich überhaupt keine Autoritäten geben, die von vornherein jeder Prüfung durch die Vernunft enthoben wären, und was mit Vernunftgründen als plausibel erwiesen oder als unsinnig zurückgewiesen wird, bedarf nicht mehr der Beglaubigung durch irgendeine Kirchenautorität.[8] Auch bewährten Autoritäten kann ich niemals blind vertrauen, sondern muß für jedes Problem aufs neue meine eigene Vernunft zu Rate ziehen. Darum braucht man deren Schriften auch »nicht zu lesen mit der Verpflichtung zu glauben, sondern man soll sie lesen mit der Freiheit, sie zu beurteilen« (ebd.).

[8] Im Unterschied zu Abaelard beeilt sich Anselm von Canterbury, am Anfang seiner Schrift ›Cur Deus homo‹, zu versichern, daß seine Erörterungen der leitenden Frage, warum Gott Mensch geworden, selbstverständlich mit dem Urteil »höherer« und »geheiligter« Autoritäten übereinstimmen müßten, um Gültigkeit beanspruchen zu können (a. a. O., Kap. 2 u. 3).

Allerdings sollte das Urteil solcher allgemein anerkannten Lehrer des Christentums auch nicht leichtfertig zurückgewiesen werden, denn die Möglichkeit des Irrtums besteht natürlich nicht nur für diese, sondern auch für mich selbst. Auch ich könnte mich ja täuschen, wenn mir etwas nicht richtig gesagt oder unverständlich zu sein scheint, könnte etwas nicht so verstehen, wie es gemeint war, oder den Sinn schlicht nicht erkennen, obwohl er da ist. Der Zweifel ist wichtig, denn nur wer zweifelt, untersucht, und nur wer untersucht, kann hoffen, zur Wahrheit vorzudringen (ebd.). Aber ich muß auch bereit sein, die Triftigkeit meiner eigenen Urteile anzuzweifeln. Auch wenn ich nicht glauben kann, ohne über irgendein Verständnis dessen zu verfügen, was ich glaube, vermag ich doch nicht zu sagen, ob mein Verständnis der Sache auch tatsächlich der Wahrheit entspricht. Nur Gott weiß, was wahr ist. Der Mensch kann letztlich nur Sorge dafür tragen, daß sich das, was er glaubt, auch vor der menschlichen Vernunft verantworten läßt. Und dies um so mehr, als seine Schlüsse und Darlegungen nie mehr als Schatten und Analogiebilder der Wahrheit sein können (Tsb II.36). Denn die menschliche Sprache ist angelegt zur diskursiven Erkenntnis der geschaffenen, zeitlichen Welt und ungeeignet zur Darstellung dessen, was ewig und göttlich ist (Tsb II.50). Es gibt in der menschlichen Sprache kein Wort, das jener überzeitlichen Wahrheit, welche der Glaube zu fassen sucht, angemessen wäre. Alles, was darüber gesagt werden kann, ist gleichnishaft gesprochen, eine Annäherung an das Unsagbare. Eine gewisse Dunkelheit der Rede ist daher in Glaubensdingen unvermeidlich (Tsb II.53), was aber nicht heißt, daß wir uns gar nicht erst darum zu bemühen bräuchten, die Dunkelheit, so weit es uns eben möglich ist, zu erhellen. Gerade weil jede Aussage über Gott und das, was mit ihm zusammenhängt, die Wahrheit immer nur andeuten kann und so notwendig inadäquat bleiben muß, legt sie den Gläubigen nicht von vornherein auf ein bestimmtes Verständnis fest, sondern bleibt für die verschiedensten Interpretationsansätze offen (Vgl. Tsb II.66). Da die Kluft zwischen Wort und Wahrheit unvermeidlich ist, bleibt es dem einzelnen Gläubigen überlassen, sich seinen eigenen Reim auf die Sätze der Religion zu machen. Der Hinweis auf die Tradition entbindet ihn nicht mehr von der Verantwortung für seinen Glauben, weil er sich das, was ihm geboten wird, erst aneignen, das heißt, auf seine Weise annehmen muß. Er kann nicht umhin, sich selbst eine persönliche Meinung zu bilden und dann auch für diese einzustehen.

Kultivierung der Gesprächsfähigkeit

Abaelard fordert also einerseits, daß wir uns die Kompetenz erwerben, über das, was wir glauben, auch rational Rechenschaft abzulegen, erinnert aber andererseits daran, daß wir uns niemals sicher sein können, ob wir mit unserer Auffassung wirklich recht haben. Ersteres versetzt uns in die Lage, unseren Glauben denen, die von dessen Wahrheit noch nicht überzeugt sind und einem anderen Glauben anhängen, mitzuteilen und verständlich zu machen, so daß sie, wenn sie sich nicht den für alle Menschen gültigen Argumenten der Vernunft verschließen wollen, entweder zuzustimmen gezwungen sind, oder aber Gründe für ihr Verharren in der Ungläubigkeit anführen müssen. Wir können aber schwerlich an die Vernunft des anderen appellieren, ohne uns auch selbst darauf zu verpflichten, der Stimme der Vernunft zu gehorchen. Das heißt, wir müssen nicht nur die Fähigkeit besitzen, unseren Glauben vor anderen zu begründen, sondern im Prinzip auch bereit sein, uns den Gründen, welche die anderen daraufhin gegen unseren Glauben und für ihren Standpunkt vorbringen mögen, anzuschließen, sofern diese nämlich überzeugender sein sollten als unsere eigenen. Anders gesagt kann die bloße Mitteilungsfähigkeit noch nicht als vernünftig gelten, da zur Vernunft auch Aufnahmebereitschaft für die Mitteilungen anderer gehört. Die Vernunft bewährt sich erst im Gespräch, und um ein Gespräch zu führen, muß ich nicht nur reden, sondern auch zuhören können. Diese Fähigkeit aber erlangen wir erst durch die Erkenntnis, daß, obwohl es uns nicht so erscheint, doch auch wir diejenigen sein könnten, die sich täuschen. Indem so das Bemühen um rationale Begründung der Glaubensinhalte von der Einsicht in die grundsätzlich immer bestehende Möglichkeit des Irrtums flankiert wird, schützen wir uns vor der Gefahr der Selbstgerechtigkeit. Es ist nämlich nur zu deutlich, daß die verbreitete Überzeugung, im alleinigen Besitz der Wahrheit zu sein, unabhängig davon, ob man die Vernunft auf seiner Seite glaubt oder nicht, überall zu Fanatismus, zu Haß und Gewalt führt (Eth. S. 126). So bekennt Abaelard auch freimütig: »Ich verspreche keine Bestimmung der Wahrheit, sondern begnüge mich damit, in allem, was ich schreibe, meine Meinung darzulegen. Denn das Beharren auf der Wahrheit entflammt in dieser Zeit selbst die zu Neid und Haß, die im Namen der Religion führend sind.« (Eth. S. 127) Darum ist es nicht zuletzt auch eine moralische Verpflichtung, die geistige Auseinandersetzung und das Gespräch mit Andersgläubigen oder -denkenden nicht abreißen zu lassen und in ihnen nicht von vornherein Unverständige, sondern Menschen zu sehen, die ebenso wie ich selbst über Vernunft verfügen und gleichfalls nach dem höchsten Gut streben, wenn auch vielleicht auf anderen Wegen. Als Menschen sind wir alle, unabhängig von dem Glauben, dem wir uns angeschlossen haben, Teilnehmer an einem gemeinsamen Unternehmen. Wie Abaelard in seinem ›Dialog zwischen einem Philosophen, einem Juden und einem Christen‹ vorführt, wäre es besser, wenn wir, statt unsere Auffassung gewaltsam gegen andere durchzusetzen, uns darum bemühten, voneinander zu lernen und im Austausch der Gedanken die gemeinsamen Grundlagen und damit das uns Verbindende zutage zu fördern. Ob die Gemeinsamkeiten allerdings tatsächlich so groß sind, wie Abaelard anzunehmen scheint, und sich die vorhandenen Differenzen durch vernünftige Erörterung wirklich beilegen lassen, dürfte immerhin fraglich sein.

Ein neues Gottesbild

Gott verweigert niemandem seine Gaben

Abaelards Vertrauen in die Möglichkeit der Verständigung stützt sich auf die zweifache Annahme, daß sich die Wahrheit des Glaubens durch die Vernunft, wenn nicht beweisen, so doch wenigstens plausibel machen läßt und daß diese Vernunft ein gemeinsames Gut aller Menschen ist. Die Christen haben also den Nichtchristen in dieser Hinsicht nichts voraus, so daß sich mit Fug und Recht behaupten läßt, daß alle Menschen vermöge ihrer Vernunft gleich nah zu Gott sind. Jeder Mensch, egal, wo er geboren und wie er aufgewachsen ist, als Jude, Moslem oder Christ, kann, wenn er offen genug ist, die Natur Gottes erkennen und, wenn er nur willens ist, gottgefällig leben. Zwar ist hierzu, wie zu allem, göttliche Gnade notwendig, aber es ist nicht so – wie die augustinische Lehre es wollte –, daß diese Gnade selektiv ist, indem nur manche durch sie zur Erkenntnis gelangen, andere aber nicht. Nach Abaelard, der damit der offiziellen Lehrmeinung widerspricht, verweigert Gott niemandem die Möglichkeit der Erlösung, er reicht allen Menschen seine gnädige Hand (Tsb I.3), und es liegt allein an ihnen, sie anzunehmen oder zurückzuweisen. »Denn Gott verhält sich so gegenüber den Menschen wie ein Kaufmann, der wertvolle Steine feilbietet, der sie offen auf dem Markt ausstellt und gleichermaßen allen vorzeigt und durch die vorgezeigten Stücke in ihnen die Kauflust weckt. Wer klug ist und weiß, was er benötigt, bemüht sich darum, sie zu besitzen, erwirbt Geld und kauft sie. Wer nachlässig und faul ist, mag er auch das Verlangen haben, bemüht sich nicht, weil er gleichwohl faul ist, auch wenn er einen stärkeren Leib hat als der andere, und kauft sie nicht: Und deshalb ist es seine Schuld, wenn er sie entbehren muß.« (Cap. haer. VI)

Abaelard leugnet also nicht, daß der Mensch auf die göttliche Gnade angewiesen ist, sehr wohl aber, daß er überhaupt nichts ohne diese Gnade zu tun vermag. Denn wenn dies wirklich so wäre, wenn alles, was ihm gelänge, allein durch Gott bewirkt würde, könnte man ihm seine Verweigerung nicht anlasten (genauso wenig wie man einen Grund hätte, ihn für seine Bereitwilligkeit zu loben). Ohne die freie Entscheidung zum Schlechten gibt es auch keine Schuld, und wo keine Schuld ist, gibt es auch nichts zu strafen (Cap. haer. VI). Die von Augustinus zur Lösung dieses Problems entwikkelte Erbsündentheorie weist Abaelard ohne Zögern zurück. Die Sünde Adams mag vielleicht als schlechtes Beispiel wirken und auch eine Strafe nach sich gezogen haben, unter der auch wir heute noch zu leiden haben (Eth. S. 22), aber sie kann nicht auf Menschen übertragen worden sein, die zu dem Zeitpunkt, als die Sünde verübt wurde, noch gar nicht existiert haben, – »und wer nicht existiert, sündigt nicht« (Cap. haer. VIII). Die klare Vernunft (manifesta ratio) lehrt uns, daß jeder Mensch notwendig zunächst einmal ohne Sünde zur Welt kommt und auch ohne Sünde bleibt, solange er nicht in der Lage ist, das Gute vom Bösen zu unterscheiden. Erst wenn sich sein Geist so weit entwickelt hat, daß er erkennt, was von ihm zu tun erwartet wird und was zu tun richtig ist, ist er zur Sünde fähig (Eth. S. 22; coll. S. 200). Der erste Zustand des Menschen ist somit gleichsam unentschieden (*quasi indifferens;* coll. S. 162), so daß er, wenn er in diesem Zustand sterben sollte, auch nicht verdammt werden wird, da er sich nichts hat zuschulden kommen lassen. Vielmehr wird er sicher gerettet werden, wenn er nach seinem Tod Gott schaut und, indem er erkennt, wie sehr er von Gott geliebt wird, selbst in aufrichtiger Liebe zu ihm entbrennt.

Gott, wie Abaelard ihn versteht, ist nicht nur allmächtig und allwissend, sondern vor allen Dingen auch allgütig, denn seine Liebe erstreckt sich ohne Unterschied auf alle Menschen. Wie das oben angeführte Gleichnis vom Kaufmann und den von ihm dargebotenen Steinen zeigt, hat Abaelards Gott nichts gemein mit jenem eifernden Herrscher, der nur fordert, was ihm von Rechts wegen zusteht, wenn er von den Menschen bedingungslose Unterwerfung verlangt. Der Mensch erscheint in Abaelards Denken nicht als abhängige Kreatur, als Gottes Knecht oder Sklave, der seine Existenz und alles, was er hat, Gott verdankt und ihm dafür zu grenzenlosem Gehorsam verpflichtet ist, sondern als freier Bürger, der niemandem etwas schuldet und durchaus fähig und berechtigt ist, selbst über sein Leben zu entscheiden. Dieser Gott fordert nichts, sondern bietet vielmehr etwas an; er begegnet dem Menschen nicht als strenger Gläubiger, der über das ihm Geschuldete mit äußerster Genauigkeit Buch führt und nicht versäumen wird, eines Tages seine Schulden einzutreiben, sondern vielmehr als ziviler Handelsmann, der, ohne irgendeinen Zwang auszuüben, den Menschen die Gelegenheit gibt, etwas unerhört Wertvolles in ihren Besitz zu bringen. Zwar bietet er seine Schätze nicht umsonst an, aber doch zu einem Preis, der angesichts des zu erwerbenden Gutes für gering zu erachten ist. Und obwohl das, was er entgegennimmt, viel weniger wert ist als das, was er gibt, geizt er doch nicht mit seinen Waren. Anstatt sich herrscherlich zurückzuhalten und abzuwarten, bis jemand sich ihm nähert, geht er von sich aus auf die Menschen zu und offenbart ihnen freimütig, was sie von ihm zu erwarten haben. Er tut also alles, was in seiner Macht steht, damit seine Schätze gekauft werden, nicht weil er sich einen Gewinn davon verspricht (denn Gott bedarf des Menschen nicht), sondern weil er die Menschen liebt und ihnen immer nur das Beste wünscht.

Aber so sehr Gott auch die Menschen liebt, kann er sie doch nicht zu ihrem Glück zwingen. Er kann nur dafür sorgen, daß jeder sieht, was ihm geboten wird, damit er frei entscheiden kann, ob ihm das Dargebotene den zu entrichtenden Preis wert ist oder nicht. Wenn einer sich nun gegen den Kauf entscheidet und die Gaben Gottes verschmäht, wird ihm Gott keineswegs zürnen, sondern ihn vielmehr bedauern als einen, den auch Gottes große Liebe nicht hat retten können. Das Bedauern gilt ihm, weil er sich selbst um das Beste gebracht hat, was er als Mensch erlangen kann: Er verliert das Himmelreich, die ewige Seligkeit, nicht als von Gott gewollte Strafe für seine Tat, sondern als unmittelbare Folge seiner eigenen, freien Entscheidung.

Der dreieinige Gott

Die Liebe Gottes gilt auch dem, der sich ihm verschließt, weil sie, anders als die Liebe der Menschen, nichts Zufälliges ist, also etwas, das ihm zwar zukommt, aber genausogut auch nicht zukommen könnte. Sie ist keine Regung oder Leidenschaft, die irgendwann einmal einen Anfang und ebenso ein Ende nimmt. Es ist unmöglich, daß Gott diese Liebe zu irgendeinem Zeitpunkt nicht hat, denn Gott *ist* die Liebe, das heißt die Liebe gehört ihm wesenhaft zu. Im Unterschied zu uns Menschen, die wir auch leben können, wenn wir nicht lieben (wenn auch vielleicht nicht gut), kann Gott nicht ohne Liebe sein, denn dazu müßte er aufhören, Gott zu sein. Daß Gott den Menschen liebt, ist folglich ein analytischer Satz, denn ebenso wie die Macht und die Weisheit ist die Liebe untrennbar von Wesen und Existenz Gottes.

Eben dies meint in Abaelards Verständnis die Rede von der göttlichen Trinität, denn daß Gott aus drei Personen, nämlich Vater, Sohn und Heiligem Geist besteht, bedeutet: »Die göttliche Substanz ist mächtig, weise und gütig, oder noch bestimmter gesagt: Sie ist selber die Macht (potentia), die Weisheit (sapientia) und die Güte (benignitas).« (Tsb I.3) Daß Gott diese drei Eigenschaften wesenhaft und notwendig in sich vereinigt, folgt für Abaelard aus der, wie er meint, auch von Juden und Heiden nicht bestrittenen Annahme, daß Gott das höchste Gut oder vollendet Gute (tota boni perfectio) sei (Tsb I.3). Es kann nichts Besseres als Gott geben, ja nicht einmal gedacht werden (denn, könnte es gedacht werden, müßte dieses Bessere dann Gott genannt werden).[9] Nichts ist aber vollendet gut, dem es entweder an Macht oder an Weisheit oder an Güte gebricht. Wer nämlich ohne den Beistand der Vernunft das Gute will und dazu noch fähig ist, seinen Willen durchzusetzen, der wird leicht Unheil anrichten, weil er nicht einzuschätzen vermag, ob das, was seine Macht ins Werk setzt, auch tatsächlich die Folgen haben wird, die sein guter Wille beabsichtigt hatte. Ob allerdings einer, der nicht weiß, was er tut, überhaupt mächtig genannt werden darf, hatten schon mit guten Gründen Platon und Aristoteles in Zweifel gezogen. Wer es aber weiß und auch die nötige Güte besitzt, aber keine Handlungsmacht, wird nicht in der Lage sein, das von ihm zu Recht als gut Erkannte durchzusetzen. Mag sein Wille auch noch so gut sein, seine Einsicht noch so tief, so bleibt beides doch unwirksam und daher mangelhaft. Wer schließlich drittens sowohl weise als auch mächtig genug ist, seine Weisheit in kluge Taten umzusetzen, aber der Güte ermangelt, wird nur desto hemmungsloser nach dem Bösen streben, da es nichts mehr gibt, weder in ihm noch außer ihm, was ihn daran hindern könnte (Tsb I.3). Jedes dieser Paare erweist sich also im Hinblick auf die mögliche Vollendung des Guten als unzureichend. Weder die Verbindung von Macht und Güte noch die von Güte und Weisheit oder von Weisheit und Macht ist für sich allein genommen so beschaffen, daß kein höhereres, vollendeteres Gut vorstellbar wäre. Nur die Vereinigung aller drei: Macht, Güte und Weisheit, kann die Anforderungen erfüllen, die an ein höchstes Gut zu stellen sind.

So gelingt es Abaelard, das für das Christentum zentrale und scheinbar irrationale Dogma der göttlichen Trinität ausgerechnet auf jenen Gottesbegriff zurückzuführen, der spätestens seit Platon als der philosophische Gottesbegriff par excellence gelten kann. Die Trinitätskonzeption, deren vermeintliche Widervernünftigkeit den heidnischen Philosophen stets ein Dorn im Auge war, erscheint nun als logisches

[9] Der berühmte ontologische Gottesbeweis Anselms von Canterbury beruht auf diesem Gedankengang.

Implikat einer allgemein für rational gehaltenen, von den Schlacken lokaler Traditionen und kommunal bedingter Gewohnheiten gereinigten Gottesvorstellung. Wenn es richtig ist, daß Gott das vollendet Gute ist, wie von allen vernünftig denkenden Menschen zugestanden wird, dann vereinigt er in sich Macht, Weisheit und Güte, genau wie es das Christentum lehrt.

Die Herleitung des Trinitätsdogmas aus dem Begriff des vollendet Guten stellt aber nicht nur die Vernunft zufrieden, sondern bewirkt darüber hinaus auch eine bedeutsame Veränderung in der Rangordnung der drei göttlichen Personen. Indem nämlich die Dreiheit nicht nur auf irgendeine höhere Einheit, sondern gerade auf die Einheit des *Guten* zurückgeführt wird, tritt die Person des Vaters, die in der christlichen Tradition stets eine Vorrangstellung gegenüber den anderen Personen eingenommen hat, zurück hinter die Person des Heiligen Geistes. Anders gesagt verschiebt sich das Hauptgewicht in der Betrachtung Gottes vom Aspekt seiner Macht auf den seiner Güte, denn der Heilige Geist ist ja nichts anderes als der Name für den göttlichen Affekt der Güte und Liebe (affectus benignitatis et caritatis); Tsb I.7). Zwar ist es richtig, daß die Güte für sich genommen genausowenig als Gut in Vollendung gelten kann wie die Macht und die Weisheit und daß sie der Macht und des Wissens bedarf, um als Gut wirksam zu werden. Gleichwohl hat die Güte offenbar eine größere Affinität zum Guten als die Macht oder die Weisheit (so wie Abaelard sie hier versteht, nämlich als Fähigkeit, den geeigneten Weg zum Erreichen eines beliebigen Zieles zu erkennen). Die Güte allein zielt schon von sich aus auf das Gute (und *nur* auf das Gute), während Macht und Weisheit ihrem Wesen nach keine größere Neigung zum Guten als zum Bösen haben. Beide sind nur die notwendigen Mittel zur Realisierung dessen, was die Güte als Ziel vorgibt. Da die Eigenschaft der Güte (oder Liebe) den Willen Gottes charakterisiert, erscheint sie als Schlüssel zum Verständnis des göttlichen Handelns und besitzt logische Priorität vor seinen übrigen Wesenszügen: Weil er gütig ist, will Gott das Gute, weil er obendrein weise ist, sieht er den Weg zu dessen

Verwirklichung, und weil er schließlich auch noch mächtig ist, vermag er seinen Willen in die Tat umzusetzen. Aber bei allem, was Gott tut, wird er ausschließlich von seiner Güte bewegt.

Gott gebührt Liebe, nicht Furcht

Da nun die Art und Weise, wie der Mensch sich in seinem Verhältnis zu Gott begreift, von dem Bild abhängt, das er sich von Gott macht, kann es nicht ausbleiben, daß ein korrigierender Eingriff in dieses Bild auch zu einer Neubestimmung jenes Verhältnisses führt. Die dominante Stellung, die Abaelard der Güte oder Liebe Gottes gegenüber den Aspekten der Macht und des Wissens einräumt, läßt es nicht mehr angemessen erscheinen, Gott vor allem zu fürchten. Zwar findet die Furcht vor Gott eine gewisse Rechtfertigung in der göttlichen Macht und Allwissenheit, aber da diese beiden eindeutig der Liebe untergeordnet sind, geht die Furcht doch am Wesen Gottes vorbei. Ein Gott, der aufgrund seiner wesenhaften Güte niemals aufhören wird, den Menschen zu lieben, so daß dieser sich stets Gottes Liebe sicher sein kann, verdient keine Furcht, sondern Gegenliebe. Es ist auch gar nicht schwer, ihm diese (ungeschuldete) Liebe zu erweisen, weil Gott keineswegs vom Menschen *verlangt*, ihn zu lieben. Vielmehr macht er sich liebens*wert*, indem er weit mehr tut, als dem Menschen nur sein Gesetz und damit den Weg zum Heil offenbar zu machen. Er gibt dem Menschen nicht nur das Wissen, ohne welches er keine echte Entscheidung treffen könnte, sondern darüber hinaus auch noch so viele Beweise seiner Liebe und Güte, daß dieser kaum anders kann, als den, der ihn so liebt, wiederzulieben.

Den schönsten Ausdruck seiner Liebe hat Gott dem Menschen dadurch gegeben, daß er selbst dessen hinfällige leibliche Natur angenommen hat. In Jesus Christus ist Gott Mensch geworden, aber nicht, wie die herkömmliche, von Augustinus herrührende Auffassung lautete, um den Menschen aus der Gewalt des Teufels zu befreien, dem er sich einst durch seinen Sündenfall in die Hände geliefert hatte;

auch nicht, um ihn von der Last der Erbsünde zu befreien, da es diese ja nach Abaelards Auffassung überhaupt nicht gibt; und ebensowenig, wie Anselm von Canterbury dachte,[10] um die angebliche Ehrverletzung wiedergutzumachen, die der Mensch Gott einst zugefügt hat. Gott ist allein deshalb Mensch geworden, um die Welt durch das Licht seiner Weisheit zu erleuchten und ihr zu zeigen, was es heißt zu lieben (Cap. haer. IV). Durch seine Bereitschaft, die Leiden der Menschen zu teilen und um ihretwillen Todesqualen zu erdulden, gibt er die Größe seiner Liebe zu erkennen, auf daß auch der Mensch, von solcher Liebe bewegt, selbst zu unbedingter Liebe fähig werde. Am objektiven Zustand der Welt hat sich also durch die Menschwerdung Gottes nichts geändert. Was Gott dem Menschen gegeben hat, ist nicht die Erlösung, von was auch immer, sondern ein Vorbild, dem er nacheifern kann oder auch nicht, denn Gott kann ihn nicht dazu zwingen. Er kann ihm nur die Fähigkeit zur Liebe einpflanzen und ihm einen Anlaß zur Liebe geben, aber nicht die Liebe selbst. »Denn die Liebe Gottes, die wir Heiliger Geist nennen und die den menschlichen Herzen anfänglich durch das Angebot des Glaubens und der Vernunft eingegossen wurde, belebt einige zur Frucht guter Werke. Sie veranlaßt uns, nach dem ewigen Leben zu trachten. Aber bei anderen bleibt, wie man sagt, derselbe Geist müßig, weil die Härte ihrer Verkehrtheit ihn behindert.« (Tsb I.18) Jesus Christus ist uns ein Beispiel beharrlicher, alles erduldender Liebe, und es liegt an uns, uns dieser Liebe würdig zu machen, indem wir sie in der gleichen Unbedingtheit erwidern.

Das Vorbild der göttlichen Liebe

Die Menschwerdung Gottes ist ein Liebesbeweis mit dem Zweck, die Liebe des Menschen zu erregen. Aber so wie Abaelard diese Liebe versteht, geht es Gott nicht darum, geliebt zu werden, sondern darum, daß der Mensch liebt. Mit

[10] Die katholische Kirche machte sich Anselms Auffassung zu eigen. Seit dem Konzil von Trient (1545–1563) ist sie als offizielle Lehrmeinung festgeschrieben.

anderen Worten dient die erwiderte Liebe nicht Gott, sondern dem, der dessen Liebe erwidert, weil der Mensch nur, wenn er Gott liebt, wie dieser ihn, das Heil seiner Seele erlangen kann. So ist es nicht etwa die Eitelkeit eines nach Verehrung dürstenden Herrschers, die Gott um die Liebe des Menschen bemüht sein läßt, sondern einzig und allein die Liebe, die er selbst dem Menschen entgegenbringt. Gott liebt also nicht, um geliebt zu werden, noch überhaupt um irgendeiner Gegenleistung willen, sondern umsonst (gratis): Seine Liebe ist stets eine Gnade (gratia), die er uns erweist.

Wenn nun der Mensch sich an der Liebe Gottes ein Beispiel nimmt, so wird er Gott auf dieselbe Weise lieben, wie dieser ihn, das heißt, auch seine Liebe wird umsonst sein. Auch wenn er weiß, daß er durch seine Liebe zu Gott sein Heil begründet, wird er Gott doch nicht um dieses Heils willen lieben. Vielmehr wird er, dem Beispiel Christi folgend, selbst das größte Leid auf sich nehmen, ohne auf einen Ausgleich zu spekulieren, also nicht etwa wegen des Lohnes, der ihm versprochen wird, oder überhaupt wegen irgend etwas, das ihm durch Gott zuteil werden mag, sondern unabhängig davon einfach deshalb, weil er Gott liebt. Wollten wir Gott für das lieben, was er uns tut, würden wir streng genommen gar nicht Gott, sondern nur sein Werk lieben und damit letztlich nur wieder uns selbst, die wir von diesem Werk profitieren. Jemanden zu lieben, sei es Gott oder auch einen anderen Menschen, heißt ihn für das zu lieben, was er ist (für die Liebe, die sein Wesen ausmacht), nicht was er (mir) tut (also in keiner Weise um der Macht willen, die er besitzt). »Der ist dein wahrer Freund«, schreibt Abaelard an Heloise, »der nicht das Deine begehrt, sondern dich selbst. Das ist der wahre Freund, der, für dich in den Tod gehend, sprach: ›Niemand hat größere Liebe denn die, daß er sein Leben läßt für seine Freunde.‹« (Epist. IV.23) Der wahre Freund, von dem hier die Rede ist, ist natürlich Jesus Christus; die Stelle entstammt dem Johannes-Evangelium und folgt dort unmittelbar auf den Satz: »Das ist mein Gebot, daß ihr euch untereinander liebet, gleichwie ich euch liebe.« (Joh. 15.12)

Auch für Abaelard stehen die Liebe des Menschen zu Gott und die Liebe zu anderen Menschen nicht im Widerspruch zueinander. Vielmehr bildet die Gottesliebe die Grundlage der Menschenliebe, denn Gott zu lieben beinhaltet auch, seine Gebote mit der größten Bereitwilligkeit zu erfüllen, und zwar nicht nur in, sondern auch *aus* Liebe, also nicht etwa aus Furcht vor den im Falle der Nichterfüllung zu erwartenden Strafen oder aus Hoffnung auf den Gewinn ewiger Freuden. Ich erfülle Gottes Gebot aus Liebe, das heißt, weil ich es nicht über mich bringe, jemandem zuwider zu handeln, der so gütig ist (Eth. S. 86 ff.). Gottes Gebot aber ist es eben, die Menschen zu lieben, so wie Gott sie liebt, und es ist nicht schwer, dieses Gebot zu erfüllen, denn »nichts ist schwer für einen Liebenden« (Eth. S. 72). Darum bedarf es eigentlich gar keines Gebotes der Menschenliebe mehr, wenn die Gottesliebe einmal Fuß gefaßt hat, denn man kann Gott gar nicht aufrichtig lieben, ohne auch das zu lieben, was Gott liebt: Und Gott liebt den Menschen. Wer aber die Menschen liebt, muß nicht erst durch ein Gebot dazu angehalten werden. Für den, der Gott liebt, wird die Liebe, die ihm Gott erweist, zum selbstverständlichen Vorbild seines Umgangs mit anderen Menschen. So wie Gott den Menschen liebt, so soll der Mensch Gott lieben, und so wie er Gott liebt, so soll er auch andere Menschen lieben. Die einzigartige Liebe, die der Mensch durch Gott erfährt, zu erwidern, heißt also, sie an andere Menschen weiterzugeben. »Jeder muß nach seinem bescheidenen Maß Gott nachahmen, der, obwohl er nichts bedarf, keineswegs für sich, sondern für alle Sorge trägt und das Notwendige nicht für sich, sondern für alle ausführt.« (coll S. 184)

Imitatio Dei

Die Stellung des Menschen zu Gott ähnelt demnach weniger der eines Untertanen zu seinem Herrscher als vielmehr der eines Schülers zu seinem Lehrer. Es hieße, Natur und Absicht Gottes mißzuverstehen, sähe man sich ihm gegenüber in die Rolle eines Befehlsempfängers gedrängt, dessen einzige Pflicht es ist zu gehorchen. Gott will nicht Herrscher, sondern Vorbild sein; wenn er überzeugt, dann nicht durch

Macht, sondern durch Liebe. Es ist also nicht Gehorsam, sondern die Nachahmung Gottes (imitatio dei), durch die wir seinen Willen erfüllen. Man könnte also sagen, je mehr wir sind wie Gott, desto besser dienen wir ihm. Das ethische Streben des Menschen sollte daher darauf gehen, sich möglichst Gott ähnlich zu machen. Das mag zunächst erstaunen, wenn man sich daran erinnert, daß Augustinus gerade in diesem Bestreben, Gott ähnlich zu sein, die Ursünde, die Sünde aller Sünden, erkannt hat. Aber Augustinus dachte dabei an etwas ganz anderes als Abaelard, nämlich an das Bestreben, ebenso *mächtig* wie Gott zu sein. Abaelard hingegen versteht darunter, ebenso *gütig* zu sein. Die unterschiedliche Auslegung verrät das unterschiedliche Gottesbild beider. Augustinus sah in Gott vor allem die absolute Macht, die alles in Händen hält und ohne die nichts ist und nichts geschehen kann. Zwar sollte Gott vorgeblich auch barmherzig sein, aber doch nicht so, daß sich die Unbegrenztheit seiner Macht in Zweifel hätte ziehen lassen. Um die göttliche Macht nicht einschränken zu müssen, konnte Augustinus die Barmherzigkeit Gottes nur noch in Gestalt gänzlich willkürlicher Akte der Bevorzugung zulassen. Abaelard hingegen versteht Gott primär als Liebe, der die Macht untergeordnet ist, um ihr zu weichen, wo sie ihr im Wege steht. So hat Gott auch nicht die Macht, nicht zu lieben, denn seine Liebe kommt ihm wesensmäßig zu. Er entschließt sich nicht, gütig zu sein, weil er gütig *ist.* Er kann also nicht über seine Güte verfügen, sondern seine Güte verfügt über ihn (Cap. haer. III). Während also nach der Auffassung von Augustinus die Macht Gottes seiner Liebe Grenzen setzt, ist es in Abaelards Sicht genau umgekehrt.

Wenn wir daher als das Grundprinzip ethisch richtigen Handelns im Sinne Abaelards die Nachahmung Gottes bestimmt haben, dann darf dies nicht so verstanden werden, daß der Mensch in jeder Hinsicht wie Gott werden solle. Das Vorbild, dem er nacheifern soll, ist nicht etwa die Macht Gottes und ebensowenig seine Weisheit, die beide dem Menschen in seiner Endlichkeit ohnehin nicht erreichbar sind, sondern einzig und allein die Güte oder, was dasselbe ist, Liebe Gottes.

Auf der Suche nach der wahren Ethik

Das natürliche Sittengesetz

Indem der gläubige Christ sich darum bemüht, Gott in seiner Güte nachzuahmen, wird die Kirche, als Gemeinschaft aller Gläubigen, zu einem Bund der Liebe, in dem einer dem anderen hilfreich zur Seite steht (Tsb I.18). Die Idee eines solchen Bundes ist freilich, wie Abaelard zu zeigen versucht, keine Erfindung des Christentums, da jede Ethik im Kern eine Explikation des Liebesgebots ist. Wie im ›Gespräch zwischen einem Philosophen, einem Juden und einem Christen‹ ausgerechnet der Philosoph erklärt, ist der Inhalt des »natürlichen Gesetzes« (lex naturalis), dessen Gültigkeit allen Menschen allein aufgrund ihrer Vernunft und daher gänzlich unabhängig von den Besonderheiten ihres Glaubens einleuchtet, letztlich nichts anderes als die Liebe zu Gott und zum Nächsten (dilectio Dei et proximi; coll. S. 36). Nun ist der Philosoph des Dialogs zwar ein erklärter Heide, glaubt aber nichtsdestoweniger, wie die Mehrzahl seiner antiken Vorbilder, an die Existenz eines Gottes, und obschon Abaelard Christ ist, fühlt er sich doch der antiken Philosophie nahe und neigt dazu, in ihr die Lehren des Christentums bereits angelegt oder in anderer Form ausgedrückt zu finden. Gleichwohl ist nicht immer ganz klar, inwieweit die vom Philosophen vorgetragenen Auffassungen mit denen Abaelards übereinstimmen, so daß es zunächst noch offen bleiben muß, ob das, was der Philosoph hier in der Folge als natürliches Gesetz vorstellt, tatsächlich den Anspruch erfüllen kann, die Liebe zu Gott und zum Nächsten zu verwirklichen.

Das fiktive Gespräch beginnt mit der altbekannten Frage, wie man sein Leben am besten ausrichtet oder genauer, ob es ausreicht, sich an die Vorschriften des sogenannten natürlichen Gesetzes zu halten, um das höchste Gut für sich zu erlangen, oder ob darüber hinaus noch weitere Regeln einzuhalten sind, wie sie sich zuhauf in den heiligen Büchern der Juden einerseits und der Christen andererseits finden. Der Philosoph setzt gleich zu Anfang des Dialogs das von ihm ins

Feld geführte natürliche Gesetz mit der Wissenschaft von der Moral (scientia morum) oder der Ethik (ethica) gleich (coll. S. 14). Diese wiederum wird vom Christen als diejenige Disziplin bestimmt, die durch vernünftige Erörterung »eröffnet, worin das höchste Gut besteht und auf welchem Weg wir dorthin gelangen müssen« (coll. S. 106). Da klarerweise nur die vernünftige Erörterung überhaupt ein Gespräch und eine Verständigung erlaubt, erklären sich alle drei Gesprächspartner dazu bereit, ihre jeweiligen Überzeugungen hinsichtlich der Natur des höchsten Gutes und des zu ihm führenden Weges einer Prüfung durch die Vernunft zu unterziehen. Sie sind also willens, sich im Sinne der Definition auf einen *ethischen* Diskurs einzulassen. Da die Ethik aber mit dem natürlichen Gesetz gleichgesetzt wird, kann es gar nicht mehr darum gehen zu entscheiden, ob sich tatsächlich allein auf dieser Grundlage das höchste Gut und die Mittel, es zu erreichen, erkennen lassen. Die Frage kann auch nicht sein, ob es überhaupt so etwas wie ein natürliches Gesetz gibt, denn wenn es keines, also keine im Prinzip für jeden erkennbaren moralischen Wahrheiten, gäbe, könnte es auch keine Ethik, das heißt keine Wissenschaft von der Moral geben. Damit aber wäre jede Verständigung darüber, was zu tun gut ist, unmöglich geworden. Die Aufgabe des Gesprächs kann deshalb nur sein, den tatsächlichen Inhalt des natürlichen Gesetzes zu ergründen.

Das höchste Gut

Da der Philosoph die Vernunft ganz auf seiner Seite wähnt, unternimmt er es als erster, seine Vorstellung des natürlichen Gesetzes zu erläutern. Als höchstes Gut (summum bonum) wird von ihm, zunächst rein formal, dasjenige bestimmt, »wodurch ein jeder, wenn er dorthin gelangt ist, glücklich (beatus) ist«, und entsprechend als höchstes Übel das, »dessen Erreichen einen unglücklich (miserum) macht«. In der Formulierung »ein jeder« (quisque) kommt die Allgemeingültigkeit des höchsten Gutes beziehungsweise Übels zum Ausdruck. Dasjenige, wodurch nur ich oder zwar eine ganze

Reihe von Leuten, aber eben nicht *jeder* glücklich ist, kann nicht das höchste Gut sein. Es gibt nur *ein* höchstes Gut, und worin auch immer es besteht, wird doch jeder, der es erlangt, notwendigerweise glücklich. Wir erlangen aber das höchste Gut beziehungsweise das höchste Übel nach Ansicht des Philosophen durch unsere jeweiligen sittlichen Haltungen (mores), nämlich das eine durch Tugend (virtus), das andere hingegen durch Laster (vitium; coll. S. 126). Diese Bestimmung ist aber noch unklar, denn sie läßt die Frage offen, in welcher Weise die Tugend das Glück herbeiführt. Der Philosoph neigt dazu, sich an die stoisch-epikureische Tradition anzuschließen und die tugendhafte Gesinnung als unmittelbar glücksspendend zu begreifen, dergestalt also, daß niemand, der tugendhaft ist, jemals unter irgendwelchen Umständen unglücklich sein kann. Wie Epikur pointiert bemerkt hatte, kann der Weise selbst auf der Folterbank glücklich sein.[11] Die Tugend wäre somit der Definition entsprechend selbst das höchste Gut zu nennen, denn wer die Tugend hat, hat auch das Glück. Der Christ aber weist diese stoisierende Deutung mit dem Hinweis auf die zahlreichen Übel dieser Welt zurück. Solange wir hier auf Erden leben, sind Armut, Krankheit und Tod unsere ständigen Begleiter. Darum ist die wahre Glückseligkeit in dieser Welt nicht zu erreichen (coll. S. 134). Ein vollkommenes, von keinerlei Übeln getrübtes Glück kann es also für die Seele nur jenseits ihrer irdischen Existenz geben, so daß jeder, der an die Unsterblichkeit der Seele glaubt (das heißt jeder Vernünftige), seine diesbezüglichen Hoffnungen auf das von Christus verheißene ewige Leben setzen muß (coll. S. 136). Die Tugend kann also nicht selbst das höchste Gut sein, sondern nur der Weg, der zu ihm hinführt. Darum ist sie auch nicht um ihrer selbst willen zu erstreben, sondern allein um jenes zukünftigen Gutes willen, was nicht oft genug ins Gedächtnis gerufen werden kann, da es keinen stärkeren Ansporn zur Tugend gibt als die Sehnsucht nach dem damit verbundenen Glück (coll. S. 140).

Das höchste Gut aber, sowohl an sich selbst als auch für den

[11] Vgl. GE 1, S. 186ff.

Menschen, ist nichts anderes als Gott, denn das vollendete Glück des jenseitigen Lebens, das uns als Lohn der Tugend winkt, besteht eben darin, Gott zu schauen und bei ihm zu sein (coll. S. 218).

Tugend als beste Grundhaltung der Seele

Nachdem so das Ziel deutlich geworden ist, gilt es nun, den Weg, also die Tugend, näher ins Auge zu fassen. Im Rückgriff auf die logischen Schriften des Boethius und Aristoteles[12] bestimmt der Philosoph die Tugend als die »beste Grundhaltung der Seele« (habitus animi optimus; coll. S. 164), wobei unter Grundhaltung (habitus) jene Qualität einer Sache verstanden werden soll, »die ihr nicht natürlicherweise eingepflanzt, sondern mit Mühe und Überlegung (studio ac deliberatione) erworben und schwer zu verändern (difficile mobilis) ist« (coll. S. 166). Die Tugend ist demnach kein Zustand, der leicht von einem zum anderen Augenblick wechseln kann wie etwa Wärme und Kälte, Gesundheit und Krankheit, sondern etwas, das auch eine gewisse Widerständigkeit und Dauer besitzt. Man kann also nicht etwa an geraden Tagen tugendhaft sein, an ungeraden hingegen nicht, denn wer gestern tugendhaft war, wird es auch heute noch sein, und wer es heute nicht ist, kann es unmöglich gestern noch gewesen sein. Das heißt aber nicht, daß bereits jede schwer veränderliche seelische Verfassung eine Grundhaltung im Sinne der Definition wäre. Eine Grundhaltung ist sie nur dann, wenn sie mit »Mühe und Überlegung« erworben wurde. Wenn ich also von Natur aus zu einer bestimmten Haltung neige, kann diese unabhängig von ihrer Festigkeit nicht als Grundhaltung und damit nicht als Tugend bezeichnet werden. Nimmt man etwa an, daß es eine Tugend ist, seine Begierden im Zaum zu halten (wie es seit Platon Tradition ist), dann verfügt derjenige, der niemals heftige Begierden verspürt, nicht über Tugend (hier: Besonnen-

[12] Aristoteles, Kategorien 8 b–9 a; Boethius, De divisione, PL 64, 885 b. Abaelard hatte keine Kenntnis der aristotelischen Ethik, da die betreffenden Schriften im 11. Jahrhundert vollständig in Vergessenheit geraten waren. Vgl. die Einleitung zum nachfolgenden Kapitel über Thomas von Aquin.

heit), sondern lediglich über eine gewisse Leibeskälte (frigiditas). Die Tugend der Besonnenheit setzt die Überwindung des Begehrens voraus, und zwar eine überlegte, vorsätzliche Überwindung. Gefordert ist eine solche Überwindung offenbar, weil der Begriff der Tugend lobenswerten Eigenschaften vorbehalten werden soll, lobenswert aber nur etwas ist, das einer besonderen Anstrengung bedurfte, nämlich eines Aufbegehrens gegen die eigene Neigung, also gegen das, was man natürlicherweise will. Das Verdienst (meritum), ohne das es keine Tugend gibt, besteht eben darin, sich etwas gegen die eigene Natur abgerungen zu haben. »Wo es nämlich nicht irgendeinen Kampf gegen einen Widerstand gibt, da gibt es auch nicht die Krönung der siegreichen Tugend.« (coll. S. 166)

Warum aber wird hier so viel Wert auf die Anstrengung gelegt, die es angeblich kostet, tugendhaft zu sein? Wieso sollte nicht auch jemand für tugendhaft gelten, der ohne jede Anstrengung das vermag, was andere nur unter Mühen zustande bringen? Der Grund ist Abaelards Überzeugung von der Vernünftigkeit und Verständlichkeit Gottes und der von ihm eingerichteten Welt. Allein diese Überzeugung zwingt ihn, die Tugend nur als Folge einer Überwindung gelten zu lassen, so daß niemand von Natur aus tugendhaft sein kann. Im Zentrum von Abaelards Weltverständnis, der eben trotz allem gläubiger Christ bleibt, steht immer Gott. Entsprechend wird auch der Tugendbegriff schon bei seiner Konzeption konsequent von Gott her gedacht, nämlich als Mittel zur Erlangung des höchsten Gutes, das, wie wir gesehen haben, mit Gott identisch ist. Wenn nun Menschen auch von Natur aus, also ohne daß sie selbst etwas dazu beigetragen hätten, tugendhaft sein könnten, wären sie von vornherein und ohne daß sich dafür ein vernünftiger Grund angeben ließe, gegenüber denen im Vorteil, die dieses Glück nicht hatten und statt dessen mit einer Neigung zum Laster geboren wurden. Man könnte dann nicht sagen, daß sie sich durch ihre Tugend das ewige Leben als Lohn verdient hätten, da es keine Veranlassung gibt, sie für etwas zu belohnen, was ihnen gewissermaßen geschenkt wurde. Gott müßte also eine offenkundige Ungerechtigkeit begehen, wenn er ihnen gewährte, was er anderen versagt. Da Gott aber niemals etwas Unvernünftiges tut, kann er auch nicht ungerecht sein, denn Ungerechtigkeit ist ja nichts anderes als eine willkürliche, also grundlose und somit unvernünftige Bevorzugung. Wenn die Annahme, daß einige ein ewiges Leben in vollendeter Glückseligkeit erlangen, andere aber nicht, verständlich bleiben soll, muß das, was den Zutritt dorthin gewährt oder versperrt, in der Macht des einzelnen Menschen liegen. Das heißt, wenn wir uns tatsächlich durch unsere Tugend das ewige Heil verdienen, dann müssen auch wir selbst es sein, denen wir letztlich diese Tugend verdanken. Sie muß also auf einer freien, autonomen, durch keinerlei Voraussetzungen bedingten Entscheidung zum Guten beruhen.

Einige merkwürdige Konsequenzen

Hieraus ergeben sich aber einige merkwürdige, im Dialog unerwähnt oder unentdeckt bleibende Konsequenzen. Wenn nämlich zu den Bedingungen der Tugend einerseits die Nichtnatürlichkeit ihres Ursprungs, das heißt ihre kausale Indeterminiertheit, andererseits aber ihre Habitualisierung gehört, dann läßt sich unmöglich aus der gegenwärtigen Willensverfassung oder Verhaltensdisposition eines Menschen erkennen, ob er Tugend besitzt oder nicht. Denn wenn, um als Beispiel noch einmal die Besonnenheit zu nehmen, es mir zu einem bestimmten Zeitpunkt mit angemessener Mühe gelungen ist, meine Begierden unter Kontrolle zu bringen, so daß ich, wie es bei Aristoteles heißt, nur noch begehre, was ich soll und wann ich soll und wie ich soll[13], dann unterscheide ich mich doch jetzt hinsichtlich meines Begehrens nicht mehr von einem, der von Geburt an und ohne jede Anstrengung nie anders, als wie er eben soll, begehrt hat. Obwohl wir beide uns also gegenwärtig durch nichts unterscheiden, sollte ich tugendhaft sein, der andere aber nicht. Tugend besäße ich dann nicht aufgrund dessen, was ich jetzt bin, sondern aufgrund dessen, was ich mich irgendwann einmal zu werden entschlossen habe. Die Tugend läge dann nicht in der dauerhaften Eigenschaft, die ich mir erworben habe, sondern allein darin, daß ich sie mir *erworben* habe.

[13] Nikomachische Ethik III.14, 1119a. Vgl. GE 1, S. 101 f.

Anders wäre es nur, wenn der Tugendhafte gar nicht aufhörte, in schlechter oder unangemessener Weise zu begehren, und nur darin fest bliebe, seinem Begehren nicht nachzugeben, denn dann gäbe es sehr wohl einen Unterschied zwischen der seelischen Verfassung des Tugendhaften und der des nicht Tugendhaften. Allerdings ist schwer zu sehen, wie dann noch die vom Philosophen formulierte zweite Bedingung der Tugend, nämlich die der relativen Unveränderlichkeit, aufrechterhalten werden sollte. Für Aristoteles, auf den die Bestimmung der Tugend als einer festen Grundhaltung zurückgeht, sollte die erworbene Festigkeit ja gerade aus der veränderten Beschaffenheit des Begehrungsvermögens resultieren. Bleiben aber die Begierden so schlecht, wie sie waren, kann von Tugend noch keine Rede sein, da jemand, der jedesmal wieder aufs neue gezwungen ist, seine als schlecht erkannten Begierden zu unterdrücken, ständig in Gefahr schwebt, ihnen nachzugeben, selbst wenn er es niemals tut. Ein solcher Mensch besitzt nicht die Tugend der Besonnenheit, sondern nur die Fähigkeit zur Selbstbeherrschung, die eben deshalb keine Tugend ist[14], weil es keinen Grund gibt, warum der Beherrschte nicht jederzeit, von einem Tag auf den anderen, seine Haltung ändern, das heißt eben seine Beherrschung verlieren sollte. Wollte man aber dies nicht zugeben und darauf beharren, daß es auch eine Art habitueller geistiger Entschlossenheit geben könnte, die den Tugendhaften auf Dauer davor bewahrt, einem als schlecht erkannten Begehren nachzugeben, hätte dies zur Folge, daß derjenige, der das Schlechte zwar gern täte, aber sich doch niemals dazu hinreißen läßt, für tugendhafter gelten müßte als einer, der das Schlechte nicht tut, weil er stets das Gute will – und gar um so tugendhafter, je mehr es ihn danach verlangt, das Schlechte zu tun. Ich müßte also nicht nur, wie es die Bedingung der »Mühe und Überlegung« verlangt, von Natur aus eine Neigung zur Furcht haben, um tapfer werden zu können, sondern ich müßte darüber hinaus auch noch mein ganzes Leben hindurch Furcht empfinden (und das heißt weg-

[14] Zum Unterschied zwischen Beherrschtheit und Besonnenheit bei Aristoteles vgl. GE 1, S. 107–110.

laufen wollen), um in der betreffenden Situation tapfer sein zu können. Um mich der Besonnenheit rühmen zu können, müßte ich nicht nur einmal starke Begierden gehabt haben, sondern auch unaufhörlich damit fortfahren, heftig zu begehren. Und je größer die Furcht und je heftiger die Begierde, desto größer wäre auch das Verdienst, das ich mir erwerbe, wenn es mir gelingt, diese Regungen zu überwinden. Je schwerer der Kampf, desto größer die Tugend; je stärker der Hang zum Bösen, desto größer die Möglichkeit zum Guten.

Egal aber, ob man den tugendstiftenden Akt der Überwindung als abgeschlossenes und somit vergangenes Geschehen begreift, in dem unsere schlechten Neigungen ein für allemal besiegt wurden, oder annimmt, daß dieser Akt immer wieder erneuert werden muß, weil der Kampf gegen das Schlechte in uns niemals aufhört, kommt doch im einen wie im anderen Fall dem Willen (als affektiver Neigung oder primärer Verhaltensdisposition) keine entscheidende moralische Bedeutung mehr zu. Vom ethischen Standpunkt aus betrachtet ist das, was ich *will*, vollkommen gleichgültig. Es kommt allein darauf an, wie ich mit diesem Willen *umgehe,* und das heißt letztlich, wie ich mich entschließe zu *handeln*. Wenn aber der Wille keine entscheidende Rolle für die moralische Beurteilung einer Person mehr spielt, dann verliert auch die Tugend, so wie sie seit Aristoteles verstanden wurde, nämlich als feste Grundhaltung des Willens, die zentrale Stellung, die sie bislang in der ethischen Diskussion eingenommen hatte. Diese Konsequenz wird im Dialog allerdings nicht ausdrücklich gezogen, sondern nur vorbereitet. Erst in der späteren Schrift ›Ethica sive Scito te ipsum‹, auf die wir noch ausführlich zu sprechen kommen werden, wird die traditionelle Tugendethik endgültig über Bord geworfen.

Gerechtigkeit als einzige echte Tugend

Im Dialog sieht es zunächst noch so aus, als solle der klassische Tugendkanon ohne nennenswerte Veränderungen in die christliche Ethik integriert werden. Doch der erste Eindruck täuscht. Zwar führt der Philosoph zum Zweck der inhaltlichen Konkretisierung seines Tugendbegriffs zustimmend die platonischen Kardinaltugenden an, nämlich Klugheit (prudentia), Gerechtigkeit (iustitia), Tapferkeit (fortitudo) und Besonnenheit (temperantia), aber gleich darauf reduziert er schon die Anzahl der Tugenden auf drei, indem er die Klugheit wieder aus ihrem Kreis herausnimmt. Diese sei nämlich in Wahrheit keine Tugend, sondern gleichsam die Mutter oder der Ursprung der Tugend, weil sie ja nichts anderes ist als die Fähigkeit, das Gute vom Schlechten zu unterscheiden, und es ohne diese Fähigkeit keine Tugend geben könnte. Nun beruht aber auch das Gegenteil der Tugend, also das Laster (vitium), auf einer bewußten Entscheidung für das Schlechte, setzt also ebenfalls die Fähigkeit zur Unterscheidung voraus, so daß man die Klugheit mit demselben Recht auch als Mutter oder Ursprung des Lasters bezeichnen könnte. Eine Eigenschaft aber, die sowohl zum Guten als auch zum Schlechten verwendet werden kann und guten wie schlechten Menschen gleichermaßen innewohnt, kann unmöglich Tugend genannt werden (coll. S. 168 f.). Wie der Philosoph fast beiläufig bemerkt, kommt diese ethische Neutralität übrigens nicht nur der Klugheit, sondern auch dem Glauben und der Hoffnung (also genuin christlichen Tugenden) zu, weil auch die schlechten Menschen glauben und hoffen. Nur der Gute allein liebt (coll. S. 170).

Als echte Tugenden gelten dem Philosophen hingegen die übrigen drei Kardinaltugenden, ohne daß er oder einer seiner Gesprächspartner bemerken würde, daß dasselbe Argument, das einen Augenblick vorher zum Ausschluß der Klugheit (sowie des Glaubens und der Hoffnung) geführt hat, bei konsequenter Anwendung auch zum Ausschluß von Tapferkeit und Besonnenheit führen müßte. Unter Gerechtigkeit will der Philosoph diejenige Tugend verstanden wissen, »kraft derer wir wollen, daß jeder einzelne das erhält, was er verdient (quo dignus est), wenn dies nur keinen öffentlichen Schaden anrichtet« (coll. S. 172). Tapferkeit hingegen ist ihm »ein bedachtes, das heißt vernünftiges Ertragen von Heimsuchungen und Durchstehen von Gefahren« (coll. S. 174) und Besonnenheit schließlich »die feste und angemessene Herrschaft der Vernunft über die Begierde« (coll. S. 176).

Nach dem klassischen Verständnis ist klar, warum die letzteren beiden Tugenden sind. Als Tugend wurde ja der beste Zustand verstanden, der einer Sache möglich ist, und da die Vernunft das Höchste und Edelste im Menschen ist, war ihre Herrschaft für die Tugend unumgänglich. Für Abaelard aber konnte Tugend, wenn sie einen Wert haben sollte, nur in der Liebe zu Gott und dem Menschen bestehen, genau wie der Philosoph es überraschenderweise schon zu Anfang gesagt hatte. Was aber haben Tapferkeit und Besonnenheit mit der Liebe zu Gott und zum Menschen zu schaffen? Gerechtigkeit ist der gute Wille (bona voluntas), Besonnenheit oder Maß (in all ihren Formen: Demut, Genügsamkeit, Sanftmut, Keuschheit, Nüchternheit) schützt diesen Willen vor der Begierde, die Tapferkeit aber schützt ihn vor der Furcht. Sie sind also nur die *Mittel*, welche nötig sind, um die Gerechtigkeit durchsetzen zu können, analog dem trinitarischen Modell, dem gemäß die Funktion von Gottes Macht und Wissen darin besteht, seine Liebe ihrer Bestimmung zuzuführen. Während »Gerechtigkeit ein beharrlicher Wille (constans animi voluntas) ist, der jedem einzelnen das sichert, was sein ist, [sind] Tapferkeit und Maß gewisse Vermögen (potentiae)« und »Festigkeiten der Seele (animi robur), durch die der gute Wille zur Gerechtigkeit gestärkt wird« (coll. S. 190). Gut (bonum) ist ein Mensch also bereits dann, wenn er das Gute will, selbst wenn er aus eigenem Unvermögen nicht in der Lage ist, seinen Willen in die Tat umzusetzen.

Barmherzigkeit statt Gerechtigkeit

So werden die Tugenden schließlich auf die eine der Gerechtigkeit, und das heißt die des gerechten Willens, reduziert. Nun gibt es keinen Grund für die Annahme, daß Abaelard hiermit oder auch mit der vom Philosophen des Dialogs vorgebrachten *Definition* der Gerechtigkeit nicht einverstanden wäre. Was ihn angeht, so mag es durchaus sein, daß allein die Gerechtigkeit den Namen der Tugend zu Recht trägt und auch genau das meint, was der Philosoph darunter versteht.[15] Nur,

[15] Vgl. den Beginn des zweiten Buches der Ethik (Eth. S. 129).

und das ist hier entscheidend, folgt daraus noch nicht, daß die Gerechtigkeit auch das ethische Ideal ist, dem der Mensch um seines eigenen Glückes willen nachstreben sollte. Offenbar kann man sehr gut tugendhaft sein und dennoch der Liebe zu Gott ermangeln und damit den Weg zum höchsten Gut des Menschen verfehlen. Denn wie sich gezeigt hat, besteht das vorrangige Handlungsziel darin, so wie Gott zu werden. Gott aber ist nicht die Gerechtigkeit, »sondern die Liebe und Barmherzigkeit selbst« (Epist. II.5), was etwas ganz anderes ist, da die barmherzige Liebe Gottes gerade durch ihre Unbedingtheit charakterisiert ist, wohingegen die Gerechtigkeit, so wie sie der Philosoph bestimmt, gleich zwei Einschränkungen unterliegt. Sie sei, heißt es, der Wille, jedem nach Maßgabe seines Verdienstes das Seine zu geben, vorausgesetzt, daß dadurch kein Schaden für die Gemeinschaft entsteht (s. o.). Das Wohl der Gemeinschaft steht also in jedem Fall höher als die möglichen Verpflichtungen, die ich gegenüber dem einzelnen habe, während die Verpflichtungen selbst sich exakt nach dem Verdienst desjenigen richten, demgegenüber sie bestehen. Gerecht bin ich immer dann, wenn ich jemandem, sofern es das Wohl der Gemeinschaft erlaubt, gebe, was ihm gebührt (und nehme, was ihm nicht gebührt), und zwar im Guten wie im Schlechten. Der Liebende aber, so wie Abaelard ihn versteht, ist immer barmherzig. Er will dem anderen ausschließlich Gutes, ohne sich darum zu kümmern, ob es auch verdient ist. Die barmherzige Liebe vergibt auch da, wo eigentlich die Bestrafung angemessen, also gerecht wäre. Der klassische, auf Gerechtigkeit bedachte Philosoph kann darum in der Barmherzigkeit nur eine unverzeihliche Schwäche erkennen: Wer schuldig in Not gerät, muß büßen, und ihm zu helfen, ist ein unerlaubter Eingriff in die göttliche Fügung (coll. S. 180). Vom Standpunkt der Gerechtigkeit aus betrachtet ist also die Barmherzigkeit ein Mangel, da es ihr an der Vergeltungsbereitschaft fehlt, die der Gerechtigkeit wesentlich zugehört (coll. S. 182). Der Gerechte erweist jedem, was ihm zusteht, und gibt zurück, was er schuldet, aber nicht mehr als das. Der Liebende gibt jedem bereitwillig mehr als das Seine und fordert weniger, als ihm geschuldet wird. Er mißachtet das nüchterne Kalkül der Gerechtigkeit und läßt sich allein von der Not leiten, die sich ihm zeigt. Eine solche bedingungslose, nicht nachrechnende Liebe ist das Vorbild, das sich nach Abaelard die Fürsten dieser Welt zu Herzen nehmen sollten, »die so oft unter dem Vorwand der vorrangigen und verkündeten Gerechtigkeit mehr eigensinnig als gerecht erfunden werden; die, wenn sie barmherzig sein wollen, sich davor schämen, für schwach gehalten zu werden, oder für wortbrüchig, wenn sie einen Erlaß abändern, oder das, was sie zu unüberlegt festgesetzt haben, nicht ausführen, auch wenn sie doch nur ihre Worte durch ihre Handlungen verbessern könnten« (Epist. II.4). Man liebt Gott nicht, indem man kleinlich auf dem beharrt, was recht ist, sondern indem man über das bloß pflichtmäßig Geforderte hinausgeht (coll. S. 158). Zustimmend zitiert Abaelard das dritte Buch Mose: »Du sollst nicht Rache suchen, noch des Unrechts deiner Mitbürger gedenken.[16] [...] Wenn ein Fremdling in eurem Land wohnt und unter euch weilt, so sollt ihr ihm nicht Vorwürfe machen, sondern wie ein Eingeborener soll er unter euch sein, und ihr sollt ihn lieben wie euch selbst; denn auch ihr seid Fremdlinge gewesen im Lande Ägypten.« (coll. S. 68)[17]

Wie das alttestamentarische Gesetz ist somit auch die an den Tugenden orientierte klassische Ethik oder Morallehre durch eine neue, »wahre Ethik« (vera ethica) zu ersetzen.

Das Wesen der Sünde

Charakterfehler sind keine Sünden

In seiner einige Jahre nach dem ›Dialogus‹ entstandenen ethischen Hauptschrift ›Ethica sive scite te ipsum‹ (›Ethik oder Erkenne dich selbst‹), von der leider nur das erste Buch und der Anfang des zweiten erhalten sind, tritt an die Stelle, die in

[16] 3. Mose 19, 18.
[17] 3. Mose 19, 33/34.

der klassischen Ethik die Tugend (virtus) einnahm, das Verdienst (meritum), und an die Stelle der Untugend oder des Mangels an Tugend (vitium) die Sünde (peccatum). Tugenden und deren Gegenteil werden verstanden als Stärken beziehungsweise Schwächen von Körper und Geist. Wie der Körper schlecht beschaffen sein (und somit der Tugend im Sinne von Bestheit entbehren) kann, zum Beispiel durch Kraftlosigkeit, Lahmheit oder Blindheit beeinträchtigt, so auch die Seele etwa durch eine langsame Auffassungsgabe oder ein schlechtes Erinnerungsvermögen, aber auch durch charakterliche Eigenschaften wie Jähzorn, Begehrlichkeit oder Geiz, die sich als Neigungen der Seele zu schlechten Handlungen charakterisieren lassen. Als ethisch relevant gelten gewöhnlich nur die letzteren.

Nun können solche Neigungen der Seele zwar als Charakterfehler, aber nicht als Sünden angesprochen werden, gerade weil es sich um gegebene Eigenschaften handelt, also um etwas, das immer da ist, unabhängig davon, ob es sich in einem bestimmten Augenblick in einer Handlung äußert oder nicht. Wenn ich jähzornig bin, so bin ich es immer, auch wenn ich ruhig bin, auch im Schlaf, weil Jähzornigkeit ja nur meint, daß ich dazu neige, leicht in Zorn auszubrechen. Gleichgültig, wie diese Neigung in mir entstanden ist, bleibt sie doch, wenn sie einmal da ist, auch dann erhalten, wenn ich gerade nicht zornig bin, etwa weil die Situation nicht dazu angetan ist, meine Neigung wirksam werden zu lassen. Weil sie immer da ist, verfüge ich nicht über sie als Neigung. Es steht in einem gegebenen Augenblick nicht in meiner Macht, diese Neigung nicht zu haben. Es würde aber der Vernunft widersprechen, wenn ich sündigen könnte, ohne die Freiheit zu haben, gegebenenfalls auch nicht zu sündigen. Also können meine Neigungen unmöglich Sünde sein, da sie mir natürlich sind, gleichsam der Stoff, aus dem ich beschaffen bin.

Mit diesem Stoff aber muß ich nun auf die eine oder andere Weise fertig werden, ich muß und kann mich so oder so zu ihm verhalten. Denn wie ich bin, liegt nicht in meiner Hand, wohl aber, was ich tue. Ob ich zum Guten neige oder zum Schlechten, Tugenden besitze oder nicht, ist letzten Endes gleichgültig. Weder sichert mir das eine den Eintritt ins Himmelreich, noch das andere die ewige Verdammnis. Nicht auf die Neigungen, also auf die Beschaffenheit des Willens, kommt es an, sondern darauf, von welchen Neigungen ich mich in meinem Handeln bestimmen lasse.

Wille und Zustimmung

Erst durch die *Zustimmung* (consensus) also, die Bereitschaft, in bestimmter Weise zu handeln und so das Wollen Tat werden zu lassen, entsteht die Sünde. Darum ist die Tugendlosigkeit (vitium), obwohl zweifellos eine Art Neigung oder Wille zur schlechten Tat, weder eine hinreichende noch eine notwendige Bedingung der Sünde: Ich kann ohne jede Tugend, das heißt voll von schlechten Neigungen sein, ohne jemals zu sündigen, denn es liegt allein bei mir, ob ich ihnen nachgebe oder nicht. So wenig schreibt der schlechte Wille die Sünde fest, daß er im Gegenteil sogar notwendig zur Erringung eines Verdienstes zu sein scheint. Denn welches Verdienst könnte ich mir wohl dadurch erwerben, daß ich einfach nur täte, was ich wollte (Eth. S. 12)? Ohne die Fähigkeit zur Sünde, die sich im schlechten Willen anzeigt, wäre ihre Unterlassung bedeutungslos (Tsb II.31). Je größer der innere Widerstand, den ich zu überwinden habe, desto größer ist auch das Verdienst, das ich mir erwerbe, wenn mir die Überwindung gelingt (Eth. S. 4).

Umgekehrt aber ist es ebenso möglich, daß ich sündige, obwohl ich gar keine schlechten Neigungen habe und also sehr wohl tugendhaft bin. Die Tugend, verstanden als »beste Grundhaltung der Seele« oder dauerhafte Willensdisposition, ist also kein sicherer Schutz gegen Sünde, wie Abaelard anhand des folgenden erdachten Falles deutlich macht: Nehmen wir an, jemand wird unschuldig von seinem grausamen Herrn verfolgt und gerät in Gefahr, von diesem getötet zu werden, obgleich er nichts getan hat, das eine solche Bestrafung rechtfertigen würde. Eine Zeitlang versucht er zu entfliehen, sieht sich aber am Ende doch, um nicht selbst getötet zu werden, gezwungen, seinen Verfolger zu töten. In diesem Fall wäre es falsch zu sagen, er hätte getötet, weil er nicht tugendhaft gewesen wäre. Der Mann *wollte* seinen Herrn ja gar nicht töten. Was er vielmehr wollte, war sein Leben retten, und er sah keine andere Möglichkeit, dies zu erreichen, als das Leben des anderen zu nehmen (Eth. S. 6 ff.).

Aber, wird man vielleicht einwenden, wenn einer den Zweck will, will er doch sicher auch die Mittel. Wenn ich etwa jemandes Vermögen in meinen Besitz bringen will und ich dies nur dadurch erreichen kann, daß ich ihn umbringe, muß ich dann nicht auch notwendig diesen Tod wollen? Nicht unbedingt, würde Abaelard sagen. Es kann sein, daß ich das eine will, das andere aber nicht. Das kann entweder dazu führen, daß ich von meinem Plan Abstand nehme und mir das Vermögen des anderen aus dem Kopf schlage oder aber, daß ich ihn töte, obwohl dies nicht in meinem Willen liegt. Ob ich die Tat willentlich oder unwillentlich begehe, hängt ganz davon ab, was ich bei der Tat *empfinde*. Ringe ich mich nur widerstrebend zum Mord durch, verübe ich die Tat in gewisser Weise gegen meinen Willen. Ist mir der Tod des anderen hingegen gleichgültig oder empfinde ich sogar Vergnügen bei der Ausführung der Tat, dann ist sie sehr wohl Ausdruck meines Willens. Gleiches gilt, wenn ich zum Beispiel einen gutgeformten Körper haben will und mich deshalb Tag für Tag einer Reihe von anstrengenden Übungen unterziehe, um diese Form herzustellen oder zu erhalten. Es kann sein, daß mir die Übungen selbst Spaß machen, und in diesem Fall wäre es richtig zu sagen, daß ich diese Übungen machen *will*. Es kann aber auch sein, daß ich sie als Tortur verabscheue und sie dennoch mache, weil ich eben gut aussehen will und daher dieses Übel als notwendig in Kauf nehme. Aber etwas in Kauf zu nehmen heißt nicht, es zu wollen. In Abaelards Sinne geschieht alles, was gern getan wird, willentlich, unwillentlich hingegen alles, was ungern getan wird.

Daß der Mann in Abaelards Beispiel den Tod seines Herrn nicht positiv gewollt hat, zeigt schon der Umstand, daß er zunächst alles getan hat, um nicht zu diesem Mittel greifen zu müssen. Auch mußte er damit rechnen, für diese Tat empfindlich bestraft zu werden, was ebenfalls dafür spricht, daß er nur schweren Herzens zu diesem letzten Mittel gegriffen hat und es weit lieber gesehen hätte, seinen Herrn nicht töten zu müssen. Man wird dem Täter daher wohl glauben, wenn er beteuert, daß er einen solchen Ausgang der Angelegenheit nicht gewollt habe. Wenn das aber so ist, dann läßt sich die Tat auch nicht auf irgendeinen Mangel an Tugend zurückführen, da mit dem Begriff Tugend ja gerade eine bestimmte Beschaffenheit des Willens bezeichnet wird.

Obwohl jedoch die Tat gegen den Willen des Handelnden geschah, geschah sie sehr wohl mit seiner Zustimmung, denn niemand anders als er nahm das Schwert, führte den Streich aus und vollzog den Akt der Tötung. Da niemand ihn dazu zwang, so zu handeln, und er es auch hätte lassen können, trägt er für sein Tun die volle Verantwortung (Eth. S. 6 ff.).

Freiwilligkeit der Zustimmung

In gewissem Sinne geschieht dieser Akt der Zustimmung natürlich auch willentlich. Hier hängt eben alles davon ab, wie weit man den Begriff Willen faßt. Wenn Abaelard Wille und Zustimmung begrifflich voneinander abhebt, dann um durch diese Differenzierung den Ort und das Wesen der Sünde genauer benennen zu können. Wenn ich, um etwas zu erreichen, das ich will, zustimme, etwas zu tun, das ich eigentlich nicht will, dann ist meine Zustimmung sicher in dem Sinne freiwillig (voluntarium), als mich streng genommen niemand dazu zwingt, sie zu erteilen. Freiwilligkeit bedeutet hier dann soviel wie das Fehlen von Notwendigkeit, ist also rein negativ bestimmt. Dasselbe gilt aber auch, wenn ich zustimme, etwas zu tun, das ich will. Freiwillig ist die Zustimmung in diesem Fall aber nicht etwa deshalb, weil ich tue, was mein Wille fordert, sondern vielmehr allein deshalb, weil ich diesem Willen auch genausogut meine Zustimmung verweigern könnte. Denn auch wenn ich gegen meinen Willen handle, tue ich dies freiwillig. Die Freiwilligkeit der Zustimmung hat also nichts mit der Willentlichkeit einer Handlung zu tun, wie sie hier gemeint ist. Paradoxerweise kann die Zustimmung sogar um so unfreiwilliger erscheinen, je stärker sie durch den Willen im Abaelardschen Sinne bestimmt wird. Ich kann mich ja regelrecht gezwungen fühlen, in bestimmter

Weise zu handeln, weil mein Wille mich mit aller Macht dazu drängt. Später kann ich dann sehr beschämt über die von mir begangene Handlung sein, was auf das Bewußtsein einer gewissen Nicht-Freiwilligkeit hindeutet. Denn auch wenn ich das, was ich tat, wohl irgendwie gewollt haben muß, drücken meine Scham und Reue doch aus, daß ich es zumindest jetzt vorziehen würde, anders gewollt oder wenigstens meinem Wollen nicht nachgegeben zu haben. Es kommt mir so vor, als sei ich einer Art innerem Zwang unterlegen, als sei mein Wille im entscheidenden Augenblick mächtiger gewesen als ich. Ich bin mir bewußt, daß ich meine Zustimmung zu etwas gegeben habe, was ich eigentlich nicht wollte, obwohl es doch zweifellos mein Wollen war, dem ich zugestimmt habe, und ich bei der nächsten Gelegenheit vermutlich genauso handeln würde. Ich wollte aber, ich hätte anders gewollt. Ich wollte, ich könnte anders wollen (Eth. S. 16). Hier macht sich so etwas wie eine zweite Ebene des Wollens geltend, eine Art Gegenwille, der mit dem Primärwillen, der mich zu einer bestimmten Handlung drängt, um die endgültige Entscheidung zur Tat ringt. Abaelard möchte den Begriff des Willens für die festgegründeten Neigungen reservieren, die einen Menschen, wenn ihn nichts daran hindert, eher so als anders handeln lassen. Offenbar gibt es eine Kraft in uns, die diesem Willen, der der augustinischen *cupiditas* entspricht, die Herrschaft verweigern kann. Man mag auch diese Kraft Willen nennen, solange man sie nicht mit dem Willen der ersten Art verwechselt, denn dieser ist Zwang, jener Freiheit. Weil jeder dieser beiden Willen den Ausschlag für die Zustimmung beziehungsweise deren Verweigerung geben kann, ohne daß einer von beiden sie aber erzwingen könnte, ist sie weder mit dem einen noch mit dem anderen identisch.

Ohne Kenntnis des göttlichen Willens keine Sünde

Da somit erst durch die freie, durch keinen Willen determinierte Zustimmung die Sünde entsteht, kann diese weder als böser Wille noch als Folgeerscheinung eines solchen Willens verstanden werden. Wie ich aber sündigen kann, ohne zu wollen, so auch, ohne zu handeln. Die Tat als solche ist für die Sünde unwichtig. Sie fügt ihr nichts hinzu. Von Gewicht ist allein das, was zwischen Willen und Tat liegt, nämlich die Entscheidung, den Willen zur Tat werden zu lassen. In diesem Zwischenraum der Entscheidung ereignet sich die Sünde.

Der Mann in Abaelards Beispiel wollte zwar nicht töten, aber er *entschied* sich, es zu tun. Da er ferner wußte, daß er etwas tat, was er nicht hätte tun sollen, war seine Tat eine Sünde. Nicht der Wille also, sondern das *Wissen* ist für Abaelard ausschlaggebend. Ähnlich wie für Augustinus besteht auch für ihn der Kern der Sünde letztlich in der Verachtung Gottes (contemptus dei; Eth. S. 4), wobei Gott zu verachten allerdings nicht einfach nur bedeutet, gegen den Willen Gottes zu handeln, sondern dies auch *bewußt* zu tun. Ich kann nicht sündigen, wenn ich nicht irgendeine Vorstellung davon habe, was Gott von mir zu tun erwartet. Ein Tier sündigt nicht; ebensowenig aber ein Heide oder jeder, der einen anderen als den christlichen Glauben hat – jedenfalls dann nicht, wenn er in seinen Handlungen seinem Glauben treu bleibt. Zu sündigen heißt zu wissen oder zu wissen glauben, was ich tun soll, und trotzdem etwas anderes zu tun. Daher kann ich weder sündigen, wenn ich nicht weiß, was Gott will, noch wenn ich mich über seinen Willen täusche. Zu sündigen bedeutet also nicht, faktisch gegen den Willen Gottes zu handeln, sondern gegen das zu handeln, was ich selbst für den Willen Gottes *halte*. Daher läßt sich auch der umgekehrte Fall denken, daß ich sündige, indem ich glaube, gegen den Willen Gottes zu handeln, während ich dies in Wahrheit gar nicht tue.

Weil Sünde ihrem Wesen nach Gottesverachtung ist, setzt sie das Bewußtsein der Sünde voraus. Wenn das aber so ist, dann kann es niemandem als Sünde angerechnet werden, wenn er in bester Absicht (nämlich Gott zu ehren) etwas tut, was Gott faktisch zuwider ist. Dann begingen auch die frühen Verfolger der Christen, da sie nicht an den christlichen Gott glaubten, keine Sünde. Ja selbst die Soldaten, die Jesus ans Kreuz nagelten und so scheinbar das schlimmste Verbrechen verübten, müssen dann vom Vorwurf der Sünde freigesprochen werden, da sie sich keines Unrechts bewußt waren und im Gegenteil davon überzeugt, im Sinne ihres Gottes zu handeln (Eth. S. 54f., Cap. haer. XI).

Man kann sich leicht vorstellen, welchen Anstoß eine solch radikale Auffassung bei den Zeitgenossen erregen mußte. Immerhin war auch Abaelard sichtlich unwohl bei den Konsequenzen, zu denen ihn seine Überlegungen geführt hatten, aber er war zu aufrichtig und zu sehr an der Vernünftigkeit des christlichen Glaubens interessiert, als daß er sie hätte verschweigen können. Eine Sünde zu begehen, heißt ja zugleich, Strafe zu verdienen. Aus welchem Grund aber sollte jemand Strafe verdienen, wenn er nicht die geringste Ahnung davon hat, daß er etwas Strafwürdiges tut? Bevor Gott jemanden für sein Fehlverhalten zur Rechenschaft ziehen kann, muß er ihm zuerst klar machen, was zu tun gut und was schlecht ist. Andernfalls wäre Gott selbst unvernünftig, und das kann nicht sein.

Gewissen

Jemand, der nach bestem Wissen und Gewissen handelt, kann unmöglich vor Gott schuldig werden. Adam und Eva sündigten nicht, weil sie vom Baum der Erkenntnis aßen, sondern weil sie davon aßen, obwohl Gott es ihnen verboten hatte. Sie wußten, daß sie etwas gegen den Willen Gottes taten, und taten es dennoch: Darin bestand ihre Sünde. Hätte Gott ihnen nicht gesagt, daß sie nicht von diesem Baum essen sollten, hätten sie durch ihr Handeln nicht gesündigt. Ebensowenig hätten sie gesündigt, wenn Gott es ihnen zwar nicht verschwiegen, aber sie im Unwissen darüber gelassen hätte, welcher der vielen Bäume im Garten Eden der Baum der Erkenntnis war. Die Sünde besteht nicht in einem bestimmten, rein äußerlich beschreibbaren Handeln, sondern in der bewußten Mißachtung der anerkannten Ordnung. Und eben diese Mißachtung – und nicht etwa die Handlung – ist es auch, auf die sich das Verbot bezieht. Wenn, so Abaelard, ein Mann seine Schwester zur Frau nimmt, ohne sich dessen bewußt zu sein, verstößt er nicht, wie man zunächst meinen könnte, gegen das Inzestverbot, denn verboten ist nicht der

Inzest, sondern allein die *Zustimmung* zum Inzest. Nicht derjenige sündigt also, der tut, was verboten ist, sondern nur derjenige, der seine Zustimmung zu etwas erteilt, von dem (ihm) bekannt ist, daß es verboten ist (qui consentit in hoc quod constat esse prohibitum; Eth. S. 26). Für Abaelard wäre ein Ödipus folglich ohne Schuld gewesen.

Das Bewußtsein, ein Verbot zu überschreiten oder überschritten zu haben, nennt Abaelard Gewissen (conscientia). Zu sündigen heißt also, gegen das eigene Gewissen zu handeln. Nun könnte man nach dem bisher Gesagten annehmen, daß ich bereits dann gegen mein Gewissen handle, wenn ich einer bestimmten Handlungsweise zustimme, von der ich weiß, daß ihr zuzustimmen im christlichen Glauben verboten ist. Angenommen, man hat mir deutlich zu verstehen gegeben, daß Gott die Lüge verdammt. Ich aber lüge dennoch. So weiß ich offenbar, daß die Lüge verboten ist, handle somit, wenn ich lüge, im Bewußtsein, ein Verbot zu überschreiten, und begehe demzufolge eine Sünde. Dieser Schluß wäre jedoch voreilig. Genau besehen weiß ich nämlich in diesem Fall nicht, daß die Lüge verboten ist, sondern lediglich, daß *behauptet* wird, sie sei verboten. Man hat mir gesagt, sie sei verboten, und ich weiß, daß man es mir gesagt hat. Das zwingt mich jedoch noch nicht dazu, dieses angebliche Verbot auch in seiner Gültigkeit anzuerkennen. Solange ich dies aber nicht tue, gibt es im Grunde auch kein Verbot, das ich überschreiten könnte. Verbote existieren immer nur als anerkannte. Ein Verbot zu kennen (nämlich als Verbot) heißt also, es *anzuerkennen*. Wenn jemand mit Kreide eine Linie über den Gehweg zieht und mir dann sagt, daß ich diese Linie nicht überschreiten dürfe, weil der Teil jenseits der Linie ihm gehöre, so werde ich, sofern ich keinen Grund habe, ihm zu glauben, dieser Linie keine weitere Bedeutung zumessen und meinen Weg unbeirrt fortsetzen, ohne deshalb durch mein Gewissen auch nur im mindesten beunruhigt zu werden. Ich erkenne die Forderung des Linienziehers nicht als Verbot an, weil ich nicht sehe, daß er das Recht hätte, ein solches Verbot zu erlassen. Als Verbote anerkenne ich also nur *legitime* Forderungen beziehungsweise solche, die mir als legitim erscheinen.

Daraus folgt, daß nur derjenige gegen sein Gewissen handelt und also sündigt, der zwar weiß, was Gott von ihm zu tun erwartet, und die Rechtmäßigkeit dieser Erwartungen, mithin die Autorität Gottes auch anerkennt, der aber dennoch zustimmt, diese Erwartungen nicht zu erfüllen. Wer überhaupt nicht an Gott glaubt, kann daher auch nicht sündigen. Sünde setzt Glauben voraus sowie, damit verbunden, die freiwillige Übernahme einer Verpflichtung. Nur einem Gesetz, das ich auch zu meinem gemacht habe, kann ich zuwiderhandeln. »Wir sündigen«, schreibt Abaelard an Heloise, »in allem, was wir gegen unser Gewissen und gegen das, was wir glauben, tun. Und durch das, was wir billigen, das heißt durch unser Gesetz, welches wir billigen und annehmen, richten und verurteilen wir uns selbst: Wenn wir zum Beispiel solche Speisen essen, bei denen wir zweifeln, das heißt die wir durch das Gesetz verbieten und als unrein ausschließen. Denn das Zeugnis unseres Gewissens ist so geartet, daß es uns bei Gott anklagt oder entschuldigt.« (Epist. VII.80)

Moralische Selbstverpflichtung

Wenn aber das Gesetz erst dadurch Gültigkeit für uns erlangt, daß wir es annehmen, dann ist es letzten Endes gar nicht Gott, der uns durch sein *fiat* auf die Einhaltung bestimmter Gebote verpflichtet, sondern wir selbst sind es, die es tun. Die religiös-ethische Verpflichtung existiert also nur als Selbstverpflichtung, wie es auch gar nicht anders sein kann, wenn Gott tatsächlich der liebende Freund ist, als den ihn Abaelard uns nahegebracht hat. Auch das Sittengesetz wird nicht einfach durch die höchste Macht dekretiert, sondern lediglich angeboten. Das Gesetz ist als ein Geschenk Gottes an den Menschen zu betrachten und kann als solches angenommen oder zurückgewiesen werden. Wenn ich es aber annehme und das Gesetz zu dem meinen mache, dann nicht, weil mir nichts anderes übrig bliebe als Unterwerfung, sondern weil ich weiß oder zumindest darauf vertraue, daß die Annahme für mich selbst am besten sein wird. Ich nehme es als das, was es sein soll, nämlich eine Art Leitfaden zur Erlangung des Seelenheils und Glücks. Es wäre darum auch verfehlt, das Gesetz allein deshalb anerkennen zu wollen, weil es das Gesetz ist, nicht nur, weil es dieses Gesetz ja (als Gesetz) gar nicht gibt, solange ich es nicht anerkenne, sondern auch, weil die Einhaltung des Gesetzes ohne die Einsicht oder das Vertrauen in seinen inhärenten Wert wirkungslos bliebe. Das Gesetz ist kein Selbstzweck, sondern dient vielmehr dem Menschen. Da Gott Liebe ist und nur die Liebe zu ihm hinführt, kann das Gesetz keinen anderen Sinn haben, als den Menschen auf rechte Weise lieben zu lehren.

Eben weil die Menschen nicht um des Gesetzes willen, sondern das Gesetz um der Menschen willen da ist, muß das Gesetz stets auf die unterschiedlichen und sich verändernden Fähigkeiten und Bedürfnisse der Menschen Rücksicht nehmen. So mag – meint Abaelard – es durchaus eine Zeit gegeben haben, in der die Einhaltung der rigiden jüdischen Verhaltensregeln für die religiös-ethische Erziehung eines in Äußerlichkeiten noch ganz befangenen Volkes von Bedeutung war. Mit Jesus Christus und seinen Jüngern aber ist eine neue Stufe erreicht worden, auf der diese Regeln überflüssig geworden sind. (Solche Regeln ähneln den Stützrädern, die dem Kind das Erlernen des Radfahrens erleichtern sollen, deren es aber, wenn es einmal fahren kann, nicht mehr bedarf.) Sobald die Menschen gelernt haben, zwischen äußeren und inneren Werken zu unterscheiden, wird es unwichtig, was zu welcher Zeit gegessen oder nicht gegessen, berührt oder nicht berührt wird (Epist. V.12–19).

Da ferner nicht jeder aufgrund seiner Natur in gleichem Maße dazu in der Lage ist, ein gottgefälliges Leben zu führen, können nicht alle Menschen nach ein und demselben Gesetz leben. Jeder Mensch ist nun einmal anders, und »wer wüßte auch nicht, daß es aller Vernunft widerstreitet, wenn man den Schwachen die gleiche Last aufbürdet wie den Starken« (Epist. VII.108)? Wie stark ich aber bin, was ich mir zumuten kann und was nicht, kann ich letztlich nur selbst beurteilen. Bevor man eine Verpflichtung eingeht, sollte man sich sehr sorgfältig überlegen, ob man sich ihr auch dauerhaft gewachsen fühlt oder nicht, weil man sonst Gefahr läuft, entgegen seiner Absicht von seinem Willen (das heißt seinen Neigungen und Leidenschaften) doch besiegt zu werden (Epist. VII.102). Hegt man ernsthafte Zweifel an der eigenen Stärke, tut man besser daran, die Latte niedriger zu hängen und weniger von sich zu verlangen, auch wenn es andere gibt, die sich zu Recht mehr zutrauen. Die menschliche Schwäche im allgemeinen und die persönliche im besonderen ist im Gesetz zu berücksichtigen, denn Gott verlangt niemals mehr von uns, als wir zu geben fähig sind. Es gibt nun einmal »unumgängliche Forderungen der Natur« (Epist. VII.81), die sich nicht mißachten lassen. Da »niemand des Gesetzes schuldig wird, der nicht vorher sich zu ihm bekannt hat« (Epist. VII.98), ist es immer besser, eine Sache nicht zu geloben, als später nicht zu halten, was man gelobt hat. »Ehe du dich bekennen magst, besinne dich; hast du's getan, dann bleibe fest! Jetzt ist Freiheit, was nachher Zwang ist.« (Ebd.)

Lust ist keine Sünde

Sicher ist es gut, ein möglichst reines, asketisches Leben zu führen, weil man auf diese Weise Gott und der Seligkeit schneller näher kommt als auf jede andere Weise. Wenn man aber so nicht leben kann, soll man seine Begierden auf legitime Weise zu befriedigen suchen, denn »nicht damit wir überhaupt erst selig würden, sind uns die Regeln der heiligen Väter gegeben, sondern damit wir *leichter* selig würden und reiner mit Gott verkehren können«. (Epist. VII.98) Um dem Begehren einen Raum zu geben, in dem es sich, ohne daß man deshalb sündig werden müßte, erfüllen läßt, sind Institutionen wie die Ehe erschaffen worden. Diese nämlich dient keineswegs nur der Fortzeugung des Menschengeschlechts, sondern ebenso der gesetzmäßigen Befriedigung sexueller Bedürfnisse. Die von Augustinus vertretene und von der kirchlichen Orthodoxie übernommene Ansicht, daß der Geschlechtsakt als solcher zwar gut, aber die dabei empfundene Lust Folge und Zeichen der Erbsünde und selber sündig sei, hält Abaelard für unsinnig, für ein schlagendes Beispiel einer Überbewertung der Autorität auf Kosten der Vernunft (Eth. S. 20). Denn unvernünftig wäre es doch, einerseits den

Geschlechtsakt im Rahmen der Institution zu gestatten, andererseits aber die dabei empfundene Lust, ohne die der Akt überhaupt nicht vollzogen werden könnte, zu verdammen. Man müßte dann annehmen, daß Gott erlaubt habe, etwas ausschließlich auf eine Art zu tun, auf die es unmöglich getan werden kann, er also eine sich selbst widersprechende Erlaubnis gegeben habe. Daher »ist klar, daß keine natürliche Lust des Fleisches (nullam naturalem carnis delectationem) der Sünde zuzuschreiben ist« und niemand schuldig wird, wenn er Lust bei etwas empfindet, das nicht anders als lustvoll empfunden werden kann (Eth. S. 20). Aus diesem Grund soll, wer auf die Befriedigung seiner geschlechtlichen Begierden nicht verzichten kann oder mag, ruhig heiraten und sogar, wenn er seinen Ehepartner verliert, erneut heiraten, was allemal besser ist, als aus Not eine Sünde zu begehen (Epist. VIII.82). Das erworbene Verdienst mag so zwar geringer sein, aber dafür auch die Gefahr der Sünde (Eth. S. 22). Es gibt viele Wege zu Gott: Wer ihn liebt, den wird er nicht zurückweisen (Epist. VII.98).

Absichten und Folgen

Ethische Irrelevanz der Tat

Die Sünde, wurde gesagt, besteht nach Abaelard nicht in der Tat, sondern in der Zustimmung. Aber Zustimmung zu was? Doch wohl zur Tat. Das würde aber nur dann Sinn machen, wenn sich die Taten in gute und schlechte unterteilen ließen. Eine Sünde beginge ich somit dann, wenn ich einer schlechten Tat zustimmen würde; Verdienst hingegen resultierte aus der (widerwilligen) Zustimmung zu einer guten Tat, wobei es ganz gleichgültig ist, ob es zur Ausführung der Tat kommt oder nicht. Denn es kann ja durchaus sein, daß die Umstände, über die ich nicht Herr bin, verhindern, daß meine Zustimmung praktisch wirksam wird. Wenn ich zum Beispiel nicht über die nötigen Mittel verfüge (entweder weil ich sie nie hatte oder sie mir genommen wurden), um durch großzügige Spenden ernsthaft dazu beizutragen, die Armut um mich herum zu lindern, so wäre es höchst ungerecht, wenn ich allein deshalb vor Gott geringer dastehen sollte als ein Reicher, der, ohne etwas opfern zu müssen, große Beträge spendet. Meine augenblickliche Handlungsohnmacht kann, sofern sie unverschuldet ist, unmöglich das Verdienst schmälern, das mir durch meine aufrichtige Bereitschaft erwächst, alles zu tun, was in meiner Macht steht, um zu helfen (Eth. S. 26). Wäre dem nicht so, müßte man folgern, daß jemand besser werden könnte, indem er reicher wird, so als könne Reichtum etwas zum inneren Wert der Seele (animae dignitas) beitragen, was, wie Abaelard schreibt, »höchster Irrsinn« (summa insania) wäre (Eth. S. 48). Darum richtet sich das Verdienst nicht etwa nach der Höhe der Spende, sondern nach dem Grad der Liebe, der darin zum Ausdruck kommt, das heißt dem Ausmaß, in dem ich bereit bin, in erster Linie nicht an mich, sondern an den anderen zu denken. So kann jemand, der weniger gibt, durchaus ein größeres Verdienst erwerben als ein anderer, der mehr gibt, eben weil die Ausgangsbedingungen für ihn ungünstiger sind. Wie aber das Verdienst nicht an der Tat hängt, so auch nicht sein Gegenstück, die Sünde. Es kann nicht von Belang sein, ob ich den Mord, den auszuführen ich für mich beschlossen habe, tatsächlich begehe oder nicht, wenn es nur äußere Umstände sind, die mich von der Ausführung abhalten. Denn daß ich meine Zustimmung erteilt habe, bedeutet ja, daß ich morden würde, wenn ich nicht zufällig daran gehindert würde. Wenn also der Mord nicht geschieht, dann nicht meinetwegen, da nicht aufgrund einer Änderung meines Entschlusses. Meine Zustimmung zum Mord wird ja durch dessen Undurchführbarkeit nicht beeinträchtigt.

Die Tat ist demnach ethisch gesehen belanglos, weil allein schon die Bereitschaft zur Tat ausreicht, um Wert oder Unwert eindeutig zu bestimmen. Jedoch könnte man so immer noch meinen, daß die Tat wenigstens in der Hinsicht noch eine gewisse Relevanz besitzt, als der Unterschied zwischen

Sünde und Verdienst davon abhängt, welcher Tat ich zustimme und welcher nicht. So begehe ich eben eine Sünde, wenn ich Handlungen zustimme, die den Tod eines Menschen zur Folge haben, und erwerbe mir ein Verdienst, wenn ich Handlungen zustimme, welche die Armut in der Welt lindern. Nun vertritt aber Abaelard ausdrücklich die Ansicht, daß jede Tat, welche auch immer, nur für sich selbst, als Vorgang genommen, weder gut noch schlecht ist. Wenn es aber keine guten und schlechten Taten gibt, dann kann die Sünde nicht davon abhängen, welcher Tat ich zustimme. Denn wenn keine Tat schlechter oder besser als eine andere ist, läßt sich nicht verständlich machen, warum der einen zuzustimmen Sünde sein sollte, der anderen hingegen verdienstvoll. Die Zustimmung kann sich daher nicht auf die Tat als solche beziehen. Wenn aber die Zustimmung sich nicht auf die Tat bezieht, worauf dann?

Handlungen und Handlungsereignisse

»Es ist uns besser«, schreibt Abaelard an Heloisa, »recht zu tun als das Rechte zu tun, und nicht das soll man abwägen, was geschieht, sondern in welcher Gesinnung etwas getan wird.« (Epist. VII.74) Unter Gesinnung (animus) versteht Abaelard die Absicht (intentio), die jemand beim Handeln verfolgt. Die Absicht ist das, was letztlich allein über den Wert einer Handlung entscheidet. Es gibt keine schlechten Handlungen, sondern nur schlechte Absichten. Wenn ich also dadurch sündige, daß ich zustimme, dann nicht, weil ich einer bestimmten Handlung (actio) zustimme, sondern weil ich einer bestimmten Absicht (intentio) zustimme. Freilich ist es merkwürdig, hier überhaupt eine solche Trennung vorzunehmen, denn was wir gewöhnlich unter Handlung verstehen, beinhaltet ja immer schon deren Absichtlichkeit. Eine Handlung ohne Absicht ist nach solchem Verständnis gar keine Handlung, sondern ein Vorgang, ein Ereignis. Auch wenn sich beide rein äußerlich nicht unterscheiden lassen, besteht doch ein grundsätzlicher Unterschied zwischen einer Handlung und einer bloßen Reflexbewegung, denn der einen liegt eine Absicht zugrunde, der anderen hingegen nicht. Wenn beispielsweise meine Hand aufgrund einer Nervenirritation in die Höhe geht, so handle ich nicht. Es wäre dann falsch oder zumindest irreführend zu sagen, daß *ich* die Hand hebe, auch wenn es ganz genauso aussehen würde, wenn ich es täte. In diesem Fall hebe aber nicht ich die Hand, sondern die Hand *hebt sich*. Sollte aber doch ich die Hand heben (und also eine Handlung ausüben), dann ist es allein die Absicht, die darüber entscheidet, was für eine Art von Handlung hier vorliegt. Hebe ich die Hand, um jemanden zu grüßen, so ist dies *eine* Handlung; hebe ich sie, um jemanden zu warnen, eine andere. Wenn daher Abaelard erklärt, daß die Absicht und nicht die Handlung als gut oder schlecht klassifiziert werden kann, so versteht er unter Handlung ausschließlich das, was rein äußerlich geschieht, den von einem Beobachter beschreibbaren Tathergang. Man könnte hier von dem *Handlungsereignis* sprechen. Versteht man unter Handlung jedoch, wie heute üblich, ein absichtsvolles Tun, dann gibt es auch nach Abaelard gute oder schlechte Handlungen, so daß die Sünde also doch als Zustimmung zu einer (im intentionalen Sinne) schlechten Handlung bestimmt werden kann.

Gut handeln statt Gutes tun

Daraus, daß der Teil einer Handlung, der rein äußerlich geschieht, also das Handlungsereignis, für sich genommen weder gut noch schlecht ist, läßt sich allerdings nicht schließen, daß mit Ausnahme von gefaßten Absichten nichts, was sich in der Welt ereignet, gut oder schlecht sein kann. Abaelard räumt ohne weiteres ein, daß Handlungen gute oder schlechte Folgen haben können (coll. S. 272). Wenn das aber so ist, warum sollte man dann nicht auch ein Handlungsereignis gut nennen dürfen, sofern es gute Folgen zeitigt, im entgegengesetzten Fall aber schlecht? Der Grund dafür ist, daß es in keiner Weise vom Handelnden und der Art seiner Handlung abhängt, ob diese zum Guten ausschlägt oder zum Schlechten. Es mag zwar sein, daß mein Handeln Gutes bewirkt, aber entscheidend ist, daß ich niemals wissen noch selbst dafür sorgen kann, daß es so sein wird. »Gut schlechthin (bonum simpliciter)«, heißt es im ›Dialogus‹, das heißt »eine gute Sache (bonam rem) wird jene genannt, die, wenn sie für irgendeinen Nutzen geeignet ist, durch sich notwendigerweise keiner Sache Vorteil oder Wert (commodum vel dignitatem) einschränkt. Umgekehrt heißt man eine schlechte Sache, glaube ich, jene, durch die das Gegenteil von beidem notwendigerweise erreicht wird.« (coll. S. 266) Die Betonung liegt hier auf der Notwendigkeit: Nur was *notwendigerweise* von Nutzen ist oder den inneren Wert einer Sache steigert, und was zugleich *notwendigerweise* keiner (anderen) Sache Wert oder Nutzen beeinträchtigt, kann im eigentlichen Sinne gut genannt werden. An dem Handlungsereignis als solchem gibt es aber nichts, was verhindern könnte, daß seine Folgen schlecht sind. So wie Gott jedes Übel, das in die Welt kommt, zum Guten wenden kann, so kann im Prinzip auch alles Gute, das ein Mensch schafft, in ein Übel umschlagen oder umgebildet werden. Jeder Mensch, sei er gut oder schlecht, kann somit, soweit es von ihm abhängt, sowohl Gutes als auch Schlechtes bewirken. Da das Handlungsereignis gegen die Zukunft hin offen ist und seine Wertbestimmung erst erfährt, lange nachdem ich es in die Welt gesetzt habe, ist das Ereignis, egal, was für Folgen es schließlich haben wird, für sich selbst genommen weder gut noch schlecht, sondern einfach indifferent. Da es mithin nicht in der Macht des Menschen liegt, Gutes oder Schlechtes zu tun, kann es auch kein vernünftiges Ziel für ihn sein, Gutes zu tun. Dies muß Gott (oder, wenn man will, dem Schicksal oder dem Zufall) überlassen bleiben. Worum der Mensch sich allein zu kümmern hat, ist, seinem Gewissen zu folgen und so zu handeln, daß weder er selbst noch ein anderer ihm etwas vorwerfen kann. Ein guter Mensch zu sein bedeutet also nicht, gute Handlungen zu vollziehen, sondern sie in einer Gesinnung zu vollziehen, die gut ist: »Der gute Mensch scheint sich vom schlechten nicht dadurch zu unterscheiden, daß er das tut, was gut ist (quod bonum sit, facit), sondern eher darin, daß er gut handelt (quod bene facit).« (coll. S. 272)

Gut handeln bedeutet eine Tat in der rechten Absicht ausführen (bzw. die Zustimmung zu einer solchen Tat geben).

Wenn zwei Leute, erläutert Abaelard, die Absicht haben, einen Angeklagten um sein Leben zu bringen, ist es möglich, daß der eine hierzu durch seinen persönlichen Haß veranlaßt wird, der andere hingegen durch seine Gerechtigkeitsliebe. In einem solchen Fall handelte dieser gut, jener aber schlecht (coll. S. 274, ETH. S. 28), und zwar selbst dann, wenn der Tod des Angeklagten an und für sich eine gute (das heißt hier: wünschenswerte oder von Gott gewollte) Sache ist. Wenn einer nicht gut handelt, so ist es eben ganz gleichgültig, ob er mit dieser Handlung etwas Gutes tut oder nicht. Judas hat Jesus Christus seinen Peinigern ausgeliefert. Dies konnte er aber nur, weil auch Gott, der Vater, seinen Sohn dem Kreuzestod preisgegeben hat. Somit tat Judas dasselbe wie Gott und trug so dazu bei, das zu erfüllen, was Gott wollte. Er tat also, objektiv gesehen, etwas Gutes, denn Jesus mußte sterben, um den Menschen die unermeßliche Liebe Gottes vor Augen zu führen und auf diese Weise ihre eigene Liebe wachzurufen. Gleichwohl handelte zwar Gott gut, Judas aber schlecht, denn als dieser Jesus verriet, tat er es nicht, um die Menschheit vor der Verdammnis zu retten. Er handelte schlecht, weil seine Absicht schlecht war (Eth. S. 28). So ist auch die Handlung des Mannes, der den Angeklagten aus Haß töten läßt, aufgrund seiner Absicht selbst dann als Übel zu beurteilen, wenn es gut ist, daß diese Handlung geschieht.

Tatsächlich ist alles, was geschieht, in dem Sinne gut, daß es mit dem Willen Gottes übereinstimmt. Selbst der Teufel vermag nichts zu tun, wenn Gott es ihm nicht zu tun gestattet. Er beabsichtigt zwar stets das Schlechte, tut aber das Gute,[18] denn Gott bedient sich seiner bösen Absichten und macht ihn zu seinem Werkzeug, indem er ihn zum Zweck der Versuchung und Bestrafung der Menschen gebraucht. Alle Handlungsmacht ist gut, weil niemand sie besitzt, wenn er sie nicht von Gott empfangen hat. Die Absicht aber, das Worumwillen des Handelns, stammt nicht von Gott: Es ist vielmehr das, was jeder von sich selbst hat (a se habet; Eth. S. 28), was einer vollkommenen, durch nichts beschränkten Freiheit ent-

[18] Er ist, wie Mephisto in Goethes ›Faust‹, ein »Teil von jener Kraft, die stets das Böse will und stets das Gute schafft« (Faust I, 1336 f.).

springt. Indem ich eine Absicht fasse, entscheide ich mich für oder gegen Gott, für oder gegen die Liebe. Darum kann es nichts wirklich Schlechtes in der Welt geben als die Absichten der schlechten Menschen.

Auch Gottes Handeln ist durch seine Absicht gut

Selbst für Gott scheint zu gelten, daß sein Handeln erst durch die von ihm verfolgten Absichten gerechtfertigt wird. Wenn Gott Abraham zuerst befiehlt, seinen Sohn Isaak zu opfern, und ihn dann später doch von der Ausführung dieser Tat abhält, so sieht es so aus, als wüßte Gott nicht, was er will. Denn man sollte doch denken, daß Gott die Ausführung der Tat nicht befohlen hätte, wenn es nicht gut gewesen wäre, sie auszuführen. Wenn die Ausführung aber gut gewesen wäre, hätte Gott sie sicher nicht verhindert. Es entsteht also ein Dilemma, das sich erst dann auflöst, wenn man weniger darauf achtet, was Gott tut (nämlich befehlen und den Befehl widerrufen), als vielmehr, was er mit seinem Tun beabsichtigt. Obwohl Gott nämlich befiehlt, Isaak zu töten, liegt es doch nicht in seiner Absicht, daß Isaak getötet werde. Seine Absicht und damit die Funktion des Befehls besteht ausschließlich darin, Abrahams Glauben auf die Probe zu stellen und so für alle nachfolgenden Generationen ein Vorbild an Glaubensfestigkeit zu errichten. Diesen eindeutig guten Zweck hat er durch seine Anweisung erreicht. Die Ausführung des Angewiesenen ist somit überflüssig geworden. In diesem Fall war es also gut, etwas zu befehlen, was auszuführen nicht gut gewesen wäre (Eth. S. 30).

Aus Abaelards Lösung dieses Problems geht allerdings nicht hervor, wie Gottes Befehl zu beurteilen gewesen wäre, wenn er tatsächlich den Tod Isaaks durch die Hand seines Vaters sowohl beabsichtigt als auch zugelassen hätte. Für die Annahme, daß Gott dies unmöglich hätte wollen können, spricht hier zunächst nichts weiter als eben der Umstand, daß Gott es offenbar nicht gewollt hat (da er es sonst nicht verhindert hätte). Wer weiß, was geschehen ist, kann daraus ableiten, daß es nicht anders geschehen konnte. Stellen wir uns aber vor, es hätte seinerzeit einer mit eigenen Ohren gehört, wie Gott Abraham diesen Befehl gab, ohne zu wissen, daß Gott die Ausführung schließlich verhindern würde. Hätte dieser Mensch einen guten Grund gehabt zu behaupten, Gott könne diesen Befehl nicht ernst gemeint haben und müsse darum die Ausführung verhindern? Aus Abaelards Argumentation ist jedenfalls kein solcher Grund ersichtlich. Was aber getrost hätte behauptet werden können, ist, daß, was immer Gott tut oder zu tun beabsichtigt, gut sein muß, da er andernfalls nicht Gott wäre. Denn wir wissen, daß Gott aufgrund seiner gütigen Natur (als Heiliger Geist) immer recht handelt. Was wir aber nicht wissen, ist, *was* im einzelnen gut und was schlecht ist, jedenfalls nicht, bevor Gott es uns durch sein Handeln zeigt. Wenn also Gott Abraham seinen Sohn hätte in voller Absicht opfern lassen, hätten wir nicht umhin gekonnt, diese Tat als gut anzuerkennen, da sich ihre Schlechtigkeit offenbar nicht, wie man zunächst meinen könnte, aus ihrer Beschaffenheit (ein unschuldiges Kind vom eigenen Vater hinrichten zu lassen) folgern läßt, sondern ausschließlich daraus, daß Gott sie nicht zugelassen hat. Das von Abaelard durch den Rückgang auf die Absichten Gottes gelöste Problem bestand somit nicht etwa darin, daß Gott einen Kindsmord befohlen hat, sondern darin, daß er diesen Mord erst befohlen, dann aber verhindert hat. Denn was Gott zu tun befiehlt, muß gut sein, was er aber verhindert, kann nicht gut sein. Ausgeschlossen wird also nicht die Möglichkeit, daß ein Kindsmord in guter Absicht begangen oder von Gott zugelassen wird, sondern lediglich, daß dieser Mord (in der Gesamtbilanz) sowohl gut als auch schlecht ist. Entweder ist es besser, daß etwas geschieht, als daß es nicht geschieht, oder es ist besser, daß es nicht geschieht, als daß es geschieht. Welches von beiden aber besser ist, weiß Gott allein.

Das Maß des Guten

Jedoch würde Abaelard sicher nicht die Auffassung vertreten, daß etwas allein deshalb gut ist, weil Gott es tut oder getan haben will. Würde nämlich, was die Folge wäre, der Satz »Dies ist gut« nichts anderes bedeuten als »Gott will es«, wäre die Behauptung, Gott sei gut, völlig inhaltsleer, eine bloße Tautologie. Gott ist gut, hieße dann nicht mehr als daß Gott eben will, was er will, und tut, was er tut. Das ist aber sicher nicht das, was Abaelard meint, wenn er die wesentliche Güte Gottes hervorhebt. Daher muß es einen Maßstab des Guten geben, der Gottes Willkür entzogen ist und an dem sich sein Handeln und seine Absichten messen lassen. Dieser Maßstab bleibt in Abaelards Ethik allerdings recht vage: Gut ist es (sowohl für Gott als auch für den Menschen, der in Gott sein Vorbild hat), aus und in Liebe zu handeln, das aber heißt: uneigennützig, mit dem Blick auf das Glück des anderen, offenbar angefangen mit der simplen Lebenslust und Leidfreiheit bis zur Unsterblichkeit der Seele und der höchsten Seligkeit.

Daß Gott gut ist, bedeutet, daß er aus Liebe zum Menschen handelt, zu dessen Bestem, zu dessen Glück. Gott kann also unmöglich aus Liebe einen Menschen absichtlich ins Unglück bringen. Wohl aber könnte er es in Kauf nehmen, wenn sich nämlich ein gewisses Maß an Unglück für ein größeres Glück als nötig erweist. Abaelard läßt die Frage offen, ob dann unter Umständen die Liebe sogar erfordern könnte, das Glück eines einzelnen um des Glückes einer größeren Zahl von Menschen willen gänzlich zu opfern (wie etwa im Fall des Verbrechers, der aus Liebe zur Gerechtigkeit und, wie man annehmen darf, zur Gemeinschaft, um sein Leben gebracht wird).

Der Tod Isaaks wäre, soweit sich erkennen läßt, niemandes Glück förderlich und somit zu nichts nutze gewesen und insofern schlecht. Eben deshalb hat Gott die Tat ja auch verhindert. Gleichwohl können wir nicht sagen, daß Gott schlecht gehandelt hätte, wenn er Isaak hätte sterben lassen. Denn wenn er ihn hätte sterben lassen, wäre sein Tod zu etwas nutze gewesen. Vielleicht wären wir dann in der Lage, den Nutzen zu sehen, den wir jetzt nicht sehen, da er nicht da ist. Vielleicht würden wir ihn auch dann nicht sehen, obwohl er da wäre. Aber selbst, wenn wir den Nutzen nicht sehen könnten, also nicht begreifen würden, was an einer solchen Tat gut sein sollte, wäre das doch kein ausreichender Grund, Gottes Handeln zu verurteilen. Aufgrund seines überlegenen Wissens kann Gott nicht vom Menschen kritisiert werden. Dazu ist unsere Einsichtsfähigkeit zu begrenzt. Wir müssen eben darauf vertrauen, daß gut ist, was geschieht, weil wir wissen, daß Gott, sofern er, nämlich als vollkommenes Wesen, existiert, gut ist. Wir vertrauen darauf, daß es gut ist, weil Gott offenbar will, daß es geschieht, und darauf, daß er es will, weil es gut ist (und nicht umgekehrt). »Ob nun der Herr den Teufel gegen die Heiligen oder die Frevler wüten lasse: es steht sicherlich fest, daß er nur gütig erlaube, was gut zu erlauben ist, und nur Schlimmes tue, was gleichwohl gut ist, daß es geschehe, und warum es geschehe, dafür habe er einen vernünftigen Grund, mag er uns auch unbekannt sein.« (coll. S. 278)

Hier zeigt sich, wie schwer der spätaugustinische Irrationalismus auch für einen erklärten Rationalisten wie Abaelard zu vermeiden ist. Ein Gott kann eben nicht vom Menschen, das Unendliche nicht vom Endlichen kritisiert werden, weil die Wissenskluft einfach zu groß ist. Abaelard hält aber daran fest, daß hinsichtlich dessen, was vernünftig und gut ist, für Gott und den Menschen der gleiche Maßstab gilt. Gerade durch die doppelte Annahme, daß das Gute in den von Gott herbeigeführten oder zugelassenen Ereignissen zwar nicht immer offensichtlich ist, es aber gleichwohl ein solches Gutes gibt, das auch prinzipiell in seiner Gutheit vom Menschen erkannt werden kann, wächst dem Menschen die Aufgabe zu, sich seiner Vernunft zu bedienen und das Gute, von dem er weiß, daß es da sein muß, zu suchen und zu finden. Das Postulat der Güte Gottes ist somit für Abaelard wie das Postulat seiner Vernünftigkeit eine Art heuristisches Prinzip, ein Wegweiser und Anreiz zur Interpretation der Ereignisse. Weil Gott seinem Wesen nach vernünftig und gut ist, kann er nicht zuerst den Tod Isaaks wollen und ihn dann auf einmal nicht mehr wollen. Wenn er die Tat befiehlt und dann den Befehl widerruft, so muß der Befehl von Anfang an etwas anderes bezweckt haben als die Ausführung der befohlenen Tat, und zwar etwas Gutes.

Da Gott seinem Wesen nach gut ist, kann er nichts Schlechtes beabsichtigen. Da er ferner die Macht besitzt, seine Absichten immer auszuführen, und somit niemals etwas entgegen Gottes Absicht geschieht, kann er auch nichts (hinsichtlich seiner Folgen) Schlechtes tun. Es ist unmöglich, daß etwas geschieht, was Gott nicht beabsichtigt hat. Daher scheint sich hier auch die Frage zu erübrigen, ob Gottes Befehl auch dann gut gewesen wäre, wenn Abraham – getreu Gottes Befehl, aber entgegen Gottes Absicht – seinen Sohn getötet hätte. Abaelard wollte aber mit diesem Hinweis auf die biblische Geschichte gerade deutlich machen, daß Handlungen nicht aus sich selbst, sondern mit Blick auf ihre Absicht beurteilt werden müssen. Dies aber läßt sich an Gott gerade nicht zeigen, weil seine Absichten sich stets erfüllen. Darum erscheint auch Gottes Befehl an Abraham in Abaelards Darstellung gar nicht oder wenigstens nicht ausschließlich durch seine Absicht gerechtfertigt, sondern mindestens ebensosehr durch dessen Folgen. Der Befehl war gut, weil er etwas Gutes bewirkt hat, nämlich daß Menschen durch Abrahams Beispiel ermuntert wurden, ihm an Glaubenstreue nachzueifern. Wie hoch die Absicht wirklich in der ethischen Bewertung einer Tat anzusetzen ist, kann darum erst deutlich werden, wenn wir an die Stelle Gottes einen Menschen setzen, der seine Absichten nicht nur nicht durchzusetzen weiß, sondern gerade das Gegenteil von dem bewirkt, was er beabsichtigt.

Nehmen wir an, jemand rät einem anderen, etwas zu tun, in der festen Überzeugung, daß dieser genau das Gegenteil von dem tun wird, was ihm geraten wird. Entgegen allen Erwartungen aber folgt der Beratene dem Rat und bringt sich auf diese Weise ins Unglück – etwas, was der Ratgeber gerade zu verhindern beabsichtigt hatte. War nun der Rat gut oder nicht? Abaelard müßte in diesem Fall wohl antworten, daß die gute Absicht den Ratgeber von jeder Schuld freispricht. Er handelte gut. Gleichwohl, so scheint es, ließe sich wohl kaum sagen, daß es gut war, diesen Rat zu geben, jedenfalls nicht im selben Sinne, wie es gut war, daß Gott Abraham den besagten Befehl gab, da hier ja auch die Folgen gut waren.

Der Rat des Menschen hingegen hatte schlechte Folgen: Der Beratene geriet ins Unglück, das heißt, es geschah etwas, was zumindest er als Übel empfand und was insofern auch ein Übel war, selbst wenn Gott auch dieses Übel letztlich zum Guten zu nutzen wissen wird. Das Übel bleibt ein Übel, auch wenn es gut ist, daß das Übel geschieht. Nun darf aber nicht vergessen werden, daß schlechterdings nichts geschieht, sei es Gutes oder Schlechtes, von dem nicht gesagt werden müßte, es sei gut, daß es geschieht. Denn wenn es geschieht, läßt Gott es geschehen, und da Gott gut ist, muß auch alles, was er geschehen läßt, gut sein beziehungsweise für die Verwirklichung des Guten notwendig sein. Somit kann das unmittelbare Übel, das ich bewirke, so wenig meine gute Absicht entwerten, wie das Gute, das ich unabsichtlich bewirke, meine schlechte Absicht zu rechtfertigen und gut zu machen vermag. Nur durch die verschiedenen Absichten lassen sich schlechte und gute Handlungen sinnvoll voneinander unterscheiden. Daher ist jeder, der das Gute beabsichtigt, ganz egal, was sich daraus ergibt, ohne Sünde und rein vor Gott.

Religiöse und säkulare Ethik

Trennung von Moral und Recht

Für die menschliche Rechtsprechung allerdings hat nach Abaelard die Sündhaftigkeit beziehungsweise Sündlosigkeit einer Handlung keine Bedeutung. Die Absicht, in der jemand etwas tut, muß hier außer acht bleiben, da sie allein aus der Tat nicht ersichtlich ist. Was wir sehen können, ist immer nur, was jemand tut, nicht warum und wozu er es tut. Die verborgene Schuld zu beurteilen, muß Gott überlassen bleiben. Wir Menschen hingegen sollten uns ausschließlich an das Offensichtliche halten, das heißt an die Tat und ihre Folgen (Eth. S. 40). Wer also in der besten Absicht etwas tut, was andere verletzt oder anderweitig in ihrem Wohlsein beeinträchtigt, muß ungeachtet seiner Sündlosigkeit bestraft werden. Wenn zum Beispiel, erläutert Abaelard, eine Frau zu arm ist, um ihrem neugeborenen Kind Kleidung zu geben, die es vor der Kälte schützt, wird sie es vielleicht, weil sie es liebt, zu sich herannehmen und es an ihren Körper drücken, um es so warm zu halten. Wenn dann ihre Schwäche sie einschlafen läßt und sie dabei, ohne es auch nur zu ahnen, ihr Kind erstickt, ist sie vor Gott schuldlos, weil sie nur aus Liebe so gehandelt hat, wie sie es tat. Gleichwohl muß, so Abaelard, ein menschliches Gericht sie hart strafen, nicht wegen ihrer Schuld, sondern auf daß in der Folge andere vorsichtiger sein werden (Eth. S. 38).

Hier ergibt sich allerdings eine Schwierigkeit, die Abaelard offenbar nicht bemerkt hat. Wenn wirklich nur die Tat als solche zählt, müßte die Frau allein aufgrund der Tatsache bestraft werden, daß ihr Verhalten den Tod eines anderen Menschen verursacht hat. Das ist hier aber offenbar nicht der Fall, denn Abaelard führt als Grund für die Bestrafung nicht die begangene Tat an, sondern vielmehr die zu erwartenden *Folgen* der Bestrafung. Die Strafe ist hier also eine Erziehungsmaßnahme. Sie dient der Abschreckung, das heißt als zusätzlicher Handlungsanreiz für die Täterin und für andere, die sich in einer ähnlichen Situation befinden. Sie soll die Menschen lehren, besser achtzugeben. Als Erziehungsmaßnahme aber macht die Strafe nur dann Sinn, wenn die Tat auch hätte vermieden und die Folgen hätten vorausgesehen werden können. Wenn jemand etwas tun *muß*, dann läßt er sich von keiner Strafe der Welt davon abschrecken, es zu tun. Wenn man ihn zwei Wochen lang daran hindert einzuschlafen und ihm danach bei Strafe des Todes das Einschlafen verbietet, wird er es dennoch tun, weil es gar nicht in seiner Macht liegt, es nicht zu tun. Die Strafe ist also in dem beschriebenen Fall nur unter der Voraussetzung zu rechtfertigen, daß die Frau nicht einschlafen mußte, daß sie auch wach hätte bleiben können, oder aber wenigstens vor dem Einschlafen Maßnahmen hätte ergreifen können, die den Tod des Kindes (sei es durch Ersticken oder durch Erfrieren) verhindert hätten. Sie hätte also mindestens, wenn nicht böswillig, so doch fahrlässig handeln müssen. Wenn aber die Strafe ihren Zweck nur dann erfüllen kann, wenn die unter Strafe gestellten Handlungen auf Fahrlässigkeit zurückgehen und somit die Bestrafung von etwas Unvermeidlichem schlicht überflüssig wäre, dann wäre das, was begründetermaßen bestraft wird, zwar nicht die Absicht, aber doch ebensowenig, wie Abaelard unterstellt, das reine Tatereignis als äußeres und damit unbezweifelbares Faktum. Bestraft würde vielmehr die als frei gedachte *Entscheidung*, so statt anders zu handeln. Diese freie Entscheidung ist aber, wenn es sie gibt, genau wie die Absicht etwas Verborgenes, das gerade nicht offen zutage liegt und letztlich nur von Gott sicher beurteilt werden kann. Das wiederum würde bedeuten, daß der von Abaelard genannte Grund dafür, daß Menschen nicht die Absichten in den Handlungen beurteilen sollten, hinfällig wäre. Denn ob eine Handlung frei oder nicht frei ist, läßt sich im Einzelfall nicht leichter beantworten als die Frage, ob sie absichtlich oder unabsichtlich war.

Wohl darum ist Abaelard in seiner Darstellung des Falls auch sichtlich darum bemüht, nicht den Eindruck der Fahrlässigkeit aufkommen zu lassen. Es wird vielmehr suggeriert, daß das Kind vor Kälte zugrunde gegangen wäre, wenn die Frau es nicht zu sich genommen hätte, so daß sie es zu sich nehmen mußte. Da sie aber schwach war, wurde sie »von der Natur überwältigt« (et tandem infirmitate eius vi naturae superata) und schlief notgedrungen ein. Das Kind wäre also gestorben, was immer sie auch getan hätte. Wenn das aber so ist, dann kann die Bestrafung nicht mehr mit dem Hinweis auf ihren Abschreckungswert begründet werden, weil es keine Abschreckung vor dem Unvermeidlichen gibt. Was für einen Grund aber sollten wir dann haben, die Tat, also das reine Faktum der unmittelbaren Verursachung, zu bestrafen? Das alte Prinzip der Vergeltung setzt ja bereits eine Schuld voraus, die durch die Bestrafung gleichsam bezahlt wird. Aber daß die Frau am Tod ihres Kindes schuldig sei, wird von Abaelard ja gerade bestritten. Blendet man die Frage von Absicht und Freiheit aus, dann gibt es augenscheinlich keinen besseren Grund, sie zu bestrafen, als einen Ziegel zu bestrafen, der sich vom Dach löst und einen Menschen erschlägt.

Das Problem könnte vielleicht durch folgende Überlegung gelöst werden: Da allein aus der Tat nicht ersichtlich ist, ob sie vermeidbar oder unvermeidbar, absichtlich oder unabsichtlich geschah, bleibt uns nichts anderes übrig, als sie grundsätzlich zu bestrafen, um andere abzuschrecken. Zwar ist es richtig, daß sich niemand von einem Tun abschrecken läßt, das er nicht zu verhindern vermag, so daß das Unvermeidliche auch unter Strafandrohung weiterhin geschehen wird, aber es werden vielleicht diejenigen zur Vorsicht bewogen, die nicht gezwungen sind, so zu handeln, jedoch leicht glauben machen könnten, sie seien es. Mit anderen Worten: Es soll verhindert werden, daß sich jemand auf die angebliche und grundsätzlich unüberprüfbare Tatsache beruft, eine Tat unabsichtlich begangen zu haben. Da wir Schuld und Unschuld niemals mit letzter Sicherheit auseinanderhalten können, müssen wir uns entscheiden: Entweder wir bestrafen ausschließlich Taten und nehmen dabei in Kauf, des öfteren einen Unschuldigen zu bestrafen, oder aber wir bestrafen nur beabsichtigte und vermeidbare Taten und gehen dabei das Risiko ein, zuweilen einen Schuldigen ungestraft davonkommen zu lassen. Abaelard zögert nicht, sich für die erste Variante zu entscheiden: Um kein Schlupfloch für die Schuldigen zu lassen, ist es seines Erachtens vertretbar, daß im Zweifelsfall auch die Unschuldigen gehenkt werden.

Aufhebung der Sünde durch Reue, Beichte und Buße

Allerdings leuchtet nicht recht ein, warum es so wichtig sein sollte, auch wirklich jeden Schuldigen bereits hier auf Erden zu bestrafen, wenn doch Gott die Schuld letzten Endes im Jenseits immer bestraft. Aber tut er das tatsächlich? Abaelard anerkennt nicht nur einen Unterschied zwischen leichten und schweren Sünden (wobei die leichten Sünden auch nur leicht bestraft werden und nicht zur Verdammnis führen; Eth. S. 68 f.), sondern gesteht auch zu, daß man für einmal begangene, auch schwere Sünden, solange man lebt, Wiedergutmachung leisten kann, nämlich indem man die Sünde bereut, bekennt und schließlich Buße tut. Die Reue (penitentia) ist eine Art Seelenschmerz, verursacht durch das Bewußtsein, ein Unrecht (gegen Gott) verübt zu haben. Echt ist die Reue aber nur dann, wenn sie nicht aus der Angst vor der zu erwartenden Sündenstrafe entspringt, sondern aus Liebe zu Gott (Eth. S. 76). Denn die Strafe zu fürchten und also nicht zu wollen, ist nur eine Fortsetzung der Sünde, da das, vor dem der Sünder in diesem Fall zurückschreckt, ja nicht das von ihm begangene und als solches erkannte Unrecht ist, sondern ausschließlich die gerechten Folgen seiner Tat. Nicht dem Ungerechten und Bösen verweigert er nun rückwirkend seine Zustimmung, sondern dem Guten, das ihm in Form der göttlichen Gerechtigkeit zuteil zu werden droht (Eth. S. 78). Seine Gesinnung bleibt also unverändert. Erst wenn die Reue durch Liebe bestimmt ist, ändert sich die innere Haltung des Menschen zu seiner Tat: Er wird ihrer als eines Unrechts gewahr, als eines Akts der Verachtung eines durch und durch gütigen Gottes, und lehnt sie deshalb ab (Eth. S. 88). Abaelard betont, daß eine solche Ablehnung, wenn sie echt ist, in der Regel ganz konkrete Handlungsfolgen nach sich ziehen wird. So ist die Reue zum Beispiel unzureichend, wenn ein Reicher, der sein Vermögen durch Unterdrückung und Ausbeutung erworben hat, auf dem Totenbett zerknirscht um die Vergebung seiner Sünden bittet, aber unter allerlei Vorwänden nicht bereit ist, dieses Vermögen denen, die er beraubt hat, zurückzugeben (Eth. S. 78). Würde er aufrichtig bereuen, hielte er nicht an dem fest, was er ohne Sünde niemals erlangt hätte, sondern gäbe es zurück. Ist die Reue aber aufrichtig, vergibt Gott die Sünde augenblicklich. Es liegt nahe, dies so zu verstehen, daß niemals vergangene, sondern immer nur gegenwärtige Sünden bestraft werden. Die Strafe ereilt den, der Gott verachtet, nicht den, der ihn einmal verachtet hat. Jedoch betont Abaelard, daß wenn Gott dem reuigen Sünder vergibt, er ihm deshalb doch noch nicht alle Strafe erläßt: Nur von der ewigen Höllenpein ist er befreit, was insofern merkwürdig ist, als die Strafe dadurch einen Eigenwert zu gewinnen scheint, der sich mit der Vorstellung eines liebenden, allgütigen Gottes nur schwer verträgt. Abaelard stellt es so dar, als sei eine gewisse Strafe nötig zur Reinigung des Sünders, so daß dieser, nachdem er bereut hat, noch Buße tun muß, entweder freiwillig in diesem Leben, indem er sich selbst einer Bestrafung unterzieht, oder aber gezwungenermaßen und weit schwerer zu ertragen im Fegefeuer des künftigen. Es ist also in jedes Sünders Interesse, bereits in diesem Leben Buße zu tun, durch Fasten oder Beten, freiwilligen Schlafentzug oder jedwede andere Kasteiung des Fleisches, durch selbstgewählte Armut und Verteilung des eigenen Vermögens an die Bedürftigen (Eth. S. 108). Dem Zweck der (Selbst-)Bestrafung dient auch das öffentliche Bekenntnis beziehungsweise die Beichte, denn das Eingeständnis der Sünde ist eine Erniedrigung vor anderen und als solche ein wichtiger Teil der zu entrichtenden Buße (Eth. S. 98). Da die Buße notwendig ist, sollte man sie sowenig fliehen wie der Kranke den Arzt fliehen sollte, der seine Wunden zu heilen vermag. Der Priester, dem wir unsere Sünden beichten und der uns eine Buße auferlegt, ist eine Art Arzt der Seele: Wir zeigen ihm unsere Geschwüre, und er verschreibt uns die Medizin, die wir brauchen, um zu gesunden (Eth. S. 100).

Wozu aber bedarf es einer Reinigung, wenn doch die Sünde bereits durch die aufrichtige Reue getilgt wurde? Es bleibt ja, wie Abaelard betont, nichts Sündiges zurück, wenn die Reue tatsächlich da ist, denn ich kann nicht eine Tat bereuen, weil ich darin Gott verachtet habe, und zugleich eine andere nicht bereuen, obwohl sie ebenso gottesverachtend war. Denn was ich bereue, ist ja nicht das Tun als solches, sondern die sich darin äußernde Verachtung Gottes. Die Reue versetzt mich daher in einen Bewußtseinszustand, der so beschaffen ist, daß »ich, welcher Frevel auch immer mir ins Gedächtnis kommt, ähnlich darunter leide und zur Buße bereit bin« (Eth. S. 90). Es bleibt also keinerlei Sünde zurück und damit, sollte man denken, auch keine Krankheit, die der Heilung bedarf. Wozu also die Strafe?

Daß möglichst alle Schuldigen zu bestrafen sind, läßt sich auch nicht aus der Beobachtung herleiten, daß die Reue zwar die Schuld aufhebt, es ohne Strafe aber selten zur Reue kommt. Denn auch wenn die Strafe der Reue den Weg ebnet, ist die Reue, die durch Strafe hervorgerufen wird, nicht von der Art, wie sie für die Aufhebung der Sünde nötig wäre. Da allein die Reue aus Liebe die Sünde auszulöschen vermag und man kaum erwarten darf, daß jemand durch Bestrafung zur Liebe bewogen wird, kann die Strafe nicht dazu dienen, die noch ausstehende Reue herbeizuführen. Während der reuige Sünder keine Strafe mehr verdient, da alle Sünde von ihm abgefallen ist, wird der reuelose Sünder immer dadurch bestraft werden, daß er niemals die höchste Glückseligkeit erlangen wird und ewig auf die Nähe Gottes verzichten muß, weil er sie (durch seinen Mangel an Reue) fortwährend ausschlägt. Da dies aber eine Strafe ist, mit der verglichen jede von Menschenhand bedeutungslos wird, läßt sich aus Abaelards theologisch fundierter Sündenlehre nicht erklären, warum wir danach trachten sollten, möglichst alle Schuldigen hier auf Erden zu bestrafen, und nicht vielmehr danach, möglichst alle Unschuldigen vor ungerechter Bestrafung zu bewahren. Man könnte höchstens sagen, daß es nicht weiter darauf ankommt, ob auch Unschuldige bestraft werden oder nicht, da ja auch den Unschuldigen durch menschliche Strafen kein nennenswerter Schaden zugefügt werden kann. Im Gegenteil mag ihnen die ungerechte Strafe zur Prüfung (und damit zum Erwerb eines höheren Verdienstes) dienen.

Der Nutzen der Gemeinschaft

Abaelard aber scheint anzunehmen, daß es gute Gründe dafür gibt, in Zweifelsfällen von der Schuld auszugehen und sich von der Möglichkeit der Unschuld nicht weiter irritieren zu lassen. Er geht sogar so weit zu behaupten, daß die Bestrafung eines Menschen unter Umständen sogar dann nötig ist, wenn er die Tat, deren absichtliche Ausführung man ihm vorwirft, gar nicht begangen hat und der Richter, der das Urteil zu fällen hat, dies auch weiß. Denn auch wenn jemand unschuldig vor Gericht gebracht wird, meint Abaelard, muß der Richter ihn doch verurteilen, wenn Zeugenaussagen vorgebracht werden, die sich nicht widerlegen lassen – selbst wenn er weiß, daß die Aussagen falsch sind. Daß er es weiß, genügt nicht, es muß sich auch zeigen lassen. Der Richter muß also jemanden bestrafen, der es nicht verdient, bestraft zu werden, weil das Gesetz es so vorschreibt und er sich daran halten muß, auch um den Preis einer ungerechten Bestrafung (Eth. S. 38 f.). Der Grund, den Abaelard hier leider nur andeutet, scheint zu sein, daß das Gesetz etwas Gutes ist und daß es gut ist, daß das Gesetz keine Ausnahmen zuläßt. Das Gesetz muß immer gelten. Ein größerer Schaden wäre es, wenn der Richter gegen Recht und Gesetz die Zeugenaussagen und alle unwiderleglichen Beweise (mögen sie auch falsch sein) mißachten würde, nur um dies eine Unrecht zu verhindern. Dann würden Beweise bald nichts mehr bedeuten und alles von der zufälligen Integrität und Weisheit des Richters abhängen.

Aber wäre das ein Schaden? Wenn ja, für wen und in welcher Hinsicht? – Wir müssen danach trachten, sagt Abaelard, nicht so sehr den Schaden zu rächen, den jemand seiner eigenen Seele zufügt, sondern den, den er anderen zufügt. Nicht der individuelle, sondern der öffentliche Schaden (publica dampna) soll durch Gesetz und Strafe verhindert werden. »Denn was immer der Gemeinschaft zum Verderben oder der Öffentlichkeit zum Schaden gereichen kann sowie was größeren Unwillen hervorruft, verdient schwerere Strafe, und desto schwerer, je mehr Anstoß es unter den Menschen erregt, auch wenn eine leichtere Sünde vorausgeht.« (Eth. S. 42) So bestrafen Menschen zum Beispiel Brandstiftung schwerer als Unzucht, das heißt, den außerehelichen Geschlechtsverkehr, obwohl dieser vor Gott zweifellos die größere Sünde darstellt. Für Abaelard ist diese Rangfolge offenbar so selbstverständlich, daß er sie nicht weiter begründet. So können kleine Sünden schwer bestraft werden und große Sünden leicht, je nachdem, welchen Schaden man sich durch die Bestrafung abzuwenden verspricht. Interessant ist hieran, daß die Strafe dann nicht mehr damit begründet werden kann, andere von der Sünde (und damit der Gefährdung ihres Seelenheils) abzuschrecken. Wenn das so wäre, müßte die (mutmaßlich) größere Sünde auch schwerer bestraft werden. Daß dies nicht der Fall ist, zeigt, daß hier ein ganz anderer Maßstab der Beurteilung zugestanden wird. Nutzen und Schaden werden nicht durch das Seelenheil und künftige jenseitige Glück beziehungsweise deren Verlust definiert, sondern allein durch die irdische Wirklichkeit und ihre Freuden und Leiden. Entscheidend für die Beurteilung sind also solche Dinge wie das leibliche Wohl, die Wahrung des Besitzes und letztlich alle Interessen, die die Mitglieder der Gemeinschaft für schützenswert halten. Letztlich scheint es weniger darauf anzukommen, was (in einem absoluten und transzendenten Sinne) gut ist, sondern was als Gut geschätzt wird. Die religiöse Ethik tritt hier ganz in den Hintergrund, und an ihre Stelle rückt eine rein säkulare Ethik utilitaristischer Prägung, in der selbst das heute so umstrittene Töten aus Mitleid seinen legitimen Platz hat: »Jedes elende Leben hat ein willkommenes Ende, und wer wirklich mit den Ängsten anderer mitfühlt und mitleidet, der ersehnt sich, daß sie enden; selbst in dem Fall, daß jemand den, den er leiden sieht, wahrhaft liebt, soll er trotz des persönlichen Verlustes doch nicht sein eigenes Bestes wünschen, sondern das des anderen. So wird selbst eine Mutter ihrem langsam dahinsiechenden Kind wünschen, daß der Tod das Siechtum ende, das sie nicht mehr aushalten kann; lieber erträgt sie den Verlust ihres Kindes, als daß sie es als Schicksalsgenossen in ihrem Elend behalten möchte. Und wenn jemand noch so gern der Gegenwart eines Freundes sich erfreuen möchte, so will er ihn doch lieber in der Ferne glücklich wissen als unglücklich in der Nähe; denn denen man nicht zu helfen vermag, deren Nöte kann man nicht aushalten.« (Epist. IV.10)

Quellen:

Peter Abailard: Collationes sive Dialogus inter Philosophum, Iudaeum et Christianum (Gespräch eines Philosophen, eines Juden und eines Christen). Lateinisch und deutsch. Herausgegeben und übertragen von Hans-Wolfgang Krautz. 2. Aufl. Frankfurt am Main, Leipzig 1996 [coll].

Abaelard: Der Briefwechsel mit Heloisa. Übersetzt und mit einem Anhang herausgegeben von Hans-Wolfgang Krautz. Stuttgart 1989 [Epist.; H c.].

Peter Abaelard's Ethics. An Edition with Introduction, English Translation and Notes by D.E. Luscombe, Oxford 1971 [Eth.].

Peter Abaelard: Theologia summi boni. Tractatus de unitate et trinitate divina (Abhandlung über die göttliche Einheit und Dreieinigkeit). Übersetzt, mit Einleitung und Anmerkungen herausgegeben von Ursula Niggli. Lateinisch-Deutsch. 3. Aufl. Hamburg 1997 [Tsb].

Peter Abaelard: Sic et non, Prolog. In: Kurt Flasch. Geschichte der Philosophie. Bd. 2: Mittelalter, Stuttgart 1982, S. 262–269.

Literaturauswahl:

Dahmen, Reiner: Darstellung der Abaelardischen Ethik. Münster 1906.

Grane, Leif: Peter Abaelard. Göttingen 1969.

Luscombe, David E.: Peter Abelard's Ethics. An Edition with Introduction, English Translation and Notes. Oxford 1971.

Luscombe, David E.: The School of Peter Abelard. The Influence of Abelard's Thought in the Early Scholastic Period. Cambridge 1969.

Marenbon, John: The Philosophy of Peter Abelard. Cambridge 1997.

Peppermüller, R.: Abaelards Auslegung des Römerbriefes. Münster 1972.

Podlech, Adalbert: Abaelard und Heloisa oder Die Theologie der Liebe. München 1990.

Thomas, Rudolf (Hg.): Petrus Abaelardus. Person, Werk und Wirkung. Trier 1980.

III. Thomas von Aquin

Wiederentdeckung des Aristoteles

Auch der »Ketzer« Abaelard hatte es bei aller vorübergehenden Popularität nicht vermocht, das mittelalterliche Denken vom lähmenden Einfluß des Augustinus zu befreien. Sein Plädoyer für einen verstärkten Einsatz der Vernunft fand zunächst, obwohl es doch im wesentlichen der Verteidigung des christlichen Glaubens verpflichtet blieb, wenig Gehör[1], was wohl nicht zuletzt daran lag, daß eine ernstzunehmende Alternative des überkommenen Weltbildes seinerzeit noch nicht in Sicht war. Erst seit Mitte des 12. Jahrhunderts setzte eine Entwicklung ein, die letzten Endes eine Neubewertung des Verhältnisses von Vernunft und Glauben erforderlich machte: die allmähliche Wiederentdeckung des Aristoteles.

Im Unterschied zu Platon, der über den Neuplatonismus und seine Rezeption durch Augustinus und Pseudo-Dionysius die christliche Philosophie des frühen Mittelalters wesentlich beeinflußte, waren die Schriften des Aristoteles schon in der Spätantike weitgehend in Vergessenheit geraten. Das frühe Christentum hatte keine Verwendung für ihn. Augustinus achtete ihn gering, wie überhaupt die heidnische Philosophie, und Clemens von Alexandria verdammte ihn gar als Vater der Häresie. Ein Teil des aristotelischen Organons wurde noch von Boethius (470–524) in das Lateinische übersetzt, nämlich die Auslegungslehre (›Peri hermeneias‹ / ›De interpretatione‹) und die Kategorienschrift, außerdem noch der entsprechende Kommentar des Neuplatonikers Porphyrios (233/34-304), die sogenannte ›Isagoge‹ (Einleitung in die Kategorien). Mit

[1] Freilich war Abaelard nicht der einzige in seiner Zeit, der versuchte, Glaubensinhalte durch rein philosophische, »natürliche« Beweisgründe plausibel zu machen. Auf ihre Art taten dies ebenso Thierry von Chartres in seinem Genesiskommentar oder Wilhelm von Conches in seiner ›Philosophia mundi‹. Vgl. dazu Kurt Flasch, Das philosophische Denken im Mittelalter. Stuttgart 1986, S. 226–243.

Boethius' unfreiwilligem Tod aber starb auch der letzte Rest klassischer Gelehrsamkeit im Westen des Reiches, so daß die von ihm übersetzten Schriften praktisch das einzige blieben, was man bis zur Mitte des 12. Jahrhunderts im Westen vom Werk des Aristoteles kannte und im allgemeinen auch akzeptierte. Das wenige, was man darüber hinaus noch, mehr oder weniger vom Hörensagen, über Aristoteles wußte, nämlich daß er die Unsterblichkeit der Seele und die göttliche Vorsehung leugne und die Welt ewig, das heißt ohne Anfang, nenne, genügte, um ein darüber hinausgehendes Interesse gar nicht erst aufkommen zu lassen.

Daß die übrigen Schriften des Aristoteles dennoch nicht für immer verlorengingen, ist allein dem Umstand zu verdanken, daß sein Werk vollständig, vermehrt um einige neuplatonische Schriften, die ihm fälschlich zugeschrieben wurden, bereits im 9. Jahrhundert an der Bagdader Akademie ins Arabische übersetzt und ausgiebig studiert wurde. Immerhin drei Jahrhunderte brauchte es, bis die Aristoteles-Rezeption von hier auf den Westen übergriff. Um die Mitte des 12. Jahrhunderts lagen lateinische Übersetzungen aller logischen sowie der wichtigsten naturphilosophischen Abhandlungen des Aristoteles vor. Als eine der Hauptschriften der aristotelischen Metaphysik galt allerdings das ›Buch der Ursachen‹ (›Liber de causis‹), das sich später als eine Bearbeitung der 1268 von Moerbeke ins Lateinische übersetzten ›Elementatio theologica‹ des Neuplatonikers Proklos herausstellte. So gingen in der Rezeption Aristotelismus und Neuplatonismus ineinander über. Viel zur Vermittlung trugen die arabischen Aristoteles-Ausleger Avicenna (Ibn-Sina, 980–1037) und vor allem Averroes (Ibn-Rushd, 1126–1198) bei, deren ausführliche Kommentare gleichfalls übersetzt wurden. An der Artistenfakultät der im 12. Jahrhundert gegründeten Universität zu Paris (der neben Bologna ältesten Universität Europas) wurden bereits zu Beginn des 13. Jahrhunderts die naturwissenschaftlichen und metaphysischen Schriften des Aristoteles gelehrt, was der Fakultät ein ganz neues Gepräge und auch Gewicht verlieh. Ursprünglich war es deren ausschließliche Aufgabe gewesen, zum Zwecke der methodischen Disziplinierung die Sieben Freien Künste (artes liberales) zu lehren, wie es seit Jahrhunderten an den Klosterschulen üblich gewesen war, das heißt Grammatik, Dialektik und Rhetorik (das sogenannte Trivium) sowie die vier »mathematischen« Künste Arithmetik, Geometrie, Musik und Astronomie (Quadrivium). Da jeder Student der Universität das Lehrprogramm der artes, und zwar volle sechs Jahre lang, als vorbereitendes Grundstudium zu durchlaufen hatte, bevor er sich der Medizin, Jurisprudenz oder Theologie als seiner eigentlichen Profession zuwenden durfte, konnten die neuen Lehren rasch an Einfluß gewinnen.

Die detailliert ausgearbeitete Naturphilosophie und Metaphysik des Aristoteles machte in beeindruckender Weise klar, daß es durchaus möglich war, eine umfassende und dem Anschein nach durch und durch rationale Weltdeutung zu geben, ohne dabei auf den christlichen Glauben zurückgreifen zu müssen. Es sah nun ganz so aus, als ließe sich die Natur auch ohne Offenbarungswissen in ihrem Wesen und Wirken verstehen. Die Kirche als Vertreterin des orthodoxen Christentums begriff schnell die Herausforderung und wartete nicht lange, sie anzunehmen. Schon im Jahr 1210 wurde den Pariser Universitätslehrern ausdrücklich untersagt, die Inhalte der aristotelischen Schriften weiterhin zu lehren. Das Verbot betraf vor allem die ›Physik‹ und die Schrift ›Über die Seele‹. Allerdings scheint die Wirkung eher gering gewesen zu sein, denn das Verbot mußte ständig neu in Erinnerung gerufen werden: Offizielle Verlautbarungen gab es bis zur Jahrhundertmitte noch 1215, 1231 und 1245. Die Entwicklung konnte jedoch nicht mehr aufgehalten werden. Zu groß war offenbar die Faszination, die von Aristoteles ausging. In aller Offenheit erläuterte Roger Bacon (1214–1292) in den vierziger Jahren des 13. Jahrhunderts die aristotelische ›Physik‹. Zur selben Zeit lehrte an der Theologischen Fakultät Albertus Magnus (um 1200–1280), der später fast den gesamten Aristoteles kommentieren sollte und sich schon damals nachdrücklich für die systematische Trennung von Philosophie und Theologie aussprach. Glaubensinhalte müßten, soweit sie einer rationalen Explikation nicht zugänglich seien, aus der Philosophie herausgehalten werden: »Für den Philosophen ist es schändlich, etwas ohne rationale Beweisgründe zu behaupten.«[2] Wer Naturwissenschaft treibe, brauche sich um die Wunder Gottes nicht zu kümmern. Von anderen wurde die Übersetzungsarbeit fortgesetzt und dadurch ein immer größerer Teil des *corpus aristotelicum* allgemein zugänglich gemacht. Wilhelm von Moerbeke (1215–1286) übersetzte erstmals die ›Politik‹, die ›Poetik‹ sowie einen Großteil der antiken Kommentare (Alexander von Aphrodisias, Simplicius, Ammonius, Themistius), Robert Grosseteste die ›Nikomachische Ethik‹, die nicht zuletzt durch die Propagierung eines Tugendbegriffs Anstoß erregte, der sich kaum mit den genuin christlichen Tugenden, namentlich Keuschheit und Armut, vereinbaren ließ. Trotz des bleibenden Widerstandes der Kirche erklärte die Pariser Artistenfakultät 1255 in einer neuen Studienordnung die Schriften des Aristoteles zum verbindlichen Lehrinhalt. Bald darauf etablierte sich dort mit Siger von Brabant und Boethius von Dacien ein radikaler Aristotelismus (bzw. Averroismus), der die schlimmsten Befürchtungen der Orthodoxie zu bestätigen schien. Die Reaktionen wurden härter. Auf Betreiben des Franziskanergenerals Bonaventura wurden 1270 zunächst dreizehn Thesen der Aristoteliker verurteilt, darunter diejenige, daß die Seele mit dem Körper zugrunde gehe. Der vernichtende Schlag erfolgte dann sieben Jahre später, am 7. März 1277, als der Bischof von Paris, Etienne Tempier, einen Syllabus von 219 Thesen zusammenstellte und verurteilte. Alle, die die angeführten Thesen verbreiteten, lehrten oder auch nur hörten, wurden mit Leibesstrafen sowie der weit gefürchteteren, weil unweigerlich die soziale Ächtung nach sich ziehenden Exkommunikation bedroht. Siger von Brabant und Boethius von Dacien, gegen die sich die Verurteilung hauptsächlich richtete, wurde daraufhin in Paris die Lehrerlaubnis entzogen, ihre Schriften zum größten Teil vernichtet. In der Folge wurde unter Berufung auf Tempiers Syllabus auch an den meisten anderen europäischen Universitäten die Lehrfreiheit empfindlich eingeschränkt. Von der Verurteilung einiger Thesen mitbetroffen war auch Thomas von Aquin. Gegen ihn

[2] Zitiert nach: Kurt Flasch und Udo Reinhold Jeck (Hg.), Das Licht der Vernunft. Die Anfänge der Aufklärung im Mittelalter. München 1997, S. 49.

wurde im selben Jahr sogar ein eigener Prozeß angesetzt, der allerdings nicht zu Ende geführt wurde und den der Angeklagte selbst auch nicht mehr erlebte. Gott meinte es offenbar gut mit ihm, er starb bereits drei Jahre zuvor, 1274. Später wurde der damals um ein Haar als Häretiker gebrandmarkte Thomas von der katholischen Kirche zur maßgeblichen Autorität in Glaubensfragen erklärt und als Doctor Angelicus (engelgleicher Doktor) und *magister omnium horarum* (Lehrer für jede Stunde) gefeiert. Bereits 1323 sprach Papst Johannes XXII. ihn heilig.

Lebensabriß

Geboren wurde Thomas 1224 oder 1225 als jüngster Sohn einer hochadeligen Familie. Im Alter von fünf Jahren schickten ihn seine Eltern ins Kloster, um ihn dort zum Mönch beziehungsweise zukünftigen Abt ausbilden zu lassen. Als er fünfzehn war, mußte er jedoch aus politischen Gründen seine Heimatprovinz verlassen; er ging nach Neapel an die dort kurz zuvor gegründete Universität, wo er erste Bekanntschaft mit der Naturphilosophie des Aristoteles machte. Wie viele, die damals nach geistiger Erneuerung strebten, schloß er sich 1244 den Dominikanern an, gegen den ausdrücklichen Willen seiner vor Zwangsmaßnahmen nicht zurückschreckenden Familie.[3] Die Dominikaner waren, wie die Franziskaner, ein Bettelorden. Beide standen für eine Rückkehr zu einer apostolischen, das heißt besitzlosen und nur der Verbreitung der Lehre Christi gewidmeten Lebensform. Die wachsende Unzufriedenheit der Bevölkerung mit den immer reicher und mächtiger werdenden Vertretern der Kirche hatte häretische Bewegungen (wie die Albigenser und Waldenser) entstehen lassen, die auf Dauer die Einheit der Kirche zu sprengen drohten. In Gestalt der Bettelorden nahm die Kirche die Armutsbewegung in sich auf und nahm so der Kritik die Spitze.

[3] Das sei etwa so gewesen, schreibt Otto Hermann Pesch, als wenn heute (in den siebziger Jahren) ein »Industriellensohn einer Kommune beiträte«. In: Thomas von Aquin. Grenze und Größe mittelalterlicher Theologie. Eine Einführung. Mainz 1988, S. 71.

Dominikaner und Franziskaner zogen unter der Schutzherrschaft des Papstes in die Städte, die seit dem 12. Jahrhundert immer mehr an Bedeutung gewonnen hatten, um zu predigen und sich energisch der Verteidigung des rechten Glaubens zu widmen. Das hierzu nötige rhetorische Geschick eigneten sich die Orden an den Universitäten an, vor allem in Paris, wo sie bald auch in Konkurrenz zum etablierten Weltklerus die Lehrstühle besetzten.

1245 kam auch Thomas dorthin, schloß sich seinem Ordensbruder Albertus Magnus an und hörte, obwohl dies in den Satzungen der Dominikaner ausdrücklich untersagt war, Vorlesungen zu Aristoteles. Als Albertus Magnus 1248 nach Köln beordert wurde, um dort ein dominikanisches Studienzentrum aufzubauen, folgte ihm Thomas. 1250/51 empfing er die Priesterweihe und lehrte danach von 1252 bis 1259 – zunächst als Baccalaureus, ab 1256 dann als Magister (damals dem höchsten zu erwerbenden akademischen Grad) – an der Theologischen Fakultät der Pariser Universität. Als Dominikaner hatte er dort allerdings keinen leichten Stand: Einen Großteil der Lehrstühle hatten immer noch die Weltgeistlichen inne, die ihren gewohnten Lebensstandard durch die Bettelorden bedroht sahen und deshalb dazu neigten, deren Mitglieder der Häresie zu verdächtigen. 1259 kehrte Thomas für einige Jahre nach Italien zurück, lehrte in Orvieto und Rom und arbeitete an der Kommentierung des Aristoteles sowie an seinem großen Werk ›Über die Wahrheit des katholischen Glaubens gegen die Heiden‹ oder kurz: ›Summe gegen die Heiden‹ (›Summa contra gentiles‹). Ab 1268 war er wieder in Paris, ausgerechnet zu einer Zeit, als der Papstthron für drei Jahre vakant war, so daß die Bettelorden für eine Weile ihres obersten Schutzherrn beraubt waren und sich infolgedessen verstärkt Angriffen ausgesetzt fanden. Das hinderte Thomas nicht daran, eine große Zahl von Schriften zu verfassen, unter anderem die gewaltige, als Studienbuch für Anfänger konzipierte ›Summe der Theologie‹ (›Summa theologiae‹), deren Hauptteil ethischen Fragen gewidmet ist. Bonaventura verteidigte währenddessen tapfer die Bettelorden gegen ihre Gegner, ohne dadurch freilich Thomas näher zu rücken, denn ebenso energisch zog er gegen die Aristoteliker zu Felde, zu denen er nicht nur radikale Verweltlicher wie Siger und Boethius zählte, sondern auch Ausgleich und Vermittlung suchende Autoren wie Thomas. Hatte dieser immerhin gegen die Averroisten (die Aristoteles durch die Brille der Averroischen Kommentare lasen) die Orthodoxie verteidigt, so hatte er sich doch nicht genügend von Aristoteles distanziert, als daß er den strengen Maßstäben franziskanischer Rechtgläubigkeit hätte gerecht werden können. So konnte Thomas sich zum Beispiel nicht dazu durchringen, dem Urteil Bonaventuras zu folgen und die aristotelische These von der Ewigkeit der Welt als bloße Verrücktheit abzutun. Zwar glaubte auch Thomas nicht daran, aber er sah doch, daß es von einem rein philosophischen Standpunkt aus durchaus gute Gründe für diese Annahme gab. Nicht daß die These von der Ewigkeit der Welt als bewiesen hätte gelten können. Aber auch das Gegenteil, nämlich daß die Welt einen Anfang in der Zeit habe, ließ sich nicht mit philosophischen Argumenten beweisen. Nur die Offenbarung behauptet den Anfang der Welt als wahr (S.th. I,46).

Theoretisches und ethisches Wissen

Der praktische Sinn der Offenbarung

Nach Thomas ist die Vernunft ein Instrument, das Gott dem Menschen gegeben hat, auf daß er die Beschaffenheit der Welt erkenne. Ohne Anwendung der Vernunft ist kein Wissen möglich. Dennoch gibt es durchaus Dinge, die zu verstehen die menschliche Vernunft sich sehr lange mühen müßte, und auch solche, die ihr ohne zusätzliche göttliche Hilfe gänzlich verschlossen blieben. Dies wäre weiter kein Schaden, hätte Gott den Menschen nicht auf einen bestimmten Zweck hingeordnet. Diese Zweckbestimmung ist dem Menschen nichts Äußerliches, seiner Existenz bloß Hinzugefügtes, sondern sie gehört untrennbar zu seiner Natur. Der Zweck ist also *sein* Zweck, und zwar unabhängig davon, ob er diesen Zweck als den seinen erkennt oder nicht. Anders gesagt ist der Mensch nicht einfach nur in bestimmter Weise, als vollendete Wirklichkeit, in der Welt, sondern er ist immer auch wesentlich unvollständig, das heißt eine Möglichkeit, die noch der Erfüllung harrt. Diese innerste Seinsmöglichkeit kennzeichnet das, was der Mensch sein kann und sein soll: Sie (und damit sich selbst) zu verwirklichen ist Zweck und Ziel seiner Existenz. Dieser Zweck erfüllt sich aber nicht von selbst, sondern nur dann, wenn der Mensch auch aktiv darauf hinarbeitet, wozu er allen Grund hat, da sein Heil, das heißt das höchste für ihn erreichbare Glück und zugleich die Abwendung des tiefsten Unglücks (denn es gibt nichts dazwischen) hiervon abhängt. Nun kann und wird er aber nur dann darauf hinarbeiten, wenn er zuvor den Zweck und alles das, was von seiner Erfüllung abhängt, erkannt hat. Zu einer solchen Erkenntnis aber reicht seine natürliche Vernunft nicht hin, und eben deshalb, und nur deshalb, bedarf es der Offenbarung (S.th. I 1). Das hierauf gegründete Wissen, das die Vernunft allein aus ihren eigenen Mitteln nicht erschließen könnte, ist also kein Selbstzweck. Es hat *praktische* Bedeutung, insofern es dem Menschen das Ziel zur Kenntnis bringt, auf das er um seines Glückes willen all sein Trachten richten sollte.

Partnerschaft von Glaube und Vernunft

Das Offenbarungswissen übersteigt die Fähigkeiten der natürlichen Vernunft. Das heißt aber nicht, daß es der Vernunft entgegengesetzt wäre. Es bedeutet lediglich, daß sich die Inhalte der Offenbarung auf keine Weise aus der Vernunft herleiten lassen, wie etwa in der Mathematik, wo wir von bestimmten, aus sich selbst heraus einleuchtenden Prinzipien ausgehen und dann alles andere daraus folgern können. Die Vernunft aber weist nichts Vergleichbares auf, das uns zwingen würde, die geoffenbarten Glaubenssätze anzunehmen. Allerdings weist sie auch nichts auf, das uns an der

Annahme hindern könnte. Die Glaubenssätze sind also weder evident (oder aus Evidentem folgend) noch widersprüchlich. Die Vernunft kann die Offenbarung somit zwar nicht begründen, aber sie kann sie zugrunde legen und von hier aus dann wie gewohnt ihre Schlüsse ziehen. Darum ist die Theologie, die eben dies unternimmt, auch durchaus unter die Wissenschaften zu rechnen. Der Unterschied zu anderen Wissenschaften ist nicht so groß, wie es zunächst scheinen könnte. Er besteht lediglich darin, daß die Glaubenssätze der Offenbarung in der Theologie den Platz einnehmen, der sonst den unmittelbar einsichtigen Vernunftsätzen vorbehalten ist. Thomas betont, daß dies nicht etwa als Schwäche der Theologie anzusehen ist. Das Gegenteil ist der Fall, denn der Boden, auf dem die Vernunft in der Theologie dergestalt zu stehen kommt, ist sogar tragfähiger als der Boden anderer Wissenschaften, gerade weil er nicht der menschlichen Vernunft entstammt. Die menschliche Vernunft ist ja die eines endlichen, unvollkommenen Wesens und entsprechend prinzipiell fehlbar, so daß sie sich selbst ihrer elementarsten Grundsätze nicht völlig gewiß sein kann.[4] Anders hingegen verhält es sich mit der Offenbarung, die einem höheren, vollkommeneren Wissen entspringt, nämlich dem »Wissen Gottes und der Seligen« (S.th. I 2). Daher ist dieses Wissen seiner Natur nach unfehlbar. So ist die Theologie nicht nur wegen ihres Inhalts (sie handelt von Gott und also vom Höchsten) und ihrer praktischen Bedeutung für das menschliche Glück als die höchste Wissenschaft überhaupt anzusehen (De an. I 1, 6–7), sondern nicht zuletzt auch wegen ihres nicht mehr zu steigernden Gewißheitsgrades (S.th. I 5).

Die Offenbarung ist also wahr und gewiß, auch wenn sich ihre Sätze nicht beweisen lassen. Daraus läßt sich aber nicht ableiten, daß die Beweisgründe der Philosophie (die sich ohne Rückgriff auf irgendein Offenbarungswissen allein der natürlichen Vernunft bedient) für die Theologie keinerlei Relevanz besitzen. Es gibt nach Thomas keine doppelte

[4] Descartes gründet auf dieser Überlegung später seinen metaphysischen Zweifel. Selbst das (für den Menschen) Gewisseste könnte am Ende falsch sein. Vgl. Descartes, Meditationen I.9.

Wahrheit[5] in dem Sinne, daß die Philosophie etwas als wahr erweisen könnte, das der Glaube leugnet, oder umgekehrt. Eben weil die Offenbarung unzweifelhaft wahr ist, können ihre Sätze weder widerlegt noch deren Gegenteil bewiesen werden. Wenn also ein philosophisches Argument etwas entgegen dem Glauben zu beweisen scheint, etwa die Ewigkeit der Welt, so ist klar, daß das Argument selbst fehlerhaft sein muß, und zwar nach Maßgabe der natürlichen Vernunft (S.th. I 8). Glaube und Vernunft stehen sich bei Thomas also nicht, wie beim späten Augustinus oder dessen zeitgenössischen Nachfolgern wie Bonaventura, feindlich gegenüber; eher ergänzen sie einander. Eine Gegnerschaft ist schon deshalb ausgeschlossen, weil die Vernunft ein natürliches, und das heißt für Thomas: gottgegebenes Vermögen ist. Jedes Vermögen ist aber, wie Aristoteles gelehrt hatte, auf seine Verwirklichung hin angelegt. Die Vernunft nicht zu gebrauchen und so das dem Menschen mögliche Wissen nicht zu realisieren, würde damit ihrer ureigensten Bestimmung widerstreiten. Hätte Gott den Menschen in Unwissenheit halten wollen, hätte er ihm sicher keine Vernunft gegeben, oder besser gesagt: er hätte ihn gar nicht erst geschaffen, denn erst durch die Vernunft wird der Mensch ja zum Menschen. Als Verwirklichung dessen, was in der Vernunft als Möglichkeit angelegt ist, ist das Wissen nichts Geringeres als die »Vervollkommnung des Menschen als Menschen« (perfectio hominis inquantum homo; De an. I.1, 5). So wäre es nach Thomas gänzlich verfehlt, wollte sich der Glaube schmollend von der unbotmäßigen Vernunft zurückziehen. Der Gläubige sollte sich der Vernunft nicht verweigern, sondern sich ihrer vielmehr bedienen und seinen Glauben so zur Wissenschaft der Theologie erheben. Siegesgewiß, im unerschütterlichen Be-

[5] Im Prolog zu seiner Verurteilung von 219 Thesen »einiger Lehrer der freien Künste zu Paris« wendet sich Bischof Etienne Tempier energisch gegen jeglichen Versuch, »Irrlehren«, also unorthodoxe Lehrmeinungen, unter Berufung auf Argumente heidnischer Philosophen zu stützen: »Sie sagen nämlich, diese Irrlehren seien wahr im Sinne der Philosophie, aber nicht im Sinne des christlichen Glaubens, als gebe es zwei gegensätzliche Wahrheiten und als stehe gegen die Wahrheit der Heiligen Schrift die Wahrheit in den Schriften der gottverworfenen Heiden, von denen geschrieben steht: *Die Weisheit der Heiden werde ich vernichten*, weil die wahre Weisheit die falsche Weisheit vernichtet« (zitiert nach: Kurt Flasch (Hg.), Aufklärung im Mittelalter? Die Verurteilung von 1277. Mainz 1989, S. 92 f.).

wußtsein seiner Wahrheit kann er sich dann daranmachen, seine Gegner gleichsam mit ihren eigenen Waffen und auf ihrem eigenen Feld zu schlagen, die Vernunft gegen sie zu wenden und so ihre Pseudoargumente (denn das müssen sie sein) und ihre falsche Gewißheit zu zerstören.

Gemeinsame Suche nach der einen Wahrheit

So wird die Vernunft durch den Glauben nicht in ihren Rechten eingeschränkt, sondern viel eher noch bestärkt. Was die Vernunft zweifelsfrei als wahr erkennt, bleibt weiterhin gültig, und was sie eindeutig als falsch erkennt, kann nicht entgegen diesem Urteil aufrechterhalten werden. Zwar stößt sie im Glauben insofern an eine Grenze, als ihr in Gestalt der Offenbarung ein Wissen präsentiert wird, das sie aus sich heraus weder hätte erschließen können noch zu beglaubigen fähig ist. Dennoch läßt sich nicht sagen, daß ihr diese Grenze erst durch den Glauben gesetzt wird, da die Vernunft von jeher ihrer Natur nach begrenzt ist. Weit davon entfernt, besagte Begrenzung noch zu verschärfen, wird diese vielmehr durch den Glauben aufgehoben, weil der Vernunft so ein Wirkungsfeld eröffnet wird, das ihr ohne Offenbarung hätte verschlossen bleiben müssen. Auch in diesem erweiterten Wirkungsfeld herrscht die Vernunft ja unangefochten. Nach wie vor gilt, daß das, was falsch ist, unmöglich bewiesen werden kann, so daß von zwei Argumenten, die Gegenteiliges beweisen, immer nur eines richtig sein kann. Es gibt eben nur eine Wahrheit, die es zu finden gilt und die mit Hilfe des natürlichen Vernunftvermögens und der Offenbarung auch gefunden werden kann. Dazu bedarf es allerdings einer sorgfältigen Prüfung aller zur Verfügung stehenden Zeugnisse, einschließlich solcher der nichtchristlichen Überlieferung, also der Schriften der griechischen, römischen und arabischen Philosophen, denn auch diese enthalten, insoweit ihnen vernünftige Überlegung zugrunde liegt, viel Wahres, das es freilich vom Falschen zu trennen gilt. Ihnen allen, Christen wie Heiden, geht es ja letztlich darum, die Wahrheit zu finden. Dem Theologen kommt es nun zu, jeweils zu einer bestimmten Frage die verschiedenen Argumente unabhängig von ihrer Herkunft gegeneinander abzuwägen, ihre jeweiligen Gültigkeitsansprüche zu überprüfen, Alternativen zu entwickeln, selbst schließlich eine begründete Entscheidung zu treffen und mögliche Einwände zu entkräften. Diese dialektische Struktur kennzeichnet den Aufbau der ›Summa theologiae‹ wie vieler anderer Werke dieser nicht zuletzt auch darum »scholastisch« genannten Zeit. Während Abaelard in seinem Werk ›Sic et non‹ Bibelzitate und Äußerungen verschiedener Kirchenlehrer, die einander zu widersprechen schienen, gegenübergestellt hatte, um die Fragwürdigkeit einer bloßen Berufung auf Autoritäten deutlich zu machen, ist Thomas zumeist darum bemüht zu zeigen, daß der vermeintliche Widerspruch nur an der Oberfläche besteht und sich bei genauerem Hinsehen auflöst. Die Feinanalyse der Positionen zeigt, daß hier der eine Aspekt betont wird, dort hingegen ein anderer, so daß beide nur scheinbar den gleichen Gegenstand betreffen. Es ist also immer nötig, genau zu unterscheiden, wovon eigentlich die Rede ist, und sobald man das tut, wird man in den meisten Fällen feststellen, daß überhaupt kein Widerspruch besteht. So wird sich stets in der Vielfalt der Ansichten die eine Wahrheit zu erkennen geben.

Übereinkunft von Denken und Sein

Daß es eine solche Wahrheit gibt, folgt daraus, daß die Welt von Gott geschaffen wurde, und zwar nicht wahllos, sondern nach einem bestimmten Organisationsplan. Alles, was ist, hat sein unwandelbares Urbild im göttlichen Intellekt. Nach diesem Bild wurden die Dinge geschaffen. Nur deshalb besitzen sie eine bestimmte Natur oder Identität, ein spezifisches Wesen (essentia), das sie zu dem macht, was sie je für sich sind. Insofern nun alle Dinge als geschaffene notwendig mit dem göttlichen Verstand übereinstimmen, können sie selbst dann »wahr« genannt werden, wenn kein menschlicher Verstand sich jemals irgendwie auf sie bezieht. Eben diese erste, ontologische Wahrheit ist nun auch der Grund dafür, daß der Mensch sie überhaupt erfassen kann (Verit. I 2). Für

Thomas sind die Dinge also genau so, wie sie sein müssen, um von uns erkannt werden zu können - was keineswegs selbstverständlich ist. Denkbar wäre ja auch, daß die Dinge um uns herum so beschaffen wären, daß es keine Möglichkeit einer auch nur annähernd adäquaten Erkenntnis der Wirklichkeit gäbe.[6] Auch wenn Thomas häufig betont, daß »das Erkannte im Erkennenden stets nach Art des Erkennenden« ist (receptum est in recipiente per modum recipientis; S.th. I 84, 1), ist damit doch nicht gemeint, daß Denken und Sein durch eine unüberwindliche Kluft getrennt wären. Im Gegenteil gilt vielmehr, daß das eine ein Spiegel des anderen ist. Zwar ist das Ding im Verstand unzweifelhaft anders als außerhalb des Verstandes; aber das, was von dem Ding im Verstand ist, ist genau das, was das Wesen des Dinges ausmacht, also es selbst, insofern es nämlich etwas Bestimmtes ist. Der Verstand (intellectus) ist das Vermögen, im Inneren der Dinge zu lesen (intus legere), das heißt, deren Wesen herauszugreifen, indem es (anders als die Sinne) die bloß materielle Seite und auch sonst alles Unwesentliche beiseite läßt (Verit. I.12). Der Erkenntnisprozeß ist somit zwar eine Abstraktion, aber eine, bei der die Dinge so erkannt werden, wie sie ursprünglich, nämlich im Geist Gottes, gewesen sind. So erfaßt der Mensch genau das, was an den Dingen wahrheitsfähig und wahr ist. Das ungeschaffene Wesen Gottes hingegen erfaßt er auf keine Weise, da sein Erkenntnisvermögen nur den geschaffenen Dingen angemessen ist (S.th. I 12, 4).

Urprinzipien des Denkens und Handelns

Wenden wir uns nun der Ethik zu, die Thomas im zweiten Teil der ›Summa theologiae‹ entwickelt. Auch im Bereich des menschlichen Handelns, meint Thomas, läßt sich das Wahre vom Falschen eindeutig unterscheiden. Nicht nur gibt es in jeder Situation bestimmte Handlungsweisen, die gut, und

[6] Vgl. hierzu Richard Rorty, Kontingenz, Ironie und Solidarität. Frankfurt am Main 1991, Kap. 1: Die Kontingenz der Sprache.

andere, die schlecht sind, sondern es läßt sich auch erkennen, welche gut sind und welche nicht, so daß sich jeder Streit darüber, was zu tun ist – ob im allgemeinen oder in einem besonderen Fall –, im Prinzip auch immer entscheiden läßt. Es gibt so etwas wie ein ethisches Wissen, das, ähnlich wie jedes andere Wissen auch, aus der Anwendung angeborener und von sich aus einleuchtender Grundsätze aus besonderen Gegebenheiten hervorgeht. So finden wir in uns immer schon einiges vor, das ganz einfach evident ist und gar keiner weiteren Ausführungen oder gar Beweise bedarf, und aus dem sich, wenn wir nur sorgfältig darauf achten, für jede beliebige Situation die richtige Handlungsweise streng ableiten läßt. Damit erfolgt die Handlungsorientierung nach dem gleichen Schema wie der Erkenntnisgewinn auf theoretischem Gebiet. Denn auch dort gilt, daß in den allgemeinsten Begriffen wie Sein und Einheit und den Grundsätzen der Identität und des Widerspruchs, der Kausalität und einigen wenigen anderen »alles Weitere gleichsam wie im Keim schon einbeschlossen« ist (Verit. XI.1; vgl. S.th. I 117, 1), so daß das Wissen nur noch entwickelt oder entfaltet, das heißt durch die Anwendung der Prinzipien auf konkrete Erfahrungsinhalte von der Möglichkeit in die Wirklichkeit überführt werden muß. Dies ist tatsächlich der einzige Weg, wie wir Gewißheit über die Welt erlangen können, in der wir leben. Alles, was sich nicht auf dieses Fundament der Erkenntnis – das uns durch das von Gott eben zu diesem Zweck geschenkte »Licht des Verstandes« (lumen intellectuale) unmittelbar bekannt ist – zurückführen läßt oder faktisch jedenfalls nicht darauf zurückgeführt wird, kann nie beanspruchen, mehr zu sein als eine bloße Mutmaßung (ebd.).

Der oberste Grundsatz: das Gute tun, das Schlechte meiden

So gibt es also einige unmittelbar einsichtige Grundgebote, die für die praktische Vernunft die gleiche Rolle spielen wie die obersten Erkenntnisprinzipien für die theoretische Vernunft (S.th. I–II 94, 2).[7] Die Gesamtheit dieser Gebote nennt Thomas *Gesetz der Natur* (lex naturae) oder, wie Abaelard, *Natürliches Gesetz* (lex naturalis). Nun geht die theoretische Vernunft notwendig von einem ersten und allgemeinsten Begriff aus, nämlich dem des Seins. Jede Erfahrung und damit jede Erkenntnis beginnt mit dem Sein, denn alles, was uns irgendwie bekannt wird, ist. Was auch immer es ist, wir wissen jedenfalls, *daß* es ist. Und indem wir dies wissen, wissen wir zugleich, daß es nicht nicht ist, das heißt, daß sein Sein sein Nichtsein ausschließt. Die Urvertrautheit mit dem Sein als dem Bekanntesten überhaupt enthält somit in sich bereits die Gültigkeit der obersten logisch-ontologischen, Denken und Sein gleichermaßen betreffenden Grundregel, nämlich des Satzes vom Widerspruch. Ganz analog gibt es nun auch für die praktische Vernunft einen solchen ersten Begriff – den des Guten. Denn jedes Handeln erfolgt um eines Zweckes willen, das heißt um einer Sache willen, die, wie auch immer sie sonst gedacht und beschaffen sein mag, jedenfalls als etwas Gutes vorgestellt wird. Die praktische Vernunft sieht also gleichsam immer das Gute vor sich, woraus sich der Satz ableiten läßt, den Aristoteles an den Anfang seiner ›Nikomachischen Ethik‹ setzte[8], nämlich: »Gut ist, wonach alles strebt.« (Bonum est quod omnia appetunt.) Aber das ist nur eine Feststellung und noch kein handlungsleitendes Prinzip. Dieses muß vielmehr lauten: »Gutes ist zu tun und Schlechtes zu meiden« (bonum prosequendum, et malum vitandum)

[7] Zur Unterscheidung von theoretischer und praktischer Vernunft vgl. GE 1, S. 118–126.

[8] Nikomachische Ethik I.1, 1094 a.

(S.th. I–II 94, 2), was nicht so verstanden werden darf, als solle hier dem Handeln *von außen* irgendeine Beschränkung auferlegt werden. Es ist dies zunächst weniger ein Gebot, nach dem ich handeln *soll*, als vielmehr eines, nach dem ich von mir aus bereits immer schon handle. Es ist das innere Prinzip meines Handelns, das heißt die allgemeinste Beschreibung meines eigenen Willens. Allerdings ist es zugleich auch mehr als das, nämlich ein erster Hinweis auf den Zweck, mit dem Gott unsere Existenz ausgestattet hat und den zu erfüllen unsere höchste Aufgabe ist. Wie im menschlichen Denken sich das Sein der Dinge enthüllt, so enthüllt sich im Wollen das Ziel unseres Daseins. (Menschliches) Sein und (menschliches) Sollen fallen damit zusammen. Denn in der Reflexion auf das, was ich bin, das heißt auf mein Wollen, lerne ich, was ich soll. Und ich tue dies, indem ich verstehe, was es ist, was ich will, denn dies ist ja, entgegen dem ersten Anschein, nicht ohne weiteres klar. Ich weiß zwar, daß ich das Gute will; aber was ist das Gute? Denn jeder strebt zwar nach dem Guten, und zwar nach dem wahrhaft Guten, aber das heißt noch nicht, daß er auch wüßte, worin dieses wahrhaft Gute besteht. Es heißt nur, daß er alles, was er erstrebt, für etwas Gutes *halten* wird. Auch das Schlechte tun wir ja im Glauben, es sei das Gute oder führe uns dorthin. Wir wollen aber nicht nur das erlangen, was wir für gut halten, sondern wir wollen darüber hinaus auch, daß das, was wir für gut halten, auch tatsächlich gut ist. Tatsächlich und wahrhaft gut ist aber das, dessen Erlangung das höchst mögliche Glück oder kurz: die *Seligkeit* (beatitudo) gewährt, das also nichts mehr zu begehren übrig läßt. Solange wir jedoch nicht wissen, was in diesem Sinne gut ist und wie wir es erlangen können, scheint es, als nütze uns auch der Grundsatz »tue das Gute und meide das Schlechte« so wenig wie einem Blinden, der sich verirrt hat, der Rat nützen würde, sich stets an die Beschilderung zu halten.

Für Thomas nimmt diese im Grundsatz festgehaltene allgemeine und notwendige Ausrichtung des menschlichen Wollens deshalb einen so bedeutsamen Platz ein, weil sie belegt, daß Gott dem Menschen nicht nur einen Endzweck gesetzt hat, den dieser irgendwie erkennen kann, um anschließend entsprechend zu handeln oder auch nicht. Gott hat wesentlich mehr als das getan, indem er uns nämlich auch noch den nötigen Impuls zur Erreichung dieses Zweckes eingepflanzt hat. Bereits in der natürlichen Ausstattung des Menschen bringt sich der Zweck seiner Existenz dranghaft und daher unabweisbar zur Geltung (S.th. I 103, 8). Der Mensch muß also nicht erst noch dazu gebracht werden, das Gute zu *wollen*, denn er will ja niemals etwas anderes als das. All sein Trachten ist von Anfang an darauf gerichtet, dieses elementare Streben nach dem Guten zu stillen, in seinem Genuß auszuruhen und das höchste Glück zu finden (S.th. I–II 5, 8). Damit ist er bereits auf dem richtigen Weg, der nötige Anfang ist gemacht. Er weiß von sich aus, daß das Gute zu tun und das Schlechte zu lassen ist, weil er selbst dies so will. Der Rest hängt also nicht vom Willen, sondern allein von weiterer Erkenntnis ab. Alles, was ist, ist ja aufgrund seiner göttlichen Herkunft gut und damit für den Menschen ein möglicher Gegenstand seines Strebens (S.th. I–II 8, 1, Verit. I, 1), so daß es oft geschieht, daß wir uns einem Gut so zuwenden, als sei es das einzige, letzte und wahre Gut. Wir meinen dieses Gut im Reichtum, in der Lust oder in irgend etwas anderem finden zu können, aber all dies ist nur eingeschränkt gut, in bestimmter, jedoch eben nicht jeder Hinsicht (S.th. I–II.1, 7), und darum zwingt uns auch nichts, es (das heißt, gerade dieses und nicht an seiner Statt irgend etwas anderes) zu erstreben. Nur Gott allein ist uneingeschränkt gut. Bei ihm zu sein, ihn zu schauen, darin liegt das höchste Glück (S.th. I–II 2, 8). Er ist daher immer schon der letzte Zweck all unseres Handelns, selbst wenn wir hiervon nichts wissen. Und weil wir davon aus reinen Vernunftgründen auch niemals etwas wissen könnten, brauchen wir, wie gesagt, die Offenbarung. Haben wir aber einmal auf diese Weise das Wissen gewonnen, werden wir nach nichts anderem mehr verlangen als nach Gott, denn es steht uns nicht frei, das nicht zu wollen, was sich uns als vollkommen gut darstellt (S.th. II 10, 2).

Weitere Inhalte des natürlichen Gesetzes: natürliche Neigungen

Welchen Weg aber sollen wir beschreiten, um jenes höchste Gut zu erlangen? Denn allein dadurch, daß wir unser Endziel kennen, sind wir ihm ja noch nicht näher gekommen. Die Frage, was ich tun soll, bleibt nach wie vor unbeantwortet, weil es hierzu nicht ausreicht, allein den Zweck zu kennen. Das eigentliche, die Praxis betreffende Problem liegt in der Wahl der Mittel. Wieder ist es die Selbsterfahrung, die uns nach Thomas' Ansicht weiterhilft. Denn wir finden in uns nicht einfach nur den allgemeinen Willen vor, das Gute zu tun und das Schlechte zu meiden, sondern außerdem eine Reihe von natürlichen Neigungen (inclinationes), die uns bestimmte, hieraus entspringende Handlungsziele als gut wahrnehmen lassen. »Uns« meint jeden von uns, also nicht nur jeden Christen, sondern wirklich jeden Menschen (denn Menschsein bedeutet, gerade solche Neigungen zu haben). Alles das nun, was uns aufgrund solcher allgemein menschlicher Neigungen als natürliches Gut erscheint, ist nach Thomas auch tatsächlich gut, das heißt nicht nur ein legitimes Ziel unseres Strebens, sondern auch etwas positiv Gesolltes. Es ist zwar nicht das Endziel, aber eben doch ein sinnvoller und notwendiger Schritt auf dem Weg dorthin. Denn Thomas zieht zu Recht die Schlußfolgerung, daß, wenn die Natur eines jeden Dinges von Gott kommt, alles, was natürlich ist, insofern auch gut sein muß. So erhält der erwähnte oberste Grundsatz des natürlichen Gesetzes: »Alles strebt nach dem Guten« bei Thomas einen Sinn, den er bei Aristoteles nicht hatte. Er besagt jetzt nicht mehr nur, daß alles, was von irgendeinem Wesen erstrebt wird, von diesem für ein Gutes gehalten wird, und es das wahrhaft Gute ist, was jedes Wesen eigentlich erstrebt. Der Satz besagt darüber hinaus, daß auch alles, was (natürlicherweise) erstrebt wird, *tatsächlich* gut ist (S.th. I–II 10, 1). Wenn wir also wissen wollen, was im einzelnen für ein Wesen gut ist, müssen wir zuallererst darauf achten, wonach es strebt.

Was aber ist nun für den Menschen natürlich? Wonach

streben wir von Natur aus? An erster Stelle nennt Thomas das Bestreben, an der eigenen Existenz festzuhalten. Sodann die Neigung, sich mit dem anderen Geschlecht zu verbinden und dadurch Nachkommenschaft zu erzeugen und großzuziehen. Ferner das der vernünftigen Natur des Menschen eigene Streben nach Gemeinschaft mit anderen sowie der Wunsch nach Erkenntnis (Gottes). Es ist also für jeden Menschen natürlich und gut, leben zu wollen, und zwar nicht allein, sondern wenn möglich mit anderen, sowie sich paaren, seine Kinder beschützen und die Welt, in der er lebt, bis auf den Grund erkennen zu wollen (S.th. I–II 94, 2). Daraus folgt aber, daß jeder Mensch von vornherein ein Interesse daran haben muß, bestimmte Handlungen zu vermeiden, nämlich solche, die – sicher, wahrscheinlich oder auch nur möglicherweise – eine Frustration seiner natürlichen Neigungen zur Folge haben würden. Völlige Handlungsfreiheit hätte so gesehen nur der, der ohne jede Neigung wäre, dem es also völlig gleichgültig wäre, was (mit ihm selbst und überhaupt) geschieht. Dies ist aber gewöhnlich nicht der Fall, und unter den genannten Umständen hat jeder Mensch einen guten Grund, nicht so zu handeln, daß andere ihm aus dem Weg gehen, ihm nach dem Leben trachten oder anderes tun, was er einfach nicht wollen kann.(ebd.) Eine gewisse Rücksicht auf andere zu nehmen, ist also ein Gebot der Klugheit.

Wohlverstandenes Eigeninteresse ist aber bei weitem nicht alles, was Thomas meint, wenn er vom natürlichen Gesetz redet und dieses auf die natürlichen Neigungen des Menschen zurückführt. Vielmehr hat jeder Mensch durch seine Neigungen nicht nur gute Gründe, so zu handeln, daß er sie auch stets befriedigen kann, sondern er hat auch einen guten Grund, andere selbst dann nicht an der Befriedigung ihrer natürlichen Neigungen zu hindern, wenn er persönlich nicht zu fürchten braucht, hierdurch auch nur den geringsten Nachteil hinsichtlich der Befriedigung seiner eigenen Neigungen zu erleiden. Das durch die natürlichen Neigungen begründete natürliche Gesetz ist also nach Thomas' Auffassung zugleich ein Natur*recht* (ius naturale), oder anders gesagt: nicht nur ein Regelwerk der Klugheit, sondern auch eines der Moral. Für Thomas scheint dies selbstverständlich zu sein, da er auf eine nähere Begründung dieses Schrittes an dieser Stelle verzichtet. Warum aber sollte denn aus dem bloßen Vorhandensein natürlicher Neigungen schon die moralische Pflicht hervorgehen, auch die natürlichen Neigungen anderer Menschen zu respektieren und deren Befriedigung nicht zu gefährden beziehungsweise sie sogar zu befördern? Der Grund dafür liegt darin, daß die eigenen Neigungen für Thomas mehr sind als bloß subjektive Vorlieben, die man zufällig mit allen anderen Menschen teilt. Vielmehr enthüllen sie uns etwas als gut in einem *objektiven* Sinne. Wenn ich etwa nach Erhaltung meiner Existenz strebe, tue ich dies, weil ich das Sein implizit als etwas Gutes erkenne, und zwar das *Sein als solches*, nicht primär das meine. Das erste, was ich erkenne, ist, daß das Sein schlechthin gut ist, nicht mein oder dein Sein im Besonderen, sondern Sein ganz allgemein, und dies ist der Grund, warum ich nach Erhaltung auch meines Seins strebe. Weil aber die Erkenntnis vom Sein als etwas Gutem ihrem Wesen nach keinen Unterschied macht zwischen diesem und jenem, meinem und deinem Sein, muß mir von Natur aus am Sein anderer genauso viel liegen wie an meinem eigenen, und das gleiche gilt in bezug auf alle übrigen natürlichen Neigungen. Wie das Sein schlechthin gut ist, so auch die Fortpflanzung, die Aufzucht der Nachkommen, die Gemeinschaft und das Wissen, und hieraus folgt, daß all dies als ein Gut behandelt und somit auch bei anderen geschützt zu werden verdient. Eben dies ist der Inhalt des natürlichen Gesetzes, der allen moralischen Vorschriften zugrundeliegt und jedem Menschen an sich bekannt ist, Heiden und Andersgläubige eingeschlossen. Daraus folgt, daß das Erfassen des natürlichen Gesetzes als eines Kanons moralischer Grundregeln keinerlei Offenbarungswissen voraussetzen kann. Die natürliche Vernunft reicht also aus, um jeden Menschen, egal in welcher Zeit oder Kultur er lebt, die elementaren Verbindlichkeiten erkennen und anerkennen zu lassen.[9]

[9] Thomas führt hier die Oikeiosislehre und den daraus folgenden Naturrechtsgedanken der Stoiker fort. Vgl. GE 1, S. 194–208; Cicero, De legibus I, 18.

Gleichwohl scheint es, als könne nur, wer von der Existenz einer Schöpfungsordnung überzeugt ist, mit solcher Selbstverständlichkeit wie Thomas von natürlichen Neigungen auf entsprechende moralische Verpflichtungen schließen. Denn nur unter der Voraussetzung, daß Gott alle Wesen willentlich so geschaffen hat, wie sie (von Natur aus) sind, läßt sich jedes (natürlich) Gewollte zugleich als ein Gesolltes erklären. Dann ist schon die bloße Erwägung, daß natürliches Streben oder natürliche Liebe (appetitus vel amor naturalis) schlecht sein könnten, nichts weniger als eine Verunglimpfung oder Herabminderung Gottes (S.th. I 60). Und wer dann gar in seinem Handeln nicht das achtet, was die natürlichen Neigungen ihm doch als gut zu erkennen geben, handelt schuldhaft dem göttlichen Willen zuwider. Ihre absolute Verbindlichkeit, so scheint es, erhalten die Sinngehalte der natürlichen Neigungen also dadurch, daß sich in ihnen ein höheres, nämlich göttliches Gesetz kundtut. Thomas nennt dieses Gesetz das *ewige* und meint damit die Ordnung, die Gott der Welt im Ganzen mitgegeben hat und innerhalb derer jedem einzelnen Geschöpf ein bestimmter Platz zugewiesen ist, das heißt ein Zweck, den zu erfüllen es ausersehen ist. Daß es ein solches ewiges Gesetz gibt, kann nun allerdings zugegebenermaßen durch die natürliche Vernunft allein nicht erkannt werden. Ohne die Offenbarung könnten wir es allenfalls erahnen, aber wir wüßten nichts Bestimmtes von ihm, so daß wir auch das natürliche Gesetz nicht sicher als das erkennen könnten, was es faktisch ist, nämlich ein Abbild oder ein Ausschnitt dieses ewigen Gesetzes: derjenige Teil von ihm, der für uns Menschen Gültigkeit besitzt. So würden wir auch das natürliche Gesetz nicht als Gesetz erkennen können, jedenfalls nicht im vollen Sinne des Wortes, so wie Thomas es versteht, als »ein gewisses auf das Gemeinwohl (bonum commune) hin ausgerichtetes Vernunftgebot, erlassen von dem, der für die Gemeinschaft sorgt« (S.th. I–II 90, 4). Dieser Mangel an Verständnis ändert aber nach Thomas' Auffassung offenbar nichts daran, daß wir uns der Verbindlichkeit bestimmter elementarer Handlungsregeln bewußt sind. Nur verstehen wir ohne göttliche Offenbarung nicht, woher es kommt, daß wir sie, ganz unabhängig von unserem Glauben oder Nichtglauben, als *verbindlich* erfahren. Wir wissen auch dann – oder können zumindest wissen –, was wir tun sollen; wir wissen aber nicht, warum. Erst die durch Offenbarung gewisse Existenz eines ewigen Gesetzes, einer allem zugrundeliegenden göttlichen Ordnung, beantwortet letztlich diese Frage.

Die Vernunftnatur des Menschen

Das natürliche Gesetz bei Thomas ist kein Naturgesetz im modernen Sinne. Seine Verbindlichkeit darf also nicht so verstanden werden, als könnten wir nicht anders als ihm gemäß handeln. Das Gesetz verpflichtet, aber es zwingt nicht. So folgt der Mensch seinen Neigungen nicht etwa blind wie ein Schaf, das in naturhafter Furcht vor dem Wolf flieht, ohne sich jemals zu besinnen oder irgendwie die Wahl zu haben, nicht zu fliehen. Beim Schaf, sagt Thomas, ist es ein starrer Naturtrieb (instinctus), der ihm gleichsam von innen heraus befiehlt zu fliehen, so daß es flieht, in jedem einzelnen Fall, unweigerlich. Der Mensch hingegen kann seinen natürlichen Strebungen folgen, aber er muß es nicht, denn er hat, was das Schaf nicht hat, nämlich einen *Willen*. Der Wille ist seinem Wesen nach kein blindes, sondern ein sehendes, das heißt ein »vernunfthaftes Streben« (appetitus intellectivus; S.th. I 80; I 82; I–II 8, 1). Wie es schon bei Aristoteles heißt[10], ist der Wille in der Vernunft (voluntas in ratione est; S.th. I–II 9, 5). Das bedeutet, daß einer Willensäußerung im Unterschied zum Trieb des Tieres immer eine wirkliche oder vermeintliche Einsicht zugrunde liegt: Was ich will, will ich aufgrund dessen, was ich als gut *erkenne* oder zu erkennen meine. Durch meine Vernunft bin ich nun auch in der Lage, auf meine natürlichen Strebungen zu reflektieren und in ihnen den Abdruck des ewigen Gesetzes zu erahnen. Nur inso-

[10] De anima III.9, 432 b: »[...] denn in dem vernünftigen Teil entsteht der Wille, in dem unvernünftigen die Begierde.«

fern ich Vernunft habe, kann es für mich ja überhaupt so etwas geben wie ein natürliches Gesetz, das mich in die Pflicht nimmt, indem es mir ein Maß setzt, an dem ich mein Handeln ausrichten kann und soll (S.th. I–II 90, 1). Darum ist das natürliche Gesetz auch zu bestimmen als Teilhabe (participatio) des *vernünftigen* Geschöpfes am ewigen Gesetz (S.th. I–II 91, 2).

Da nun der Mensch von Natur aus Vernunft besitzt, ja diese es ist, die ihn erst zum Menschen macht, ist es natürlich und somit auch im angegebenen Sinne gut für ihn, sie anzuwenden. Vernünftig zu sein, und zwar nicht zuletzt auch in bezug auf die Neigungen, die wir als natürliche an uns entdecken, wird also selbst schon durch das natürliche Gesetz gefordert. Wir können nicht nur, sondern wir *sollen* vernünftig begehren. Dies tun wir aber nur dann, wenn wir unseren natürlichen Neigungen nicht einfach blind folgen, sondern uns zuvor bemühen, ihren Sinn einzusehen, um dann nach Maßgabe dieses Sinnes zu handeln. Tun wir dies nicht, verhalten wir uns wie Tiere und berauben uns der eigentümlichen Würde des Menschseins (hominem propria dignitate; S.th. I–II 91, 6). Wir könnten uns auch dem Gesetz der Begierde (lex fomitis)[11] überlassen, aber das wäre unserer Natur nicht angemessen, da diese vernünftig ist. Deshalb handeln wir bisweilen gerade dann nicht natürlich, wenn wir unseren natürlichen Neigungen konsequent folgen. Dann nämlich, wenn wir dies ohne Rücksicht auf den Zweck tun, der ihnen innewohnt.

Zum Beispiel will ich leben, und der Selbsterhaltungstrieb ist zweifellos ein natürliches Begehren. Also ist es auch gut zu leben. Um zu leben, muß ich aber doch essen. Also ist es offenbar auch gut zu essen. Der Zweck des Essens ist nun aber nicht das Essen selbst, sondern das Leben. Also wäre es unnatürlich, so zu essen, daß ich mein Leben gefährde, weder unmittelbar noch mittelbar, indem ich meine Gesundheit ruiniere. Denn auf diese Weise würde ich durch mein Tun ja dem natürlichen Ziel dieses Tuns entgegenwirken. Eben dies

[11] Eigentlich: das Gesetz des Zunders, dessen also, was etwas zum Brennen und unkontrollierten Lodern bringt.

wäre ein Verstoß gegen das natürliche Gesetz und somit schlecht. Der Gedankengang läßt sich im Prinzip auch auf das Leben als ganzes übertragen, wenn wir nämlich auch diesem ein Ziel zusprechen, wie wir es ja müssen, wenn wir Gott als das wahre Gut und damit als das letzte Ziel des menschlichen Handelns anerkennen. Dann kann aber die Befriedigung der natürlichen Neigung und somit auch das Leben kein Selbstzweck mehr sein. Wenn das Leben nämlich gut sein kann, ist es *für etwas* gut, und die Frage ist eben, wofür. In jedem Fall ist dann aber ein Leben, das so geführt wird, daß sein Zweck verhindert wird, nicht gut, sondern schlecht, so daß es möglicherweise gut ist, dieses Leben, das doch ein natürliches Gut ist, zu beenden. Aber mit solchen Überlegungen verlassen wir bereits den Rahmen des natürlichen Gesetzes, weil der Zweck des Lebens, wenn, dann nur durch die Offenbarung bekannt ist. Auf der Ebene des natürlichen Gesetzes muß das Leben als ein letzter, unhintergehbarer Wert erscheinen. Die Frage, wozu das Leben gut ist, stellt sich somit nicht, oder sie kann, wenn sie sich doch stellt, jedenfalls nicht beantwortet werden, genausowenig wie die Frage, wozu Gemeinschaft gut ist oder die Zeugung und Aufzucht von Nachkommen. Wir können nur sagen, daß es gut ist. Die Vernunft geht hierüber nicht hinaus, sondern sorgt nur dafür, daß unsere natürlichen Neigungen nicht mit der Bewahrung oder Pflege der aus ihnen abgeleiteten Grundwerte in Konflikt kommen.

Sexualmoral

Ein weiteres Beispiel für die geforderte vernunftgemäße Auslegung der Neigungen ist die naturgesetzliche Ableitung der Sexualmoral. Daß die Zeugung von Nachkommen etwas Gutes ist, wissen wir, weil uns unsere Natur beständig zur Zeugung treibt. Subjektiv vollziehen wir den Paarungsakt zunächst um seiner selbst (oder der Lust, die sich mit ihm verbindet) willen, objektiv aber, wie uns vernünftige Betrachtung deutlich macht, um zu zeugen. Das (subjektive) Ziel des Handelns (finis operantis) ist also auch hier zunächst nicht mit dem (objektiven) Ziel der Handlung (finis operis) identisch. Wenn wir nun bewußt so handeln, daß unser sexuelles Begehren zwar vordergründig befriedigt wird, eine Zeugung aber von vornherein ausgeschlossen bleibt, handeln wir dem wahren Zweck zuwider und verstoßen also gegen das natürliche Gesetz. So schränkt die Annahme objektiv vorhandener und klar erkennbarer Naturzwecke die anfängliche Würdigung der natürlichen Neigungen erheblich ein – eine folgenschwere Lehre, die es der katholischen Kirche bis heute schwer macht, Homosexualität, Empfängnisverhütung sowie sexuelle Praktiken, die nicht unmittelbar der Zeugung dienen, zu tolerieren. Aus ähnlichen Gründen muß ihr auch der außereheliche Geschlechtsverkehr als Verstoß gegen das natürliche Gesetz (und damit unter christlich-theologischer Perspektive als Todsünde) gelten, selbst im Fall, daß dabei die Zeugung nicht ausgeschlossen oder sogar positiv bezweckt wird. Denn »es liegt auf der Hand«, schreibt Thomas, »daß zur Erziehung des Menschen nicht bloß die Sorge der Mutter erfordert wird, von der er ernährt wird, sondern viel mehr noch die Sorge des Vaters, von dem er zu unterrichten und zu schützen und sowohl in den inneren wie auch den äußeren Gütern zu fördern ist. Es verstößt darum gegen die Natur des Menschen, daß er sich dem ungebundenen Beischlaf hingibt; vielmehr gehört es sich, daß der Mann mit einer bestimmten Frau zusammenkommt, mit der er zusammenbleibt, nicht nur für eine kurze Weile, sondern lange, ja sogar für das ganze Leben. Denn weil es dem Mann zukommt, für die Erziehung seiner Nachkommen zu sorgen, ist er von Natur aus daran interessiert, sich seiner Vaterschaft zu vergewissern. Die Gewißheit würde aber fehlen, wenn der Beischlaf ungebunden wäre. – Nun heißt aber diese Beschränkung auf eine bestimmte Frau Ehe, und daher sagt man, es gebe sie vom naturhaften Recht her.« (S.th. II–II 154, 2) Der objektive Zweck des Beischlafs wird also durch die bloße Erzeugung von Nachkommen noch nicht erfüllt. Bezweckt ist nämlich nicht so sehr die Zeugung als solche, sondern das, was ohne sie nicht möglich ist, nämlich daß es Nachkommen gebe (und somit auch Nachkommen der Nachkommen usw.). Dies beschränkt sich nicht auf die unmittelbaren Nachkommen, denn so wie das Leben objektiv ein Gut ist, so ist es auch die Erzeugung und Erhaltung von neuem Leben. Darum ist das, worauf mein Streben objektiv zielt, letztlich nichts Geringeres als der Fortbestand der Menschheit.[12] Ein solch umfassender Zweck aber kann weder von mir noch von einem anderen Menschen zu irgendeinem Zeitpunkt unseres Lebens erschöpfend erfüllt werden. Mit Vollzug des Zeugungsaktes entheben wir uns also nicht unserer Verpflichtung, im Gegenteil. Mindestens ebenso wichtig ist es, dafür Sorge zu tragen, daß unsere Nachkommenschaft in verhältnismäßiger Sicherheit heranwachsen kann. Diese Sicherheit gewährleistet aber in der Gemeinschaft allein die Institution der (hier noch nicht als Sakrament, sondern lediglich als feste Paarbeziehung verstandenen) Ehe, die eben darum auch naturgesetzlich gefordert ist.

Synderesis

Nun sollte ja das natürliche Gesetz für das Handeln dieselbe tragende Rolle spielen wie für das Denken und Urteilen die aus sich selbst heraus einsichtigen, nicht weiter begründbaren Urteilsprinzipien. Wie aber sind diese Prinzipien überhaupt in uns gegeben? Und sind sie in derselben Weise gegeben wie das natürliche Gesetz? Thomas sagt, daß beide Arten von Grundsätzen der Vernunft des Menschen naturhaft innewohnen, Samenkörnern vergleichbar, aus denen dann – bei entsprechender Pflege – im einen Fall die Vollkommenheiten oder Tugenden des Verstandes und im anderen eben die sittlichen Tugenden entspringen (S.th. I–II 63, 1). Aber wie wohnen sie inne? So, daß ich mir ihrer immer bewußt bin? Wohl nicht. Oder vielleicht so, daß ich sie stets anwende, also denke beziehungsweise handle, wie es mir die Grundprinzipien vorschreiben? Auch das scheint nicht notwendig der Fall zu sein, sonst müßten wir ja immer richtig denken und handeln, was wir sicher nicht tun. Daß diese Prinzipien aber bloß der Möglich-

[12] Hans Jonas arbeitet diesen Gedanken in seinem moralphilosophischen Hauptwerk aus: Das Prinzip Verantwortung, Frankfurt am Main 1979, insbesondere Kap. IV: Die Pflicht zur Zukunft.

keit nach in uns sind, um irgendwann aktualisiert, also verwirklicht werden zu können oder eben auch nicht, bestreitet Thomas entschieden. Beide Prinzipienarten seien uns vielmehr in Form eines *Habitus* gegeben (S.th. I 80, 12).[13] Der Habitus nimmt bei Thomas eine Mittelstellung zwischen reinem Vermögen (potentia) und Wirkgeschehen (actus) ein (S.th. I 87, 2). Während das Vermögen, das heißt die bloße Fähigkeit zu etwas, gänzlich neutral ist hinsichtlich der verschiedenen Möglichkeiten seiner Verwirklichung, enthält der Habitus bereits eine deutliche Tendenz zur Verwirklichung bestimmter Möglichkeiten (S.th. I–II 49, 3). So mag etwa jeder Mensch seiner Art nach, nämlich als Vernunftwesen, die *Fähigkeit* haben, die ›Summa theologiae‹ zu lesen und zu verstehen, aber daraus folgt nicht, daß auch alle ihrer individuellen geistigen Verfassung nach gleichermaßen dazu *geeignet* sind. Vielen erlaubt ihre Natur nur das Verstehen, ohne daß sich in ihnen eine ausgesprochene *Neigung* zum Verständnis zeigte. Sie haben zwar das grundsätzliche Vermögen, aber nicht die nötige Verfaßtheit, den entsprechenden Habitus, um einigermaßen schnell und sicher zum Verständnis zu gelangen. Analog könnte man sich nun vorstellen, daß alle Menschen ihrer Natur nach zwar durchaus zum guten Handeln befähigt wären, von einem besonderen Hang hierzu aber bei keinem oder eben nur bei wenigen die Rede sein könnte. Aber das ist nach Thomas' Auffassung unmöglich, da es doch irgendein inneres Handlungsprinzip geben muß, das über die allgemeine und bloß formale Bestimmung, das Gute zu erstreben und das Schlechte zu meiden, hinausgeht. Denn gäbe es nichts in mir, was mir bestimmte Handlungen als gut und andere als schlecht anzeigen würde, wäre es mir gar nicht möglich zu handeln, so wie ich auch nicht denken könnte ohne Prinzipien, über die ich immer schon verfüge und an denen sich mein Denken orientieren kann. »Jedes Vermögen, das auf verschiedene Weise dem Tun zugeordnet (ad agendum ordinari) werden kann, bedarf eines Habitus, durch den es auf sein Handeln gut zugerüstet ist.« (S.th. I–II 50, 5) Auf das Tun zugeordnet ist aber in

[13] Die lateinische Übersetzung des aristotelischen *hexis*-Begriffs, nach Arist., Kategorien 8, 8 b–9 a. Zu Thomas' Verständnis besonders S.th. I–II 50.

erster Linie der *Wille* (voluntas). Um tätig werden zu können, benötigt dieser ein nicht nur formal, sondern auch inhaltlich bestimmtes Richtmaß (S.th. I–II 50, 6). Dieses Richtmaß ist das natürliche Gesetz, dessen Gebote darum jeder Mensch kennt und in seinem Handeln von Natur aus zu befolgen neigt. Das bedeutet, daß es schlechterdings niemanden gibt, der sich in einem Zustand völliger ethischer Neutralität oder Indifferenz befände. Es gibt niemanden, der nicht wüßte, daß es schlecht ist, einem Menschen das Leben zu nehmen, denn dies ist nichts, was ihm noch beigebracht werden müßte oder könnte. Jeder weiß es, sobald er durch die Erfahrung gelernt hat, was ein Mensch und was Leben ist, so wie er auch weiß, daß das Ganze größer ist als jeder seiner Teile, sobald er nur die Begriffe Teil und Ganzes verstanden hat (S.th. I–II 51, 1). Das heißt, er weiß es, wann immer er gefragt wird oder praktisch vor das betreffende Problem gestellt wird. Eine solche habituelle Teilhabe jedes Menschen am natürlichen Gesetz nennt Thomas *Synderesis*: »Synderesis heißt das Gesetz unseres Verstandes, nämlich als Besitz (habitus) der Vorschriften des natürlichen Gesetzes, also der ersten Prinzipien der menschlichen Handlungen.« (S.th. I–II 94, 1, ad 2) Die Stimme des Gewissens (conscientia) leitet sich hiervon ab.

Natürliches und menschliches Gesetz

Anwendungsprobleme

Wenn aber jeder das natürliche Gesetz in Gestalt der Synderesis naturhaft in sich hat, fragt sich, wie es überhaupt möglich ist, daß Menschen sich entgegen dessen Vorschriften verhalten. Thomas spricht davon, daß es Hindernisse gebe, die dem einzelnen den Zugang zum Gesetz versperren könnten, ähnlich wie einer im Schlaf auch nicht richtig zu denken wisse (so daß ihm etwa träumend die Regeln der Logik durcheinandergeraten). Ein solches Hindernis ist zum Beispiel allzugroße Jugend, so daß kleine Kinder die Prinzipien des Denkens wie auch des Handelns oft noch nicht richtig anzuwenden wissen, wenngleich sie sie unstreitig besitzen (S.th. I–II 94, 1, ad c.). Es ist nicht ganz klar, was Thomas hier im Sinn hat. Möglicherweise, daß kleinen Kindern, wie oben gesagt, noch die Begriffe fehlen, die nötig wären, um die Prinzipien auf die Erfahrungswirklichkeit anwenden zu können (etwa Teil und Ganzes, Mensch und Leben). Oder aber, daß sie noch nicht fähig sind, aus den allgemeinen Prinzipien auch die richtigen Folgerungen zu ziehen. Dann würde es ihnen gar nicht an einem Verständnis des natürlichen Gesetzes als solchem, sondern nur an Klugheit (prudentia) mangeln, die von Thomas bestimmt wird als die Fähigkeit, aus den Prinzipien das Besondere abzuleiten. Klug ist, wer nicht nur wie alle via natürliches Gesetz die natürlichen Zwecke des Handelns kennt, sondern darüber hinaus auch weiß, wie diesen Zwecken im Einzelfall am besten gedient ist (S.th. II–II 47, 6). Denn das ist ja zuweilen alles andere als offensichtlich. Je weiter man sich nämlich auf das Besondere und die Komplexität der konkreten Handlungswirklichkeit einläßt, desto schwieriger wird es zu entscheiden, welche Handlungsweise denn nun den Prinzipien gemäß ist und welche nicht. Wenigstens einen gravierenden Unterschied zwischen theoretischer und praktischer Vernunft gibt es nämlich nach Thomas doch. Während im Theoretischen sowohl die Ursätze als auch die Ableitungen klar feststånden, auch wenn diese nicht jedem bekannt seien, so ständen im Praktischen zwar ebenfalls die Ursätze fest, die Ableitungen seien aber weder allgemein bekannt, noch sei immer für alle das gleiche wahr. So ist es immer wahr, daß die drei Winkel im Dreieck zwei rechten Winkeln gleich sind (selbst wenn ich nichts davon weiß). Es ist aber nicht immer wahr, daß man zurückgeben solle, was einem anvertraut wurde, obwohl dies eindeutig aus den Prinzipien des natürlichen Gesetzes abzuleiten ist (S.th. II–II 61, 3; 62, 1). Die Regel gilt hier eben nur in der überwiegenden Zahl der Fälle, nicht aber in jedem Einzelfall, denn manchmal mag es auch schlecht sein, das Anvertraute zurückzugeben, etwa dann, sagt Thomas, wenn es dazu benutzt werden soll, das

Vaterland zu bekämpfen (S.th. I–II. 94, 4; II–II 57, 2, ad 1). Wollte man aber auch diese Einschränkungen mit in die Regel aufnehmen, so ließen sich doch Fehler niemals völlig ausschließen. Auch die Regel: »Gebe immer zurück, was man dir anvertraut hat, es sei denn, es soll dazu benutzt werden, das Vaterland zu bekämpfen« ist ja keineswegs immer richtig. Denn erstens gibt es noch viele andersgeartete Fälle, in denen die Rückgabe womöglich schlecht ist (denken wir an die Waffe, die jemand zurückverlangt, um damit einen Mord zu begehen, oder das Geld, das jemand mit der erklärten Absicht zurückfordert, es zu verspielen), und zweitens mag es sogar zuweilen, unter bestimmten Umständen, gut sein, etwas zurückzugeben, gerade *weil* damit das Vaterland bekämpft werden soll (etwa im Fall der Tyrannenherrschaft). »Je mehr Einzelbedingungen nämlich dazugesetzt werden, um so stärker ist die Gefahr des Irrtums, so daß das Rechte weder in der Rückgabe noch in der Nichtrückgabe liegt.« (S.th. I–II 94, 4) Diese Einsicht läßt sich unschwer auf heutige Problemstellungen, etwa im Bereich der Bioethik, übertragen. Selbst wenn wir fest auf dem Boden des natürlichen Gesetzes stehen und davon überzeugt sind, daß es grundsätzlich falsch ist, Menschen zu töten (oder sterben zu lassen, wenn wir es verhindern können), bleibt es dennoch schwierig zu sagen, ob es ebenfalls falsch ist, einen Menschen zu töten, der unter schrecklichen Schmerzen leidet, keine Hoffnung auf Besserung hat und den Tod herbeisehnt; oder einen Menschen, der nach allem, was wir sagen können, niemals wieder aus seiner Bewußtlosigkeit erwachen wird; oder einen Hirntoten; oder einen noch unentwickelten Fötus. Es ist zumindest fraglich, ob das natürliche Gesetz, so wie Thomas es versteht, in diesen Fällen noch eine Entscheidung herbeizuführen vermag.

Echte Verstöße gegen das natürliche Gesetz

Nun gibt es aber doch viele Handlungen, die genügend klar situiert sind, daß man nicht ernsthaft darüber im Zweifel sein kann, ob sie gegen das natürliche Gesetz verstoßen oder nicht. Es ist zum Beispiel vollkommen klar, daß man nicht einfach einen Passanten erschießen oder ihm mit Gewalt die Brieftasche wegnehmen darf. Dies ließe sich mit dem natürlichen Gesetz ganz sicher nicht vereinbaren. Und doch gibt es Menschen, die genau das tun. Die Abweichung läßt sich in diesem Fall nicht dadurch erklären, daß man sagt, unter derart komplexen Umständen seien eben nur wenige in der Lage, das Gute zu erkennen. Das Gute liegt hier vielmehr für jeden offen zutage. Wenn aber, wie Thomas meint, der Wille immer nur nach dem Guten strebt, das Gute aber in Gestalt der Synderesis jedem Menschen bekannt ist, dann ist nicht zu verstehen, wie irgend jemand dennoch das Schlechte zu tun vermag. Schon Platon und Aristoteles hatten bekanntlich mit diesem Problem gerungen.[14] Für Thomas stellt es sich freilich in verschärfter Form, weil er nicht nur behauptet, daß *wenn* das Gute bekannt ist, es auch gewollt wird, sondern darüber hinaus auch, *daß* es tatsächlich von Natur aus bekannt ist. Entsprechend schwer fällt es ihm, eine zufriedenstellende Lösung für das Problem zu finden.

So sieht Thomas sich zu dem Zugeständnis veranlaßt, daß die Synderesis, obgleich sie ein natürlicher Habitus des Menschen im allgemeinen sei (das heißt der Menschenart natürlicherweise zukommt), doch bei den einzelnen Menschen im unterschiedlichen Grade ausgeprägt sein könne. Der Stoff, das *principium individuationis*, in dem sich die ewige Wesensform (also hier das Menschsein) vereinzelt, verursacht Unterschiede auch hinsichtlich des Habitus (S.th. I–II 51, 1). Aber was genau heißt das? Soll man annehmen, daß zwar alle Menschen dazu neigen, die naturgesetzlichen Vorschriften zu befolgen, aber eben einige mehr als andere? Der Wille orientiert sich ja stets an der Einsicht, so daß man dann entsprechend auch annehmen müßte, daß bei manchen bereits die Prinzipienerkenntnis deutlicher und klarer beziehungsweise dunkler und verschwommener vorhanden sein müßte als bei anderen. Der Grad der Neigung entspräche dann dem Grad der Erkenntnis. Aber wie kann ich denn Prinzipien, sei es des Denkens oder Handelns, nur ein wenig kennen? Entweder, sollte man annehmen, ich kenne sie, oder ich kenne sie nicht.

[14] Vgl. GE 1, S. 104–114.

Denn gemeint ist ja nicht etwa, daß der eine das *ganze* natürliche Gesetz in sich hat, der andere hingegen nur einen Teil. Die Synderesis ist nicht teilbar. Aber selbst wenn man diese Unklarheit hinnehmen wollte, müßte man doch zugeben, daß auch eine geringe Kenntnis immer noch eine Kenntnis und eine schwache natürliche Neigung immer noch eine natürliche Neigung bleibt, so daß das Problem weiterhin besteht, wie es möglich ist, daß die Erkenntnis und der Hang zum Guten unwirksam werden.

Bei den schlechten Menschen, sagt Thomas an anderer Stelle, werde die natürliche Neigung zur Tugend durch das Laster verschlechtert wie auch die Erkenntnis des Guten (S.th. I–II 93, 6). Ihre Vernunft sei verdorben durch Leidenschaft oder einfach aus schlechter Gewohnheit oder aus schlechtem Naturverhalten, wie – nämlich nach dem Bericht Cäsars in ›De Bello Gallico‹ – »bei den Germanen in alter Zeit der Raub nicht als Unrecht galt, obwohl er doch ausdrücklich gegen das natürliche Gesetz ist« (S.th. I–II 94, 4). Dennoch kann es nach Thomas nicht sein, daß diese das natürliche Gesetz schlicht nicht kannten. Es gibt schlechterdings kein Mittel, das natürliche Gesetz aus den Herzen der Menschen zu tilgen. Was die Leidenschaft behindert, kann somit nur die *Anwendung* der Prinzipien auf konkrete Handlungen sein (S.th. I–II 94, 6). Dies soll offenbar sagen, daß ich zwar weiß, daß Raub schlecht ist, ich mich aber dennoch von meiner Leidenschaft dazu hinreißen lasse, einen Raub zu begehen; und zwar nicht etwa, weil ich meine Handlung nicht als Raub erkenne, sondern *obwohl* ich es tue. Ich weiß also, daß Raub schlecht ist und auch, daß dies, was ich gerade mache, ein Raub ist. Und *trotzdem* tue ich es. Das ist aber nur denkbar, wenn die Leidenschaft mir etwas als gut erscheinen läßt, was in Wahrheit (vergleichsweise) nicht gut ist (S.th. I–II 77, 2). Da nun aber das Gute, das mich handeln läßt, mir immer als das Beste (in der gegebenen Situation) erscheinen muß, würde ich also durch die Leidenschaft daran gehindert, das faktisch Bessere auch als Besseres wahrzunehmen. Das widerspräche jedoch der angenommenen Voraussetzung, daß das natürliche Gesetz sich auf keine Weise »aus den Herzen der Menschen« tilgen läßt. Denn ich würde ja in diesem Fall das vom natürlichen Gesetz Geforderte gerade nicht mehr als Gutes und somit nicht mehr als verbindlich wahrnehmen. Wie aber sollen wir die Wirkung der Leidenschaft dann verstehen?

Thomas meint, daß die Leidenschaft mich von meinem Wissen ablenkt, meine Gedanken in eine andere Richtung führt und so verhindert, daß ich auf das *achte*, was ich doch weiß (S.th. I–II 77, 2).[15] Es findet also gar kein direkter Vergleich zwischen möglichen Gütern statt, kein Urteil, daß das eine besser als das andere sei. Von der Leidenschaft behindert, kommt es mir schlicht nicht in den Sinn, daß es noch ein höheres Gut gibt als das, was ich nun zu erlangen suche. Ich verhalte mich, sagt Thomas, ähnlich (nur aus anderen Gründen) wie jemand, der sich bestens in der Geometrie auskennt und ihre Prinzipien auch auf besondere Gegebenheiten jederzeit anzuwenden weiß, ohne aber deshalb ständig daran denken zu müssen. Oft genug wird er einfach mit etwas anderem beschäftigt sein (ebd.). Der Vergleich erweist sich allerdings bei näherer Betrachtung als irreführend. Denn sein Wissen kommt dem Geometriekundigen ja immer dann ins Bewußtsein, wenn er sich einer Frage zuwendet, die irgend etwas mit Geometrie zu tun hat. Würde bei der Konfrontation mit einer solchen Frage sein angebliches Wissen nicht wirksam werden, müßten wir ernsthaft daran zweifeln, ob er dieses Wissen wirklich besitzt. Entsprechend ließe sich in bezug auf das Handlungswissen sagen, daß es sich gleichsam im Ruhezustand befindet, solange wir nicht handeln, etwa wenn wir über die Natur Gottes nachdenken. Sobald es aber ans Handeln geht, müßten dessen Grundprinzipien wieder aktiviert werden, ebenso wie das Wissen des Geometriekundigen in allen geometrischen Belangen. Die Sache bleibt also unklar. Eindeutig ist nur, daß nach Thomas das ethische Prinzipienwissen mitunter für die Dauer des Handelns (bzw. der ursächlichen Leidenschaft) unwirksam wird, aber dann immer wieder auftaucht. Das natürliche Gesetz wäre dann nicht immer da, sondern riefe sich nur immer wieder nachdrücklich

[15] Der Lösungsversuch orientiert sich an Aristoteles' Lösung des Problems der Unbeherrschtheit in: Nikomachische Ethik VII.5. Vgl. GE 1, S. 112–114.

in Erinnerung. Wirklich und endgültig zu vergessen vermag ein Mensch nur die aus dem natürlichen Gesetz abgeleiteten Regeln, die tatsächlich durch schlechte Gewohnheit, übles Zureden oder Laster vollständig aus der Vernunft verschwinden können. Überraschenderweise nennt Thomas als Beispiel hierfür wieder den Raub (S.th. I–II 94, 6), der angeblich bei den Germanen nicht als Unrecht zählte und der doch zwei Artikel zuvor noch als Beispiel für einen krassen Verstoß gegen das natürliche Gesetz angeführt wurde. Doch wäre diese Zuordnung auch widersprüchlich gewesen: Wenn nämlich der Raub tatsächlich gegen die praktischen Grundprinzipien verstieße, müßte jeder notwendig (gemäß der Annahme) um die Schlechtigkeit des Raubes wissen. Dann wäre es zwar immerhin denkbar, daß jemand oder auch ein ganzes Volk sich räuberisch betätigt, nicht aber, daß der Raub von den Tätern tatsächlich nicht als Unrecht betrachtet wird. Wie dem auch immer sei: Den schwierigen Nachweis, daß es tatsächlich etwas gibt, das bei allen Menschen überall auf der Welt und zu jeder Zeit als Unrecht gilt, bleibt Thomas schuldig.

Das menschliche Gesetz

Nehmen wir also an, daß das natürliche Gesetz fest in der menschlichen Vernunft verankert ist und jeder Mensch infolgedessen im Prinzip immer weiß, welche Art von Handlungen er tun und welche er unterlassen sollte. Allerdings reicht dieses Wissen, wie sich gezeigt hat, nicht aus, um auch die praktische Umsetzung des natürlichen Gesetzes in jedem Fall zu gewährleisten. Ganz offensichtlich sind die Menschen zu schwach und ihr Geist zu sehr durch die Leidenschaften verdunkelt, als daß sie stets ihrem Gewissen folgen würden – was übrigens auch Thomas nicht anders zu erklären weiß als Augustinus, nämlich als Folge der Erbsünde (S.th. I–II 81–83). Nicht zuletzt deshalb muß das natürliche Gesetz durch ein menschliches Gesetz (lex humana) ergänzt werden, das mittels Strafandrohung und -vollzug die weitestmögliche Einhaltung der erkannten Handlungsvorschriften erzwingt (S.th. I–II 95, 1). Das menschliche Gesetz geht nun in zweifacher Weise über das natürliche Gesetz hinaus. Erstens, insofern es auch solche Regeln festschreibt, die zwar nicht unmittelbar im natürlichen Gesetz enthalten sind, sich aber problemlos aus ihm ableiten lassen (also das Besondere, das sich aus dem Allgemeinen ergibt), und zweitens, indem es auch solches bestimmt, was das natürliche Gesetz offenläßt. So können wir aus dem natürlichen Gesetz zwar entnehmen, daß Diebstahl schlecht ist, woraus sich folgern läßt, daß Diebe gerechterweise bestraft (das heißt, irgendwie zu einem Ausgleich gezwungen) werden. In *welcher Weise* sie aber zu bestrafen sind, darüber erfahren wir durch das natürliche Gesetz nichts Näheres. Wir sind also relativ frei in der Festlegung (S.th. I–II 95, 2). In einem solchen Fall hängt die Gültigkeit des Gesetzes allein von der menschlichen Setzung ab. Es gilt, weil und solange es so verfügt wird. Die oberste Richtschnur des menschlichen Gesetzes bleibt jedoch stets das natürliche Gesetz, in dem Sinne, daß ein von Menschen erlassenes Gesetz, das dem natürlichen Gesetz positiv widerstreitet, keinerlei bindende Kraft besitzt. Faktisch handelt es sich dann gar nicht mehr um ein Gesetz, sondern um eine Korruption des Gesetzes (S.th. I–II 95, 2). Ein ungerechtes Gesetz ist kein Gesetz (S.th. I–II 96, 4). Das bedeutet, daß ein menschliches Gesetz nichts verbieten kann und darf, was durch das natürliche Gesetz geboten wird, und nichts gebieten, was durch das natürliche Gesetz verboten wird. Denn man muß »Gott mehr gehorchen als den Menschen« (S.th. I–II 96, 4; Apostel 5, 29). Allerdings ist es nach Thomas nicht nötig, auch tatsächlich alles, was kraft des natürlichen Gesetzes als schlecht zu gelten hat, durch menschliche Gesetze zu regeln und unter Strafe zu stellen. Es wäre verfehlt, wollte man das *ganze* natürliche Gesetz mit all seinen Ableitungen im menschlichen Gesetz repräsentiert wissen, denn dessen Ziel ist nicht unmittelbar das Himmelreich, sondern das irdische Gemeinwohl (bonum commune; S.th. I–II 90, 2; 95, 4). Darum kann ein Gesetz nur dann Gültigkeit besitzen, wenn und solange seine Befolgung nicht der Gemeinschaft (hinsichtlich ihrer natürlichen Interessen) schadet. Das Gesetz ist also niemals Selbstzweck, so daß selbst ein Gesetz, das normalerweise der Gemeinschaft nützt und daher an und für sich gut und gerecht ist, übertreten werden darf und muß, wenn der seltene Fall eintritt, daß es doch einmal schadet (S.th. I–II 96, 6). Auch sollten nur solche Gesetze erlassen werden, von denen man vernünftigerweise erwarten darf, daß sie von den Menschen in der Regel auch eingehalten werden können, denn es hat ja keinen Sinn, von ihnen etwas zu verlangen, was über ihre Kräfte geht. Vor allem aber hat das menschliche Gesetz die Aufgabe, dafür zu sorgen, daß alle Handlungen unterlassen werden, die anderen zu ernstem Schaden gereichen können und »ohne deren Verhinderung die menschliche Gemeinschaft nicht gewahrt werden könnte« (S.th. I–II 96, 2). Um alles übrige, was zwar durch das natürliche Gesetz verboten wird, aber der (irdischen) Gemeinschaft nicht weiter schadet, braucht sich das menschliche Gesetz nicht zu kümmern. Gott wird schon dafür sorgen, daß kein Unrecht ungesühnt bleibt.

Das Recht und seine Einteilung

Mit anderen Worten spielt es also für die menschliche Gesetzgebung und Rechtsprechung keine Rolle, ob die Menschen im aristotelischen Sinne über charakterliche Tugenden verfügen oder nicht. Worauf es allein ankommt, ist, daß sie gerecht sind, in dem Sinne, daß sie gerecht *handeln*. Die übrigen Tugenden »vollenden den Menschen bloß in dem, was ihm sich selbst nach zukommt« und sind daher für das Gemeinwohl irrelevant. Die Gerechtigkeit (iustitia) hingegen ist ihrem Wesen nach auf den anderen, den Mitmenschen, bezogen. Sie zielt auf die Bewahrung und Herstellung von Gleichheit, und zwar zwischen den Menschen (S.th. II–II 57, 1; vgl. II–II 79, 1). Darum wird eine Handlung zwar tapfer oder besonnen genannt aufgrund der inneren Haltung, der sie entspringt, gerecht aber deshalb, weil sie faktisch Gleichheit herstellt oder beläßt. Die Motive des Handelns bleiben in der Bestimmung bewußt unberücksichtigt. Gegenstand der Gerechtigkeit ist also das objektiv Gerechte oder kurz: das Recht (ius ; S.th. II–II 57, 1).

Innerhalb des Rechts läßt sich unterscheiden zwischen Naturrecht im engeren Sinne (ius naturale), Völkerrecht (ius gentium) und gesetztem Recht (ius positivum). Letzteres umfaßt alles, was durch Übereinkunft zustande kommt, also wenn sich etwa ein Volk dazu entscheidet, bestimmte Regeln zu befolgen, oder zwei Leute miteinander die Bestimmungen eines Vertrages aushandeln, die anschließend rechtsverbindlich sind (S.th. II–II 57, 2). Von Natur gerecht ist alles, was sein Maß aus der Natur der Sache selbst nimmt. Wie wir gesehen haben, ist der Mensch nach Thomas so beschaffen, daß er zu bestimmten Dingen von Natur aus hinneigt (z.B. die Paarbeziehung oder die Aufzucht der Nachkommen). In bezug hierauf ist nun Gleichheit herzustellen, in dem Sinne, daß nicht manchen ein größeres Recht auf Befriedigung dieser elementaren Interessen eingeräumt werden darf als anderen und daß niemand ein Recht hat, andere an deren Befriedigung zu hindern. Die menschliche Natur ist das Maß, das an alle Handlungen anzulegen ist, wenn die natürliche Gerechtigkeit gewahrt werden soll.

Nun folgt aber einiges von dem, was überall auf der Welt als Recht angesehen wird, weder unmittelbar aus der Natur des Menschen noch aus der Natur der Dinge, wie zum Beispiel das Recht auf privates Eigentum, also die alleinige Verfügungsgewalt über bestimmte äußere Güter. Es gibt ja kein Stück Land, das von sich aus mehr dem einen als dem anderen gehörte, und wohl auch keinen Menschen, dem etwas Wesentliches fehlte, wenn er keinen Grundbesitz sein eigen nennen dürfte. So ließe sich mit gewissem Recht sagen, daß von Natur aus allen Menschen alles gemeinsam sei. Gleichwohl ist es nur vernünftig (und somit doch wieder naturgemäß), wenn Menschen, die das Land bebauen und nutzen, sich auch ein anerkanntes Recht darauf erwerben (S.th. II–II 57, 3; 66, 2, ad 1; vgl. auch II–II 66, 1). Wäre dem nicht so, würde ein Stück Land niemals so sorgfältig und gründlich bestellt werden, wie es doch geschieht, wenn gewährleistet wird, daß die Früchte des eigenen Tuns nicht anderen zufallen. Auch würden sich die Menschen in ihrer Arbeit gegenseitig behindern, weil der eine dies, der andere jenes in Angriff nehmen würde, so daß nur schwer, wenn überhaupt, etwas Rechtes zustande käme. Drittens schließlich gibt es keinen besseren Garanten für ein friedliches Zusammenleben als ein verbürgtes Eigentumsrecht, denn die Erfahrung zeigt doch, daß niemand jemals wirklich zufrieden ist, solange er alles teilen muß und nichts für sich allein hat (S.th. II–II 66, 2). Dem Gedanken der Gütergemeinschaft (wie er den damaligen Bettelorden nicht fremd war) erteilt Thomas hier also eine klare Absage. Die Institution des Privateigentums dient offenbar so sehr dem Gemeinwohl, daß kein Gemeinwesen darauf verzichten kann und darf. Der Schutz des Eigentums vor fremder Aneignung durch Diebstahl und Raub ist deshalb zwar kein Naturrecht im engeren Sinne, aber doch ein Recht, das bei allen Völkern mit gutem Grund geachtet wird. Thomas spricht deshalb von *Völkerrecht*. (Gemeint ist also nicht das, was wir heute mit diesem Begriff gewöhnlich bezeichnen, nämlich das *zwischen* den Völkern geltende Recht.)

Austeilende und ausgleichende Gerechtigkeit

Recht im allgemeinen ist (oder soll sein) das, was gerecht ist. Die Gerechtigkeit ist ihrem Wesen nach auf den anderen bezogen. Sie verlangt, jedem zu geben, was sein ist, das heißt, was ihm nach dem Gleichheitsprinzip geschuldet wird (S.th. II–II 58, 11). Mit Aristoteles unterscheidet auch Thomas die austeilende (distributive) von der ausgleichenden (oder Tausch-) Gerechtigkeit.[16] Erstere ist proportional, insofern nicht jeder von den vorhandenen Gütern gleich viel zugeteilt bekommt, sondern jeweils soviel, wie es seinem Wert oder Rang in der Gemeinschaft entspricht (S.th. II–II 61, 2). Es wäre also nicht gerecht, wenn einer, der viel für das Gemeinwesen tut, dasselbe erhielte wie einer, der wenig oder gar nichts tut. Die Tauschgerechtigkeit hingegen verlangt, daß niemand etwas an sich nehmen darf, was einem anderen gehört, es sei denn, er gäbe diesem anderen, mit dessen ausdrücklichem Einverständnis, auch etwas von vergleichbarem Wert zurück (S.th. II–II 61, 3; vgl. II–II 77, 1).

[16] Vgl. GE 1, S. 115 ff.

Tut er es nicht, zwingt ihn das Gesetz zur Wiedererstattung oder, wenn das nicht möglich sein sollte, zu anderweitiger Begleichung seiner Schuld (S.th. II–II 62, 1).

Das Töten von Tieren und Sündern

Nun besteht das schlimmste Unrecht, das man einem Menschen zufügen kann, zweifellos darin, ihm sein Leben zu rauben, denn der Tod ist ein Schaden, der auf keine Weise wiedergutgemacht werden kann. Dennoch ist nicht jeder Tötungsakt nach Thomas schon ein Unrecht. So ist etwa das Töten von Tieren fraglos erlaubt, ungeachtet der Tatsache, daß auch Tieren kein größerer Schaden zugefügt werden kann als dieser. Zur Rechtfertigung greift Thomas auf das alte stoische Argument zurück, daß die Tiere zum Nutzen der Menschen da seien.[17] Da ihr einziger Daseinszweck darin besteht, von Menschen gegessen zu werden, dürfen sie auch getötet werden, denn »keiner sündigt dadurch, daß er irgendein Ding zu dem gebraucht, wozu es da ist« (S.th. II–II 64, 1). Kein Gedanke mehr davon, daß das Sein oder das Leben sich durch unsere natürliche Anhänglichkeit an es als objektiver Wert zu erkennen gibt. Nicht das Sein soll also nun, wie es die Lehre vom natürlichen Gesetz nahezulegen schien, etwas schlechthin Gutes sein und als solches erkannt werden, sondern nur noch das spezifische (also vernünftige) Sein des Menschen. So eingeschränkt verliert aber der Schluß vom Selbsterhaltungstrieb und anderen natürlichen Neigungen auf das Vorhandensein objektiver Werte oder Zwecke die ganze Plausibilität, die er anfänglich vielleicht noch besaß. Wenn sich nämlich aus dem Umstand, daß ich leben will, nicht entnehmen läßt, daß Leben *überhaupt* etwas Gutes (und daher schützenswert) ist, dann ist daraus auch nicht zu entnehmen, daß das Leben *anderer* Menschen etwas ist, an dem auch mir etwas liegen sollte. Es sei denn, es wäre nicht das Leben als solches, das ich natürlicherweise zu haben begehrte, sondern (ausschließlich) das *vernünftige* Leben. Aber ist das wirklich so?

[17] Vgl. GE 1, S. 212–217.

Der Rückgriff auf eine angebliche Naturordnung, in der die Dinge primär nicht für sich selbst, sondern für etwas anderes da sind, und zwar immer das Unvollkommenere für das Vollkommenere, kann letztlich nur durch den Glauben und die Offenbarung gerechtfertigt werden. Das hindert Thomas allerdings nicht daran, mindestens noch eine weitere Einschränkung des Tötungsverbotes damit zu begründen. Der einzelne Mensch verhält sich zur Gemeinschaft, in der er lebt, wie der Teil zum Ganzen, wie ein Glied zum Gesamtkörper und damit wie das Unvollkommene zum Vollkommenen. Wie das Tier um des Menschen willen da ist, so ist der einzelne um der Gemeinschaft willen da. Das Verhältnis ist eindeutig und nicht umkehrbar: Das Wohl des Ganzen zählt immer weit mehr als das Wohl irgendeines seiner Teile. Hieraus folgt, daß ein Mensch mit Recht getötet werden darf, wenn es erforderlich ist, um Schaden von der Gemeinschaft abzuwenden (S.th. II–II 64, 2).

Nicht zuletzt aus diesem Grund muß übrigens auch die Selbsttötung nach Thomas als unerlaubt gelten. Denn nicht nur verstößt der Selbstmörder gegen das natürliche Gesetz und maßt sich eine Entscheidung an, die nur Gott treffen kann, sondern darüber hinaus gehört er, wie jeder andere auch, gar nicht sich selbst, sondern (nächst Gott) der Gemeinschaft, der er sich somit nicht einfach entziehen darf, wenn er ihr noch von Nutzen sein könnte (S.th. II–II 64, 5). Und zu beurteilen, ob dies der Fall ist, ist nicht an ihm.

Die Sittlichkeit der Handlungen

Recht versus Moral

Für die menschliche Rechtsprechung ist, wie wir gesehen haben, vor allem der äußere Handlungsakt von Bedeutung. Zwar kann im Hinblick auf die Bestrafung eines Rechtsbrechers berücksichtigt werden, ob er wissentlich oder unwissentlich das Recht gebrochen hat, aber im allgemeinen ist es dem Gesetz gleichgültig, *warum* einer etwas tut, solange er nur tut, was von ihm erwartet wird. Und erwartet wird eben von ihm, daß er allen anderen gibt, was er ihnen zu geben schuldig ist, und ihnen läßt, was er ihnen zu lassen schuldet. Rechtlich gesehen sind daher sicher die meisten unserer Handlungen indifferent, also weder verboten noch geboten. Auch gibt es keinen rechtlich relevanten Unterschied zwischen einem, der das Gemeinwohl aus Menschenliebe fördert, und einem, der dasselbe aus Ruhmsucht tut. Beide führen die gleiche Art von Handlung aus, sofern man nur den Nutzen in Rechnung stellt, den ihre Handlungen für das Ganze haben, deren Teil sie sind. Was aber in bestimmter Hinsicht gleich ist, kann sehr wohl in anderer Hinsicht grundverschieden sein. So toleriert das menschliche Gesetz vieles, was doch der Sache nach als schlecht gelten muß, weil es nämlich dem natürlichen Gesetz und damit der (von Gott gefügten und dem Menschen zum Maß gesetzten) Ordnung der Vernunft zuwiderläuft. Was in *diesem* Sinne gut oder schlecht ist, liegt jenseits der utilitaristischen Beschränkung auf das Nützliche und Schädliche in der Gemeinschaft. Thomas nennt es das sittlich Gute und Schlechte (bonum bzw. malum morale). Man kann also durchaus im Einklang mit Recht und Gesetz handeln, ohne deshalb gleich ein guter Mensch sein zu müssen. Da die Erfordernisse des menschlichen Gesetzes hinter denen des natürlichen Gesetzes zurückbleiben, ist zwar alles, was gegen das Recht verstößt, auch sittlich schlecht, aber daraus folgt nicht, daß auch alles, was nicht dagegen verstößt, bereits gut wäre. Im eigentlichen Sinne gut ist nur eine Handlung, die in *jeder* Hinsicht gut ist.

Gegenstand der Handlung

Nun unterscheiden sich gute von schlechten menschlichen Handlungen in erster Linie durch ihren *Gegenstand* (obiectum). Als Gegenstand einer Handlung gilt Thomas das, was einer tut. Zum Beispiel sei der Gebrauch dessen, was einem selbst gehört (uti re sua), gut, während es schlecht sei, sich etwas anzueignen, was einem anderen gehört (accipere aliena; S.th. I–II 18, 2). In beiden Fällen ist der Gegenstand offenbar weder das Ding, mit dem umgegangen wird (z.B. eine Geldbörse), noch die ausgeführte Handlung (etwas nehmen) noch eine Zusammensetzung von beidem (eine Geldbörse nehmen). Was hier die gute von der schlechten Handlung unterscheidet, ist der Umstand, daß im einen Fall die *eigene* und im anderen eine *fremde* Geldbörse verwendet wird. Der Gegenstand der einen (guten) Handlung ist also »etwas nehmen, was mir gehört«, das der anderen (schlechten) hingegen »etwas nehmen, was einem anderen gehört«. Nun ist es der Sache selbst aber gar nicht anzusehen, wem sie gehört, und daher ebensowenig, ob die darauf bezogene Handlung gut oder schlecht ist. Um urteilen zu können, muß ich die Besitzverhältnisse kennen, also wissen, wem was nach Maßgabe der *Vernunft* zusteht. So ist der Gegenstand der Handlung, wie Thomas ihn versteht, also nicht im *ordo naturalis,* sondern im *ordo rationis* beheimatet. Ähnliches gilt für alle anderen Fälle. Man kann zum Beispiel nicht sagen, daß eine Tötungshandlung als solche der Art nach gut oder schlecht wäre. Denn der Gegenstand der schlechten Handlung, durch den sie sich von der guten Handlung der Art nach unterscheidet, ist weder das Töten an sich noch auch das Töten eines Menschen, sondern das Töten eines *unschuldigen* Menschen. Auch hier läßt sich also der Handlung ihr entscheidendes, artgebendes Merkmal, nämlich die Unschuld, nicht ansehen. Ob jemand unschuldig ist oder nicht und ob er infolge dessen zu Recht oder zu Unrecht getötet wird, ist nur durch die Vernunft und im Hinblick auf die Vernunftordnung entscheidbar. Ein weiteres Beispiel ist der Geschlechtsakt, der als rein körperlicher Akt genommen nicht nur für Abaelard, sondern auch für Thomas weder gut noch schlecht ist. Nun ist aber unter allem, was ein Mensch tun kann (actus hominis), eigentlich menschlich nur das, was er willentlich aufgrund einer Entscheidung ins Werk setzt. Nur solches kann als eine im engeren Sinne *menschliche* Handlung (actus humanus) gelten (S.th. I–II 1, 1). Der Wille wiederum ist an die Vernunft gekoppelt, denn jeder will notwendig das, was er als gut erkennt beziehungsweise zu erkennen glaubt. Darum ist das, was ein Mensch als Mensch tut, niemals ein rein körperlicher Vorgang, sondern seinem Wesen nach immer schon auf die Vernunft bezogen. Da aber sittlich gut das ist, was mit der Vernunft übereinstimmt, und schlecht, was ihr zuwiderläuft (S.th. I–II 18, 5), kann es eine moralisch neutrale menschliche Handlung nicht geben. Darum hat auch der menschliche Geschlechtsakt, insofern er an der Vernunft und den objektiven Zwecken der Natur gemessen wird, stets eine moralische Bedeutung. Was zunächst ein und derselben Art von Handlung zuzuordnen war, scheidet sich nun nach Maßgabe der Vernunft in zwei scharf voneinander abgegrenzte Arten. Ob der Geschlechtsverkehr ehelich oder außerehelich betrieben wird, ist jetzt ein Unterschied ums Ganze (S.th. 18, 5, ad 3).

In Thomas' Verständnis ist also der Gegenstand der Handlung der Akt, insofern er objektiv, das heißt der Sache nach, mit der rechten Vernunft übereinstimmt oder nicht übereinstimmt. Anders als Abaelard ist Thomas allerdings nicht der Meinung, daß sich jede beliebige Tat durch die Umstände oder die gute Absicht als vernünftig rechtfertigen läßt. Vielmehr soll es *immer* schlecht sein, Ehebruch zu begehen, und immer schlecht, einen unschuldigen Menschen zu töten, unabhängig davon, aus welchen Gründen und in welcher Situation es geschieht. Mord (denn jede andere Tötung zählt nicht als Mord) läßt sich also nach Thomas *niemals* rechtfertigen. Ob dies ebenso auch für Diebstahl und Raub gilt, ist allerdings unklar. Beides scheint ihm nämlich unter bestimmten Umständen durchaus moralisch gerechtfertigt, ja sogar geboten zu sein. So schreibt Thomas, unmittelbar nachdem er erklärt hat, daß der Diebstahl eine Todsünde sei: »Falls freilich die Not so augenscheinlich und so drängend ist, daß es am Tage liegt, der Not des Augenblicks müsse mit den Dingen, die einem gerade zur Hand sind, abgeholfen werden – angenommen, es droht der Person Gefahr und anders kann nicht geholfen werden –, dann kann einer erlaubterweise mit fremden Dingen seiner Not Abhilfe schaffen.« (S.th. II–II 66, 7) Vielleicht zeigt die vermeintliche Ausnahme hier aber nur, daß der Gegenstand im Fall des Diebstahls beziehungsweise Raubes noch nicht genügend spezifiziert wurde, so daß gar kein Widerspruch vorliegt und sich nach wie vor die Gegenstände allgemein genug bestimmen lassen, um mit ihrer Hilfe Handlungsarten *in specie moralis* unterscheiden zu können. Dann wäre es gar nicht der Gegenstand der Handlung, fremdes Eigentum gegen den Willen des Eigentümers an sich zu nehmen und zu gebrauchen, sondern dies alles *ohne Not* zu tun. Erst damit würde sich die Handlung als moralisch schlecht erweisen und der Art nach bestimmt sein. In diese Richtung weist uns Thomas selbst, wenn er im Anschluß an die eben zitierten Sätze bemerkt: »Im eigentlichen Sinne hat das auch nicht das Wesen von Diebstahl oder Raub.« Mit anderen Worten: Wer aus Not anderen etwas wegnimmt, stiehlt nicht. Wenn das aber so ist, müßte man dann nicht für das Töten eines Menschen ähnliche Einschränkungen gelten lassen? So ließe sich argumentieren, daß es kein Mord sei, einem anderen Menschen das Leben zu nehmen, sofern es keine andere Möglichkeit gibt, das eigene Leben zu retten. Einen solchen Akt der Notwehr billigt Thomas explizit jedoch nur gegenüber Angreifern, also Schuldigen. Seine Begründung hierfür lautet aber, daß der Mensch mehr gehalten sei, »für sein eigenes Leben Vorsorge zu treffen als für ein fremdes Leben« (S.th. II–II 64, 7), und wenn das so ist, dann müßte sich auch das Töten eines Unschuldigen unter bestimmten Umständen als Notwehr rechtfertigen lassen. Hat ein Mensch zum Beispiel in der klassischen Rettungsbootsituation das moralische Recht, einen zweiten Schiffbrüchigen aus dem Boot zu stoßen, um selbst überleben zu können (vorausgesetzt, daß nur einer von beiden überleben kann)? Thomas gibt uns keine eindeutige Antwort auf diese Frage. Selbst aber wenn Thomas der Meinung wäre, man hätte unter den angegebenen Umständen das Recht und würde sich also durch die Tötung eines Unschuldigen in diesem Fall nicht schuldig machen, dann könnte er immer noch daran festhalten, daß es unter keinen Umständen erlaubt sei, einen unschuldigen Menschen zu töten, wenn einem selbst keine Todesgefahr droht. Eine *solche* Handlung wäre also immer schlecht.

Obwohl so jede Handlung, die der *Art* nach schlecht ist, nach Thomas auch in jedem einzelnen Fall als schlecht gelten muß, müssen nicht alle der Art nach guten Handlungen auch im Einzelfall gut sein. Die Möglichkeit einer solchen Abweichung zwischen Allgemeinem (Art) und Besonderem (Einzelfall) setzt voraus, daß eine Handlung durch ihren Gegenstand noch nicht vollständig erfaßt ist und somit auch nicht endgültig beurteilt werden kann. Tatsächlich beschreibt der Gegenstand eine Handlung ja immer nur der Art nach und also *in abstracto*, da jede konkrete Handlung faktisch in eine bestimmte Situation mit einer Reihe von Umständen (circumstantiae) eingebettet ist, die für die moralische Beurteilung nicht immer gleichgültig sind. Es gilt hier zu unterscheiden zwischen gänzlich zufälligen Umständen und solchen, die so bedeutsam sind, daß sie die Artzugehörigkeit verändern können. Thomas spricht in diesem Sinne von erforderlichen Umständen (circumstantiae debitae) oder wesentlichen Akzidentien (per se accidentia) einer Handlung. Was der Art nach gut ist, kann durch die Umstände schlecht werden.

Ferner gibt es keine menschliche Handlung (im engeren Sinne), der nicht ein innerer Willensakt zugrunde läge. Der Wille ist ja das Prinzip der Handlung, ihre wirkende Ursache, während der physische Akt nur dessen Äußerungsform ist. Darum läßt sich die Gutheit (bonitas) beziehungsweise Schlechtigkeit (malitia) der Handlung nicht von der Beschaffenheit des Willens trennen. Es wäre verfehlt, eine Handlung gut zu nennen, die einem schlechten Willen entspringt, denn gut kann eine Handlung nur dann sein, wenn auch der sich darin äußernde Wille gut ist. Für das Schlechte gilt dasselbe. Daher kann eine menschliche Handlung nur durch eine Analyse des zugrundeliegenden Willensaktes moralisch beurteilt werden. Willentlich zu handeln bedeutet aber nicht nur, etwas zu wollen, sondern dieses auch im Hinblick auf ein bestimmtes Ziel (finis) zu wollen und also mit einer bestimmten Absicht (intentio) zu handeln.

Um einen Willensakt und damit zugleich die Handlung, die aus ihm hervorgeht, zu beurteilen, müssen also drei

Aspekte berücksichtigt werden: erstens *was* ein Mensch will (der Gegenstand), zweitens *wann und wo* er es will (die Umstände), und drittens *aus welchen Gründen* er es will (der Zweck oder die Absicht). In bezug auf jeden dieser drei Aspekte kann der Wille gut oder schlecht sein. »Nichts hindert, daß einer Handlung, welcher eine der zuvor genannten Weisen des Gutseins zukommt, dennoch eine andere fehlt. Und von daher kann es geschehen, daß eine ihrer Art nach oder ihren Umständen nach gute Handlung auf einen schlechten Zweck hingeordnet ist – oder umgekehrt. Aber keine Handlung ist schlechterdings gut (bona simpliciter), wenn nicht alle Weisen des Gutseins zusammenkommen.« (S.th. I–II 18, 4, ad 3) Als ganzer ist der Wille also nur dann gut, wenn er in *jeder* Hinsicht gut ist, das heißt, wenn er sowohl das (der Art nach) Rechte will, wenn er es außerdem noch am rechten Ort und zur rechten Zeit will, und wenn er es überdies noch aus den richtigen Gründen will. Als ganzer *schlecht* ist der Wille hingegen bereits dann, wenn er in *einer* dieser Hinsichten schlecht ist. So gibt es nur eine Weise für den Willen, gut zu sein, aber verschiedene Weisen, schlecht zu sein.

So kann ich erstens zwar das Rechte wollen und auch aus den richtigen Gründen, aber in einer Situation, die eigentlich ein anderes Handeln erforderlich machen würde. Beispielsweise ist es richtig, anderen zu geben, was ihnen gehört. Wenn aber der andere zufällig jemand ist, der sich umbringen will, dann wäre es unter den gegebenen Umständen schlecht, ihm seine Schlaftabletten zu geben, gleichgültig ob sie ihm gehören oder nicht und ob ich in guter oder schlechter Absicht handle (vgl. S.th. I–II 19, 2, ad 2). Zweitens kann ich das Rechte wollen, wenn es passend ist, aber mit einer schlechten Absicht. Wenn ich etwa jemandem helfe, wenn er Hilfe braucht, aber nur deshalb, weil ich hoffe, von ihm als Erbe seines Vermögens eingesetzt zu werden, so handle ich im ganzen schlecht, auch wenn ich etwas der Art nach Gutes tue. Drittens kann ich etwas Gutes beabsichtigen, aber dabei doch etwas Schlechtes tun, um diese Absicht auch verwirklichen zu können, so, wenn ich stehle oder töte, um anderen helfen zu können. In all diesen Fällen ist der Wille als ganzer schlecht, weil er in einer Hinsicht schlecht ist. Natürlich könnte mein Wille auch in mehrerlei Hinsicht schlecht sein. So wäre es viertens denkbar, daß ich zwar das Rechte will, aber zur falschen Zeit und aus den falschen Gründen, so, wenn ich dem Selbstmordgefährdeten seine Schlaftabletten in der Absicht gebe, er möge sich mit ihnen umbringen. Und schließlich könnte ich noch fünftens das Schlechte in schlechter Absicht wollen, wenn ich etwa jemanden umbringe, um ihn berauben zu können, oder, um ein Beispiel von Thomas zu wählen, wenn ich stehle, um die Ehe zu brechen (S.th. I–II 18,6). In diesem Fall füge ich einem Unrecht ein zweites hinzu und begehe gleichsam »zwei Bosheiten in einem Akt« (duas malitias in uno actu; S.th. I–II 18, 7). Wenn mein Wille aber in gewisser Hinsicht auch besser ist, wenn er nur in einer und nicht gleich in mehrfacher Hinsicht fehlgeht, so wird er dadurch doch niemals gut. Es mag zwar besser sein, in guter Absicht das Falsche zu tun, aber gut ist es darum trotzdem nicht. Eine schlechte Tat vermag auch die beste Absicht nicht zu entschuldigen. Der Zweck heiligt niemals die Mittel. Was einmal schlecht ist, bleibt es auch. Hingegen bleibt eine gute Tat niemals gut, wenn ihr eine schlechte Absicht zugrunde liegt.

Paradoxe Konsequenzen

Nun scheint aber die Annahme einer solchen Asymmetrie, wenigstens hinsichtlich der Umstände einer Handlung, unannehmbare Konsequenzen zu haben. Denn wenn die Umstände zwar eine an sich gute Handlung in eine schlechte verwandeln können, nicht aber eine schlechte in eine gute, dann gibt es offenbar Situationen, in denen wir nicht anders als schlecht handeln können. Wenn es zum Beispiel immer schlecht bleibt, dem anderen das Seine vorzuenthalten, dann handle ich auch dann schlecht, wenn ich dem anderen seine Tabletten, mit denen er sich umbringen will, *nicht* gebe. Sie ihm aber zu geben, wäre unter diesen Umständen, wie wir gesehen haben, ebenfalls schlecht. Da wir aber nur das eine oder das andere tun können, müssen wir, und zwar ohne daß wir daran irgendwie schuld wären, notwendig etwas Schlechtes tun. Das mag auch tatsächlich so sein – vielleicht sind sogar die meisten moralisch relevanten Situationen ähnlich paradox beschaffen – aber für Thomas dürfte es eine solche Lage, in der ein gutes Handeln von vornherein ausgeschlossen ist, eigentlich nicht geben. Denn es ist unmöglich, daß Gott uns das Gute zum Ziel setzt und zugleich die Welt so einrichtet, daß wir in unserem Bestreben, es zu erlangen, scheitern *müssen*. Wenn wir das Gute wollen *sollen*, muß es auch ein Gutes geben, das wir wollen *können*. Die paradoxe Konsequenz spricht also gegen die kombinierte Auffassung, daß es zwar einerseits keine Handlungen gebe, die nicht auch unter bestimmten Umständen schlecht sein können, andererseits aber durchaus welche, die niemals, unter welchen Umständen auch immer, gut sein können. Wenn ich also voraussetze, daß es immer schlecht ist, fremdes Eigentum gegen den Willen des Eigentümers zu behalten, dann muß ich sinnvollerweise auch annehmen, daß es immer gut ist, es nicht gegen seinen Willen zu behalten – und zwar ganz gleichgültig, welche Folgen dies im Einzelfall haben mag. Betrachte ich hingegen die Umstände als moralisch relevant, dann muß ich dies sinnvollerweise hinsichtlich des Guten wie des Schlechten tun. Das heißt: Wenn es unter bestimmten Umständen schlecht ist, jemandem sein Eigentum zu überlassen, dann ist es unter diesen Umständen auch gut, es nicht zu tun. Nun scheint Thomas sich nicht recht entscheiden zu können. Weder kann er sich dazu entschließen, mit Abaelard die Moralität einer Handlung gänzlich von den Umständen abhängig zu machen, noch dazu, diese für völlig gleichgültig zu erklären. Dabei ist er ja zuweilen durchaus bereit anzuerkennen, wie sehr die moralische Bewertung der Handlung von den Besonderheiten der Situation abhängt. So hatten wir anläßlich der Erörterung des ethischen Wissens bereits gesehen, daß zwar die Prinzipien des natürlichen Gesetzes unwandelbar feststehen, die Ableitungen aber mit zunehmender Berücksichtigung des Besonderen immer ungewisser werden (S.th. I–II 94, 4). Da wir aber niemals alle möglichen Besonderheiten kennen – jede neue Situation ist anders als die vorhergehenden – läßt sich auch im vorhinein nicht sagen, welche Umstände einmal

Relevanz gewinnen werden und welche nicht. Letzten Endes läßt sich darum nur aus der jeweiligen Situation heraus entscheiden, ob eine Handlung vernünftig ist oder nicht. So wirkt auch der Versuch einer Trennung von Handlungsgegenstand und erforderlichen Umständen willkürlich, da sich ja der Gegenstand ohne solche Umstände (z.B. Unschuld) gar nicht erst bestimmen läßt und auch nicht ersichtlich ist, warum nicht noch andere (bekannte oder unbekannte) Umstände für die Konstitution des Handlungsgegenstandes relevant sein sollen. Thomas bemerkt dies auch selbst und korrigiert sich dahingehend, »daß dasjenige, was bei der einen Handlung als ein bloß hinzukommender Umstand zum Objekt (circumstantia superaddita objecto), das die Art der Handlung bestimmt, genommen wird, in einem anderen Fall von der ordnenden Vernunft als wichtigstes Merkmal des Objektes, welches die Art der Handlung bestimmt, genommen werden kann«. Wann immer also »irgendein Umstand sich auf eine besondere Ordnung der Vernunft, sei es dafür oder dagegen, bezieht, verleiht der Umstand notwendigerweise der entweder sittlich guten oder sittlich schlechten Handlung die Artbestimmung« (S.th. I–II 18, 10).

Gibt es moralisch indifferente Handlungen?

Wir hatten gesehen, daß Handlungen (bzw. Willensakte) Thomas zufolge dann gut sind, wenn sie (in jeder Hinsicht) mit der natürlichen Vernunftordnung übereinstimmen, und schlecht, wenn sie (in mindestens einer Hinsicht) dagegen verstoßen. Nachdem nun deutlich geworden ist, daß die Umstände, insofern sie moralisch relevant sind, mit in die Beschreibung des Gegenstandes eingehen müssen, läßt sich also sagen, daß eine Handlung dann gut ist, wenn *sowohl* der Gegenstand *als auch* die Absicht vernünftig sind, und schlecht, wenn *entweder* der Gegenstand *oder* die Absicht widervernünftig ist (S.th. I–II 20, 2). Es scheint aber, als gäbe es auch Handlungen, die weder das eine noch das andere sind, weil sie in keiner Weise auf die Vernunft bezogen sind. »Es kann aber vorkommen«, schreibt Thomas, »daß das Objekt einer Handlung nichts beinhaltet, was zur Ordnung der Vernunft gehört, wie etwa einen Grashalm vom Erdboden aufzuheben, ins Freie zu gehen und dergleichen. Solche Handlungen sind ihrer Art nach indifferent.« (S.th. I–II 18, 8) Nun braucht aber etwas, das der *Art* nach indifferent ist, nicht unbedingt auch im konkreten Vollzug indifferent zu sein. Denn es gibt ja keine Handlung (im engeren Sinne), die nicht willentlich im Sinne von beabsichtigt wäre. Was ich unwillkürlich tue, etwa mir den Bart zu streichen oder Hand und Bein (ohne besonderes Ziel) zu bewegen, zählt nämlich nicht als Handlung. Jede Handlung also, die den Namen verdient, verfolgt einen Zweck, das heißt, der Wille richtet sich seiner Form nach (formaliter) auf das Gute und seinem Stoff nach (materialiter) auf irgend etwas – was es auch sei –, das dem Handelnden für gut gilt. Und so gibt es nur zwei Möglichkeiten: Entweder ist der verfolgte Zweck tatsächlich gut (das heißt vernunftgemäß) oder aber er ist es nicht. Im einen Fall ist die Handlung gut, im anderen schlecht. *Tertium non datur.* Weil die Handlungsart allein durch den Gegenstand bestimmt wird, kann es Handlungsarten geben, die indifferent sind, zum Beispiel »einen Grashalm vom Erdboden aufheben«; weil aber die wirklich stattfindende Handlung stets durch Gegenstand *und* Absicht bestimmt wird, kann sie niemals moralisch gleichgültig sein (S.th. I–II 18, 9). Selbst einen Grashalm vom Erdboden aufzuheben oder den Raum zu verlassen, ist dann entweder gut oder aber schlecht, je nach dem beabsichtigten Zweck. Denn wenn jemand so handelt, muß es einen Grund geben, warum er so handelt (sonst würde er nicht so *handeln*). Thomas erläutert leider nicht weiter, inwiefern es schlecht oder gut sein könnte, einen Grashalm aufzuheben. Seine These illustriert er anhand einer anderen, ebenfalls der Art nach gleichgültigen Handlung, nämlich der Nahrungsaufnahme. Wann immer ich esse, tue ich es aus bestimmten Gründen, entweder um meine Gesundheit aufrechtzuerhalten oder um meinen Hunger zu stillen oder wegen irgend etwas anderem. Vernünftig und somit gut kann der Akt des Essens aber nur dann sein, wenn es mir (unter anderem) auch um meine Gesundheit zu tun ist, denn dies ist ja der objektive Zweck der Ernährung. Nun kann es aber sein, daß ich zwar nach Gesundheit strebe, aber meine Gesundheit mir nur dazu dienen soll, möglichst lange möglichst viele Ungerechtigkeiten begehen zu können. In diesem Fall wäre auch der gesundheitserhaltende Akt des Essens schlecht (S.th. I–II 18, 9, ad 3). Ebenso läßt sich denken, daß auch das Hinausgehen eine schlechte Handlung wäre, wenn ich etwa hinausginge, um jemanden zu töten. Was wäre aber, wenn ich nur hinausginge, um die Toilette zu benutzen oder ein wenig Luft zu schnappen? Thomas würde sicher sagen, daß auch das vom weiteren Zweck abhänge. Insofern ich nur ein natürliches Bedürfnis befriedigen würde, täte ich wohl nichts Schlechtes, vorausgesetzt natürlich, ich täte es in der rechten (vernunftgemäßen) Weise. Aber ich würde auf diesem Weg ja auch meine Gesundheit erhalten, und diese wiederum würde mir zum Guten oder zum Schlechten dienen. Und so wäre auch das Hinausgehen beziehungsweise das Hinausgehenwollen wieder gut oder schlecht gewesen. Offenbar meint Thomas, daß keine unserer Handlungen (die zugrundeliegenden Willensakte immer eingeschlossen) losgelöst von den anderen ist. Sie alle fügen sich ein in den Gesamtzusammenhang des jeweiligen Lebens, indem sie irgendwelchen Zwecken dienen, die wiederum anderen Zwecken dienen und so fort bis zu dem letzten Zweck, den wir unserem Leben als ganzem geben. Nur wenn unser Leben einen solchen letzten Zweck hat, und nur wenn dieser Zweck das wahrhaft Gute ist, dem nachzustreben wir geschaffen sind, können auch unsere Handlungen uneingeschränkt als gut gelten (S.th. I–II 19, 9).

Angleichung an den göttlichen Willen

Nun ist, wie der Gläubige weiß, das höchste Gut, für sich selbst betrachtet, nichts anderes als Gott. Entsprechend besteht für den Menschen das höchste erreichbare Gut darin, das Wesen Gottes zu schauen (visio divinae essentiae) und so weit wie möglich mit ihm vereint zu sein (unio ad deum; S.th. I–II 3, 8). Somit wären Willensakt und Handlung also dann gut, wenn sie sowohl subjektiv (von der Absicht her) als auch objektiv (vom Gegenstand her) der Verwirklichung dieses letzten, uns von Gott selbst zugedachten Zweckes dienen. Dies können sie aber offenbar nur dann, wenn sie mit dem göttlichen Willen übereinstimmen (S.th. I–II 19, 9), denn der Wille Gottes ist ja das ewige Gesetz der Welt. Es scheint also, als müßten wir, um langfristig das höchste Gut erreichen zu können, jederzeit als Zwischenziel das wollen, was auch Gott will. Nun ist es aber aus verschiedenen Gründen unmöglich, immer das zu wollen, was Gott will. Erstens kennen wir ja den göttlichen Willen in den meisten Fällen überhaupt nicht, zweitens müßten wir dann auch unter Umständen unsere eigene Verdammnis wollen (wenn nämlich Gott sie will – was doch etwas viel verlangt wäre), und drittens müßten wir sogar Dinge wollen, die offensichtlich der Pflicht gegen unseren Nächsten widerstreiten, wie wenn ich zum Beispiel den Tod meines eigenen Vaters wollte, nur weil Gott ihn sterben läßt. Es ist dann zwar klar, daß Gott seinen Tod will (sonst würde er nicht sterben), aber *ich* als sein Sohn kann ihn dennoch nicht wollen, ohne mich schuldig zu machen. Also scheint es, als seien wir doch nicht dazu gehalten, stets das zu wollen, was Gott will (S.th. I–II 19, 10). Um diese Schwierigkeit aufzulösen, verweist Thomas auf die verschiedenen Hinsichten, unter denen ein und dieselbe Sache zuweilen betrachtet werden kann. Was in der einen Hinsicht gut ist, kann durchaus in anderer Hinsicht schlecht sein, und umgekehrt. Darum kann einer etwas wollen, insofern es gut ist, und ein anderer dasselbe nicht wollen, insofern es schlecht ist. Obwohl beide dann Gegenteiliges wollen, ist doch beider Wille gut. Zum Beispiel mag ein Richter wollen, daß ein Schuldiger getötet werde, dessen Ehefrau hingegen, daß er nicht getötet werde. Der Richter will die Hinrichtung, weil es gerecht ist (quia justa est), die Frau hingegen will sie nicht, weil es gemäß der Natur schlecht ist (secundum naturam mala est), einen Menschen zu töten (S.th. I–II 19, 10). Beide haben laut Thomas recht, weil der Wille in beiden Fällen auf ein Gut gerichtet ist. Daß der Richter anders entscheidet, als es die Ehefrau tun würde, liegt hier nur daran, daß er für ein Gut von größerer Allgemeinheit (wörtlich: »ein gemeinschaftlicheres Gut«, bonum communius) Sorge trägt, wie es ihm als Richter zukommt. Weil er das allgemeine Wohl im

Auge behalten muß, vertritt er den Standpunkt der Gerechtigkeit. Der Ehefrau (wie überhaupt jedem engeren Familienmitglied) ist es hingegen in erster Linie nicht um das Gemeinwohl zu tun, sondern um das private Wohl ihrer Familie, und etwas anderes ist von ihr auch nicht zu verlangen. So ist auch ihr Wille gut. Was nun Gott angeht, so geht sein Wirkungsfeld noch über das des Richters hinaus: Sein leitender Gesichtspunkt ist nicht das Wohl der menschlichen Gemeinschaft, sondern vielmehr das Wohl des gesamten Universums (bonum totius universi) – und nicht immer fällt beides zusammen. Da es aber unsere Kräfte bei weitem übersteigen würde, müßten wir stets das Wohl des Ganzen im Auge behalten, so sind wir auch nicht gehalten, dies zu tun. Darum ist es möglich, daß wir etwas wollen, was Gott nicht will, ohne daß wir uns deswegen schuldig machten. Sich dem göttlichen Willen zu fügen, heißt eben nicht einfach zu wollen, was Gott will. Was wir Menschen vielmehr wollen sollen, ist das, von dem Gott will, daß *wir* es wollen. Und Gott will, daß es dem Richter um die Gerechtigkeit zu tun ist und der Ehefrau um das Leben ihres Mannes. Freilich ist beider Wille nur dann gut, wenn er formal noch auf das umfassende göttliche Gut als letztes Ziel hin ausgerichtet bleibt. Das Besondere sollte also niemals allein um seiner selbst willen, sondern immer auch um des Allgemeinen willen erstrebt werden (S.th. I–II 19, 10).

Die Frau, die nicht den Tod ihres Mannes will, obwohl dieser eines Verbrechens für schuldig befunden wurde, ist also nach Thomas in ihrem Wollen gerechtfertigt, sofern sie glaubt, daß es dies ist, was Gott von ihr erwartet. Das stellt uns allerdings vor die schwierige Frage, mit welcher Konsequenz sie dies wollen darf. Hätte sie zum Beispiel auch das moralische Recht, alles daran zu setzen, den Tod ihres Mannes zu verhindern, indem sie ihm etwa zur Flucht verhilft oder gar den Richter, von dem sie weiß, daß er das Todesurteil verkünden wird, ihrerseits tötet? Nach Thomas ist ja nur der Wille vollkommen, »der, wenn die Gelegenheit gegeben ist, auch handelt« (S.th. I–II 20, 4). Wenn es also ihre (gottgewollte) Pflicht ist, ausschließlich das Wohl ihrer Familie zu erstreben, müßte sie im Recht sein, auch entsprechend zu handeln. Wenn sie hingegen nicht im Recht ist, dann würde ihr doch ein allgemeinerer Standpunkt zugemutet. Warum aber sollte man dann noch sagen, es sei gut von ihr, den Tod ihres Mannes nicht zu wollen?

Die Pflicht zum Wissen

Nehmen wir aber einmal an, es sei tatsächlich gut, und fragen wir weiter, woher sie *weiß*, daß es gut ist. Woher wissen wir, was in einer bestimmten Situation zu wollen und zu tun ist? Wir sagten es schon: durch die Vernunft. Aber was ist, wenn unsere Vernunft sich irrt und uns etwas als gut vorstellt, was in Wahrheit gar nicht gut ist? Sind wir dann gerechtfertigt, wenn wir entsprechend wollen und handeln, also so, wie es uns die falsche Vernunft zu tun nahelegt? Abaelard hatte diese Frage bejaht, weil er dachte, es sei unvernünftig, jemandem vorzuwerfen, etwas getan zu haben, was ihm sein Gewissen zu tun gebot. Thomas ist jedoch anderer Meinung. Zwar stimmt er mit Abaelard darin überein, daß es in jedem Fall schlecht sei, gegen das eigene Gewissen zu handeln (also selbst dann, wenn es irren sollte; S.th. I–II 19, 5), aber er beharrt doch auch darauf, daß es ebenfalls schlecht sei, einem irrenden Gewissen zu folgen. Der Grund entspringt Thomas' Grundüberzeugung, daß es niemanden gibt, der nicht wüßte oder zumindest wissen könnte, was zu tun und was zu lassen ist. Die Prinzipien des Naturgesetzes seien, wie wir gesehen haben, jedem Menschen bekannt, und wenn einer (z.B. durch die Gewöhnung an ein lasterhaftes Leben) die Fähigkeit verliert, das Richtige daraus abzuleiten, so ist es seine eigene Schuld. Er mag zwar dann nicht wissen, was zu tun ist, aber er könnte und sollte es doch wissen, und darauf allein kommt es an. Obwohl sich schlechtes Handeln mitunter durch mangelndes Wissen entschuldigen läßt, so doch nicht in diesem Fall. Ob ein Entschuldigungsgrund vorliegt oder nicht, hängt nämlich ganz von der *Art* der Unwissenheit ab (S.th. I–II 6, 8). So kann man zum Beispiel über etwas unwissend sein, das den Gegenstand der Handlung betrifft, ohne daß dies den Willen in irgendeiner Weise beeinflussen würde. Es ist möglich, daß ich zwar die genauen Umstände nicht kenne (also z.B. nicht weiß, daß ich durch mein Handeln jemand anderem schade), aber doch ganz genauso gehandelt hätte, wenn sie mir bekannt gewesen wären. In diesem Fall würde ich nicht eigentlich *unfreiwillig* (involuntarium), also *gegen* meinen Willen, gehandelt haben, sondern höchstens *nicht freiwillig* (non voluntarium), das heißt *ohne* meinen Willen. Darum trage ich trotz mangelnden Wissens die volle Verantwortung für mein Tun. Zweitens kann die Unkenntnis aber auch selbst freiwillig sein, wenn einer nämlich dem Wissen, das er haben könnte, aus dem Wege geht, sei es absichtlich, etwa um eine Entschuldigung für sein Handeln zu haben, oder aus purer Nachlässigkeit (S.th. I–II 6, 8; 19, 6). So verdankt sich also seine Willensausrichtung nicht der Unwissenheit, sondern umgekehrt die Unwissenheit seinem Willen. Da er somit nicht wissen will, was er doch wissen kann, bleibt auch er verantwortlich für sein Handeln. »Wenn also die Vernunft beziehungsweise das Gewissen sich im Irrtum befindet und dieser Irrtum ein willentlicher ist, und zwar entweder im unmittelbaren Sinne oder nur im mittelbaren aufgrund von Nachlässigkeit, weil es ein Irrtum bezüglich dessen ist, was zu wissen man gehalten ist, dann entschuldigt ein solcher Irrtum der Vernunft beziehungsweise des Gewissens keineswegs, so daß ein Wille, der mit einer solchermaßen irrenden Vernunft oder Gewissensentscheidung übereinstimmt, schlecht ist.« (S.th. I–II 19, 6; vgl. 76, 1–4) Gerechtfertigt ist der Wille nur dann, wenn ihm das Nichtwissen konstitutiv vorausgeht. Nur wenn einer den entscheidenden Umstand aus irgendwelchen Gründen nicht kennen *konnte* und er, wenn er ihn gekannt hätte, anders gehandelt haben würde, ist sein Wille von jeder Schuld freizusprechen. Wenn zum Beispiel, erläutert Thomas, ein Mann mit einer Frau geschlechtlich verkehrt, die nicht die seine ist, die er aber dafür hält, handelt er nicht schlecht, da sein Wille ja immer auf das (wirklich und nicht nur scheinbar) Gute gerichtet bleibt. Etwas ganz anderes wäre es hingegen, wenn er zwar wüßte, was er tut, aber dabei gar nicht dächte, es sei irgend etwas Schlechtes daran. Ein solcher Irrtum ist nicht entschuldbar, weil es hier um das Gesetz Gottes geht, das zu kennen er gehalten ist (quam scire tenetur; S.th. I–II 19, 6). Ähnlich ließe sich sagen, daß ein Richter, der einen Unschuldigen zum Tode verurteilt, gerechtfertigt ist, wenn er ihn (nach sorgfältiger Prüfung) für schuldig hält, nicht aber, wenn er weiß, daß er unschuldig ist, jedoch glaubt, daß man unter bestimmten Umständen (etwa aus Gründen der Staatsräson) auch Unschuldige töten lassen dürfe. Ein Dieb ist gerechtfertigt (und daher eben kein Dieb im eigentlichen Sinne), wenn er die fremde Geldbörse, die er an sich nimmt, für seine eigene hält. Er ist aber ohne Einschränkung schuldig, wenn er allen Ernstes der Meinung ist, man dürfe nehmen, was anderen gehört, sofern man es gerade braucht. Freilich würden sich solche – ihres Unrechts nicht bewußte – Ehebrecher, Richter und Diebe nach Thomas auch dann (vor Gott) schuldig machen, wenn sie, aus was für Gründen auch immer, *gegen* ihre falsche Überzeugung handelten, weil sie dann zwar das Gute täten, aber im Glauben, es sei etwas Schlechtes. Denn »daß ein Wille gut ist, erfordert, daß er sich unter dem Aspekt des Guten (sub ratione boni) auf das Gute richtet, das heißt, daß er das Gute will, *weil* es gut ist (velit bonum et propter bonum)« (S.th. I–II 19, 7, ad 3). Was sie also auch täten, wäre schlecht, solange nämlich ihr Irrtum fortbesteht. Dennoch befänden sie sich nicht in einer ausweglosen Situation, da sie ja in keiner Weise gezwungen wären, sich zu irren. Ihr Irrtum ist überwindbar (vincibilis), so daß es ganz von ihnen abhängt, ob sie wieder zu gutem Handeln fähig werden oder nicht (S.th. I–II 19, 6, ad 3).

Tugend, Gnade und Freiheit

Die Leidenschaften

Keinem Menschen ist also nach Thomas jemals die Einsicht verwehrt; jeder weiß ganz genau, was gut ist und was nicht, oder wenn er es nicht weiß, so nur darum, weil er es nicht wissen *will*. Da aber der Wille, als ein seinem Wesen nach vernunfthaftes Streben, sich stets auf das richtet, was sich ihm als gut zu erkennen gibt, wird jeder, der weiß, was gut ist, notwendig auch wollen, was gut ist (und es somit auch tun, sofern er nicht an der Ausführung gehindert wird). Insofern dürfte es eigentlich gar keinen schlechten (also das Schlechte wollenden) Willen geben. Da es ihn aber doch gibt, muß das menschliche Handeln durch mehr als nur durch Vernunft und Wille bestimmt werden. Es muß irgend etwas Drittes hinzukommen, das gegebenenfalls entweder dafür sorgt, daß der Wille sich nicht nach der Vernunft richtet, oder aber, daß es der Vernunft nicht gelingt, das Gute zu erkennen. Wie oben schon erwähnt, glaubt Thomas dieses Dritte in den Leidenschaften der Seele (passiones animae) gefunden zu haben[18], die nicht dem Willen (als einem vernunfthaften und daher freien Strebevermögen) zuzuordnen sind, sondern dem sinnlichen (und von daher den körperlichen Einwirkungen anheimgegebenen und somit unfreien) Strebevermögen (appetitus sensitivus) (S.th. I–II 22, 3).

Die Leidenschaften teilt der Mensch mit den Tieren. Sie lassen sich in zwei Gruppen einteilen, in die des Zorns (passiones irascibiles) und die der Begierde (passiones concupiscibiles; S.th. I 81, 2; I–II 23, 1). Zu letzteren zählen alle Leidenschaften, die direkt mit dem sinnlich Guten und Schlechten zu tun haben, also dem aktuellen Erleben von Lust und Schmerz. Hierzu gehören die Freude über ein vorhandenes Gut und die Trauer über ein vorhandenes Übel ebenso wie die Liebe und der Haß. Hingegen entstehen die Leidenschaften des Zorns immer dann, wenn der Erlangung eines solchen Guts beziehungsweise der Vermeidung eines solchen Übels irgend etwas entgegensteht, wenn also das begehrte Gut *nicht* vorhanden und nur unter Schwierigkeiten (arduum) zu erwerben ist, beziehungsweise das Übel noch nicht vorhanden, aber nur unter Schwierigkeiten zu vermeiden ist. Hoffnung

[18] Es soll jedoch nicht verschwiegen werden, daß Thomas ungeachtet seiner eigenen Annahmen über die Natur des Willens und der Vernunft einräumt, daß es Menschen gibt, die nicht aus Leidenschaft, sondern aus sicherer Bosheit (ex certa malitia) das Schlechte tun, also das Böse um des Bösen willen. (I–II 78) Zu erklären ist ein solches Handeln aber nicht mehr, auch nicht durch die angebliche Fähigkeit zum »freien Wahlentscheid« (liberum arbitrium; I–II 79, 2), welche das Rätsel ja nicht etwa löst, sondern nur der buchstäblichen Grundlosigkeit des Bösen einen Namen gibt.

und Verzweiflung, Furcht und Kühnheit fallen unter diese Kategorie (S.th. I–II 23, 1). Nun drängt jede Leidenschaft den an ihr Leidenden in eine bestimmte Richtung; sie legt ihm nahe, so oder so zu handeln. Würde uns Menschen (wie den Tieren) kein anderes Handlungsprinzip zur Verfügung stehen als dieses, würden wir unseren Leidenschaften notgedrungen folgen müssen. Tatsächlich besitzen wir aber Vernunft und einen freien Willen, so daß uns die Leidenschaft nur dann bewegen kann, wenn unser Wille dies auch zuläßt (S.th. I 81, 3). So sind menschliche Handlungen niemals unmittelbar auf das Wirken einer Leidenschaft zurückzuführen. Unser Haß leitet uns nur dann, wenn wir uns auch von ihm leiten *lassen*, weshalb auch eine aus Haß verübte Handlung der moralischen Beurteilung zugänglich bleibt. Das heißt nicht, daß sie notwendig schlecht wäre, denn mit Aristoteles nimmt Thomas an, daß dies davon abhängt, ob die betreffende Leidenschaft in der gegebenen Situation nach Maßgabe der Vernunft gerechtfertigt ist oder nicht.[19] Auch der Haß hat seinen Platz und kann zuweilen gut sein (z.B. der Haß auf die Sünde). Freilich gibt es nach Thomas auch Leidenschaften, die niemals gut sind, weil sie bereits (ähnlich wie auch bestimmte Handlungsgegenstände) der Art nach schlecht sind, so etwa der Neid (d.i. die Traurigkeit darüber, daß andere ein Gut besitzen; S.th. I–II 24, 4).

Daß die Leidenschaften stets dem Willen unterworfen sind, meint allerdings noch mehr, als daß wir unsere Handlungen auch unter deren Einfluß noch in unserer Gewalt haben. Nach Thomas hängt es auch vom Willen ab, ob eine Leidenschaft überhaupt auftritt (S.th. I–II 24, 1). Nicht nur entscheiden wir frei darüber, ob wir unserem Haß nachgeben oder nicht, sondern wir entscheiden letztlich auch, *ob* wir hassen oder nicht beziehungsweise *wann* wir es tun. Wenn aber auch unsere Leidenschaften freiwillig sind (und nur dann), können sie bei der Beurteilung der sittlichen Qualität des Willens nicht einfach außer acht gelassen werden, wie Abaelard es getan hatte. Zum vollendeten Gutsein gehört eben auch die rechte Gefühlslage. Obgleich es wohl gut sein

[19] Vgl. GE 1, S. 96–104.

mag, das Gute zu tun um des Guten willen, so ist es zweifellos noch besser, das Gute *freudig* zu tun. »Wie es also besser ist, daß der Mensch das Gute sowohl will als auch tut, so gehört es auch zur Vollkommenheit des sittlich Guten, daß der Mensch zum Guten nicht nur durch seinen Willen, sondern auch durch sein sinnliches Begehrvermögen gezogen wird.« (S.th. I–II 24, 3)

Tugend als Habitus des sinnlichen Begehrvermögens

Das eigentliche moralische Problem besteht nun darin, daß das sinnliche Begehrvermögen, anders als der Wille, nicht schon von sich aus zum Guten strebt. Zwar erscheint auch ihm alles gut, was es begehrt, aber es ist grundsätzlich nicht fähig, zwischen dem wahrhaft Guten und dem nur scheinbar Guten zu unterscheiden. Der Wille hingegen hat diese Fähigkeit von Natur aus, weil er sich wesenhaft an der erkennenden Vernunft orientiert. Sicher täuscht er sich zuweilen, aber dann nur, weil ihm irgend etwas (und das kann nur eine Leidenschaft sein) den rechten Blick verstellt. Seinem Wesen nach sieht der Wille klar. Das sinnliche Begehrvermögen aber ist gegen den Unterschied von Schein und Sein von Anfang an blind und bleibt es auch. Das heißt, wenn wir erkennen, was wirklich gut ist, werden wir dies zwar wollen, aber nicht notwendig auch sinnlich begehren. Die beiden Arten des Begehrens, das vernunfthafte und das sinnliche, können diametral entgegengesetzt sein. So wollen wir vielleicht in der Gefahr ausharren (weil wir wissen, daß es gut ist, dies zu tun), aber wir fürchten uns, und unsere Furcht treibt uns, davonzulaufen. Oder wir wollen treu sein, aber unsere sexuelle Begierde ist zu groß und treibt uns, untreu zu werden. Ob der Wille oder aber das sinnliche Begehren Oberhand gewinnt, hängt dann davon ab, wie stark im Einzelfall unser Wille ist. Denn wir können ja eine Sache mehr oder weniger intensiv wollen (S.th. I–II 20, 4) und entsprechend unserem Begehren viel oder wenig Widerstand entgegensetzen. Allerdings ist auch die Intensität des Willens wiederum willentlich, das heißt, wir können unser Handeln nicht entschuldigen, indem wir auf unsere angebliche Willensschwäche verweisen. Wie sehr wir etwas wollen, hängt allein von uns ab. Aber selbst wenn unser Wille stark genug wäre, um stets über unser sinnliches Begehren den Sieg davonzutragen, bliebe doch die Notwendigkeit des ständigen Kampfes ein entscheidender Makel ebendieses Willens.[20] Wenn einer zum Beispiel häufig Almosen gibt, aber immer ungern und also nur, um einer vermeintlichen Pflicht (gegenüber Gott oder dem anderen) Genüge zu tun und obwohl er sein Geld lieber behalten würde, hat sein Handeln wenig oder gar keinen sittlichen Wert (honestum; S.th. I–II 39, 2, ad 2). Als wirklich gut kann der Wille nur gelten, wenn er es nicht mehr nötig hat, zu kämpfen. Dies ist dann der Fall, wenn das sinnliche Begehren niemals zur selben Zeit etwas anderes erstrebt als der Wille. Dazu bedarf es einer bestimmten stabilen Verfaßtheit des sinnlichen Begehrvermögens, eines Habitus, den es nicht von Natur aus besitzt und daher erst erwerben muß. Diese Verfaßtheit ist die Tugend (virtus) (S.th. I–II 55, 1).

Tugend als Vollendung des guten Willens

Die Tugend ist nach Thomas die Vollendung des guten Willens. Das heißt nicht nur, daß der Wille ohne Tugend nicht vollkommen gut sein kann, sondern auch, daß die Tugend immer gut ist und niemals zum Schlechten mißbraucht werden kann. Tugend ist also nicht nur notwendige, sondern auch hinreichende Bedingung des (vollendet) guten Willens und guten Handelns. Obwohl nicht jeder Tugend besitzt, der das Gute um des Guten willen will, will doch jeder, der Tugend besitzt, das Gute um des Guten willen – und handelt entsprechend (S.th. I–II 55). Es ist also nicht möglich, daß unser sinnliches Begehrvermögen uns habituell zum Guten drängt, aber unser Wille sich dennoch für das Schlechte entscheidet. Das liegt wohl daran, daß es in einem solchen Fall nichts mehr gäbe, was unsere (praktische) Vernunft an der

[20] Vgl. Aristoteles' Unterscheidung zwischen Besonnenheit und Beherrschtheit. GE 1, S. 107–110.

rechten Einsicht hindern könnte, oder den Willen daran, dieser Einsicht zu folgen, wie es seiner Natur entspricht. Darum kann Thomas allgemein und ohne Einschränkung sagen, daß gut und tugendhaft (bonus et virtuosus) derjenige sei, »der an den Werken der Tugenden Freude hat, böse aber, wer sie an bösen Werken hat« (S.th. I–II 34, 4). Tugendhaft ist also nicht etwa der, der Gutes tut, sondern derjenige, der das Gute, das er tut, *liebt*. Die Liebe des Guten (und der Haß des Schlechten) vollendet den guten Willen, weil sie den ganzen Menschen, gemäß dem ihm von Gott gesetzten Ziel, auf das Tun des Guten hinordnet, denn eben das meint ja Habitus: die Hinordnung auf das Handeln (S.th. I–II 49, 3). Wer so glücklich ist, im Besitz der Tugend zu sein, tut das Gute mit größter Selbstverständlichkeit und Leichtigkeit. Darum braucht ein solcher Mensch auch kein Gesetz, also nichts, was ihn zum rechten Handeln mahnen und notfalls zwingen müßte, denn ihm ist ja das Gesetz gewissermaßen zur zweiten Natur geworden (S.th. I–II 96, 5). Er ist, wie Thomas sagt, *schlechthin* gut (simpliciter bonus), das heißt, nicht in dieser oder jener Hinsicht, sondern im ganzen: als *Mensch*. Damit begrenzt Thomas den aristotelischen Tugendbegriff ausdrücklich auf den Kreis der sittlichen Tugenden. Die sogenannten dianoetischen Tugenden, also die von Aristoteles noch sehr stark gewichteten Tugenden des Verstandes, treten bei ihm in den Hintergrund und werden faktisch ausgesondert, weil sie das Gute nur ermöglichen, aber nicht, wie die echten Tugenden, garantieren (S.th. I–II 56, 3).

Erwerb und Verlust der Tugend

Wie aber gelangt ein Mensch in den Besitz von Tugend? Wie kommen wir dazu, das Gute nicht nur (aufgrund eines Vernunfturteils) zu *wollen*, sondern auch mit ganzer Seele zu *lieben*? Vorstellbar wäre zunächst, daß manche Menschen einfach von Natur aus tugendhaft sind, so wie ja auch die Prinzipien des natürlichen Gesetzes als Habitus der praktischen Vernunft zur natürlichen Ausstattung des Menschen gehören, nur daß eben nicht alle Menschen mit Tugend begabt sind. Und tatsächlich scheinen wir ja von Natur aus in unterschiedlichem Maße auf das Tun des Guten hin ausgerichtet zu sein. Während der eine aufgrund seiner körperlichen Verfaßtheit zur Keuschheit neigt, neigt ein anderer mehr zur Sanftmut (S.th. I–II 51, 1). Manche sind von ihrer Anlage her tapferer und andere besonnener, und wer solche Gemütseigenschaften besitzt, dem fällt zweifellos vieles leichter, was das Gesetz von ihm zu tun verlangt. Dennoch sind solche Eigenschaften nach Thomas noch keine sittlichen Tugenden, weil nämlich das Begehrvermögen von sich aus nicht zwischen Situationen zu unterscheiden vermag, in denen die betreffende Eigenschaft angebracht ist, und solchen, in denen sie es nicht ist (S.th. I–II 63, 1). Unter welchen Umständen nämlich was auf welche Weise zu begehren ist, kann nur die Vernunft entscheiden, und zwar dadurch, daß sie die dem Verstand eingeborenen naturgesetzlichen Prinzipien auf die jeweilige besondere Situation bezieht. Damit dies in der rechten Weise geschieht, bedarf es einer besonderen Fähigkeit, die Thomas in Anlehnung an Aristoteles *Klugheit* (prudentia) nennt (S.th. I–II 58, 4). Eine Verhaltensdisposition, die nicht von Klugheit gelenkt wird, gleicht, mag sie ansonsten sein, wie sie will, einem galoppierenden blinden Pferd: Je schneller es läuft, um so größer ist die Gefahr, daß es Schaden nimmt oder verursacht (S.th. I–II 58, 4, ad 3). Sittliche Tugenden kann es daher nicht ohne Klugheit geben, wie übrigens auch keine Klugheit ohne die übrigen Tugenden.[21] So sind alle sittlichen Tugenden miteinander verknüpft; wer eine hat, hat alle (S.th. I–II 65, 1).

Nun ist ein einmalig gegebener Befehl der Vernunft noch nicht hinreichend, um das sinnliche Begehrvermögen dauerhaft unter Kontrolle zu bringen. Ein solcher Befehl kann lediglich eine konkrete Handlung gegen das augenblickliche Begehren durchsetzen. Besiegt kann das Begehrvermögen nur werden, wenn es durch wiederholtes Handeln allmählich daran gewöhnt wird, jederzeit der Vernunft zu gehorchen (S.th. I–II 51, 3). Geschieht dies, wird das sinnliche Begehrvermögen schließlich ganz von sich aus und zwanglos das

[21] Vgl. GE 1, S. 123–126.

tun, was die Vernunft ihm anfangs noch mühsam abverlangen mußte. Jedoch kann die einmal erworbene Tugend auch wieder verloren gehen, nämlich dann, wenn sie nicht durch ständige Übung wachgehalten wird. Ähnlich wie die Gesundheit (ein Habitus des Leibes) zerfällt, wenn wir aufhören, uns zu bewegen und vernünftig zu ernähren, ähnlich wie auch unser erworbenes Wissen (ein Habitus der theoretischen Vernunft) vergeht, wenn wir es nicht anwenden, so vergeht eben auch die Tugend, wenn wir sie nicht gebrauchen, das heißt immer wieder so handeln, wie es der rechten Vernunft entspricht (S.th. I–II 53, 3). Daher kann niemand für sich Tugend beanspruchen, der nicht auch tugendhaft *handelt*. Die Sache wird hier vom Ziel her bestimmt, und das unmittelbare Ziel der Tugend ist das rechte Handeln. Auf dieses ordnet sie den Menschen zu, und aus ihm bezieht sie ihren ganzen Wert. Selbst wenn wir also tatsächlich tugendhaft sein könnten, ohne entsprechend zu handeln, hätte die Tugend dann keine moralische Bedeutung mehr.

Die theologischen Tugenden

Inhaltlich schließt Thomas mit seiner Bestimmung der einzelnen Tugenden zunächst an die platonische Tradition an, indem er vier Haupt- oder Angeltugenden (virtutes morales principales seu cardinales) unterscheidet, nämlich die Klugheit (prudentia) als Habitus der praktischen Vernunft, die Gerechtigkeit (iustitia) als Habitus des Willens (S.th. I–II 56, 6) und schließlich die Besonnenheit oder Mäßigkeit (temperantia) sowie die Tapferkeit (fortitudo) als die zwei Habitus des sinnlichen Begehrvermögens (S.th. I–II 61, 2). Um diese Tugenden in sich auszubilden, hat der Mensch alles, was er braucht. Nichts daran übersteigt seine natürlichen Fähigkeiten (die freilich auch der göttlichen Gnade zu danken sind), so daß es nun allein an ihm liegt, ob er seine Willensfreiheit zur Tugend nutzt und auf diese Weise seine natürlichen, aus Erfahrung und Vernunft ableitbaren Zwecke bestmöglich erfüllt oder nicht.

Nun ist dies ein Ergebnis, mit dem sich ein Philosoph wohl

zufriedengeben könnte, doch ist Thomas ja nicht nur Philosoph, sondern immer auch, und nicht zuletzt, christlicher Theologe und als solcher eben auch Kritiker der heidnischen Philosophie. Denn allen unbestreitbaren Verdiensten zum Trotz bleibt der Horizont der Philosophie doch auf das begrenzt, was die natürliche Vernunft als wahr zu erkennen erlaubt. Die Offenbarung aber lehrt uns, daß der letzte Zweck der menschlichen Existenz *jenseits* der Natur liegt (S.th. II–II 2, 3) und daher mit natürlichen Mitteln weder zu erkennen noch zu erreichen ist. Die irdische Glückseligkeit, die nicht nur Aristoteles als Ziel allen menschlichen Strebens ausmachen zu können glaubte, ist in Wahrheit nur ein schwaches Abbild jener unvorstellbaren und vollkommenen Glückseligkeit, die diejenigen erwartet, die nach ihrem irdischen Tod bei Gott sein werden. Die traditionellen, sittlichen Tugenden verschaffen uns vielleicht das höchste Glück, das einem Menschen in diesem Leben möglich ist, aber sie sichern uns nicht das ewige Leben in unmittelbarer Nähe Gottes. Dazu bedarf es anderer, nämlich *theologischer* Tugenden (virtutes theologicae), die uns auf das übernatürliche Ziel (finis supernaturalis) ebenso hinordnen wie die natürlichen Tugenden auf das natürliche Ziel (S.th. I–II 62, 1). Solche Tugenden aber kann kein Mensch aus eigenem Vermögen erwerben. Nur durch eine göttliche »Eingießung« (infusio) lassen sie sich erlangen. Sie heißen, wie uns die Heilige Schrift lehrt, Glaube, Hoffnung und Liebe (S.th. I–II 62, 3).

»Glaube (fides) besagt die Zustimmung des Verstandes zu dem, was man für wahr hält (assensum intellectus ad id quod creditur).« (S.th. II–II 1, 4) Der religiöse Glaube im besonderen bezieht sich auf alles, was durch die natürliche Vernunft nicht positiv erkannt, aber durch die Offenbarung bezeugt wird und deshalb als wahr angenommen werden darf und muß. In diesem Sinne heißt also zu glauben, das aufgrund solcher übernatürlichen Zeugnisse Glaubwürdige (credibilium) und der Vernunft nicht Widersprechende[22] ohne weiteren Beweis und doch unbeirrt für wahr zu nehmen. Nötig ist

[22] Der Beitrag der Vernunft besteht also nur in dem Hinweis, daß »nicht unmöglich ist«, was der Glaube für wahr hält. Vgl. S.th. II–II 2, 10.

dies, weil es vermessen wäre anzunehmen, daß die Grenzen der Vernunft nicht nur die Grenzen des Wissens, sondern auch zugleich die Grenzen des Wahren seien. Der Glaube ist kein Wissen (S.th. II–II 1, 5), aber auch kein bloßes Meinen, denn das Meinen ist immer unsicher. Wer meint, schließt die Möglichkeit des Andersseins nicht ganz aus (S.th. II–II 1, 4). Der Glaube aber enthält die *feste Gewißheit*, daß das Geglaubte wahr ist. Vom Wissen andererseits unterscheidet sich der Glaube dadurch, daß jetzt nicht die Vernunft den Willen bewegt, sondern umgekehrt der Wille die Vernunft. Diese erteilt also ihre Zustimmung nicht aus innerer Notwendigkeit, aufgrund einer Einsicht, sondern allein deshalb, weil der Wille sie dazu anhält. Wer glaubt, glaubt also, weil er glauben *will*. »Das Glauben selbst ist der Akt, in dem der Verstand (intellectus) auf Geheiß des von Gott durch die Gnade bewegten Willens der göttlichen Wahrheit zustimmt.« (S.th. II–II 2, 9) Im Glauben vertrauen wir fest darauf, daß uns in der Offenbarung der letzte Zweck unserer Existenz, das wahre Ziel all unseres Strebens zur Kenntnis gebracht wurde. Ergänzt wird der Glaube durch die Hoffnung (spes), die dem Willen das für wahr Gehaltene auch als *erreichbar* vorstellt (S.th. II–II 17, 1), und die Liebe (charitas), die eine gewisse geistige Vereinigung (unionem quamdam spiritualem) zwischen Mensch und Gott bewirkt, aufgrund derer der Liebende »gewissermaßen in jenen Zweck transformiert« wird (S.th. I–II 62, 3). Von diesen dreien kommt der Liebe der höchste Rang zu, erstens weil sie ihrem Gegenstand näher ist als Glaube und Hoffnung, denn der Liebende hat das Geliebte in gewisser Weise schon in sich, so daß, wer die Liebe zu Gott hat, in gewisser Weise auch Gott selbst hat (S.th. I–II 66, 6), zweitens aber, weil ohne die Liebe weder der Glaube noch die Hoffnung einen echten Wert besitzen (S.th. I–II 65, 4). Erst die Liebe macht sie zu wahren *Tugenden*. Tugend meint ja einen Habitus, der seinen Träger notwendig zum Guten hinführt. Wer aber glaubt, ohne zu lieben, der glaubt zwar, was wahr ist, aber sein Glaube ist tot, das heißt, er strebt nicht (oder jedenfalls nicht mit der nötigen Festigkeit) danach (S.th. II–II 4, 5) – es sei denn, er hoffte auf die Belohnung im Jenseits. Wenn aber einer nur glaubt und hofft, aber dabei nicht auch noch liebt, will er nur als Mittel (zur eigenen Glückseligkeit; S.th. II–II 17, 6), was er doch als höchstes Ziel erstreben sollte – wobei nicht auszuschließen ist, daß die Hoffnung letztlich zur Liebe führt. Ohne die Liebe aber bleibt die Hoffnung unvollkommen (S.th. II–II 17, 8), denn allein die Liebe, die wahre zumindest, ist völlig selbstlos:[23] Gott in rechter Weise zu lieben heißt nämlich, ihn um seiner selbst willen, als ein *carum*, zu lieben, also aufgrund dessen, was er ist (und nicht darum, weil er verspricht, mir zur Glückseligkeit zu verhelfen). Solche Liebe »ist eine Art Freundschaft des Menschen zu Gott« (amicitia hominis cum deo; S.th. II–II 23, 1). Die Liebe spielt für die theologischen Tugenden die gleiche Rolle wie die Klugheit für die natürlichen (S.th. II–II 4, 5). Wenn also der Wille dem Verstand gebietet, etwas für wahr zu halten, was dieser nicht als wahr erkennt, so ist der resultierende Glaube nur dann eine echte Tugend, wenn das Gebot des Willens aus *Liebe* (zu Gott) erfolgt.

Die Wirkung der Gnade

Nun kann nach Thomas' Ansicht keine der genannten theologischen Tugenden allein durch menschliches Wollen oder Handeln erworben werden. Anders als die natürlichen Tugenden lassen sie sich nicht einüben oder sonst irgendwie erwerben, wenn Gott uns nicht zu Hilfe kommt (S.th. I–II 63, 2). Auch diese Hilfe können wir auf keine Weise herbeiführen. Es gibt also keine Möglichkeit, uns die Gnade durch unser Handeln zu *verdienen*, derart, daß uns Gott schließlich nur das gibt, was uns zusteht. Die Gnade ist ihrem Wesen nach immer unverdient: ein nicht weiter erklärbares Geschenk Gottes an den Menschen (S.th. I–II 114).

Eine notwendige Voraussetzung des Glaubens ist die Gnade der göttlichen Offenbarung, die uns zuallererst mitteilt, was wir überhaupt glauben sollen. Aber diese allge-

[23] Freilich ist hier nicht jede Liebe (amor) gemeint, sondern nur diese besondere Art der Liebe, welche die Christen *charitas* nennen. Es ist die vollkommene Liebe, die das andere um des anderen willen, also ohne Beimischung von Selbstliebe, liebt.

meine Hilfe reicht zum faktischen Glauben noch nicht aus, sonst müßten alle Menschen durch die Offenbarung zum Glauben bewegt werden, was offensichtlich nicht der Fall ist. Die Pelagianer meinten, dies lasse sich durch den freien Willen des Menschen erklären, aber Thomas, obwohl er den freien Willen nicht grundsätzlich in Abrede stellt[24], hält diese Erklärung für unzureichend. Denn der Mensch könne nicht gänzlich von sich aus etwas wollen, das seine Natur übersteigt, das heißt, er kann nicht einer Sache zustimmen und sich ihrer gewiß sein, die er schlechterdings nicht einzusehen vermag. Darum ist es in jedem Fall nötig, daß Gott den Willen für den Glauben vorbereitet, indem er ihn durch einen Akt der Gnade in eine aufnahmebereite Verfassung bringt (S.th. II–II 6, 1). Allerdings denkt Thomas diese Gnade nicht, wie Augustinus, als unwiderstehlich. Wäre sie dies, ließe sich nämlich der Glaube nicht mehr als willentlich und somit auch nicht mehr als menschliches Verdienst einstufen, und es könnte dann auch keine Sünde sein, nicht zu glauben. Tatsächlich ist aber Ungläubigkeit (und, was auf dasselbe hinausläuft, Falschgläubigkeit) die schwerste aller Sünden (S.th. II–II 10, 3),[25] weshalb es für den Menschen die Möglichkeit geben muß, aus eigenem Willen die Gnade abzuweisen. Auch das Entstehen von Hoffnung (S.th. II–II 17, 1, ad 2) und Liebe (S.th. II–II 23, 2; 24, 2) wird aus dem Zusammenspiel von göttlicher Gnade und menschli-

[24] Frei zu handeln heißt, willentlich zu handeln, und willentlich handelt, was das Prinzip seines Wirkens in sich selbst hat. Gott ist zwar die Erstursache von allem, aber er teilt die »Würde der Ursächlichkeit« auch seinen Geschöpfen mit, das heißt, er gestattet ihnen, ohne äußeren Zwang allein aufgrund ihres (gottgegebenen) Wesens und damit (nämlich als »Zweitursachen«) frei zu wirken (I 22, 3; vgl. 105, 4, ad 1; 105, 5).

[25] Bei dieser Gelegenheit erweist sich Thomas als bereitwilliger Theoretiker der Inquisition: Weil ohne den rechten Glauben das ewige Leben nicht erlangt werden kann, muß nach Thomas jeder, der einen falschen Glauben verbreitet, rücksichtslos verfolgt werden. Die Sünde der Häretiker sei so groß, daß sie »nicht bloß verdient haben, von der Kirche durch Ausschluß aus der Gemeinschaft abgesondert zu werden, sondern auch durch den Tod aus der Welt ausgeschlossen zu werden. Denn es ist schwerwiegender, den Glauben zu verderben, durch den es für die Seele das Leben gibt, als das Geld zu fälschen, durch welches das zeitliche Leben sein Auskommen findet. Wenn deswegen die Geldfälscher oder andere Übeltäter auf der Stelle durch die weltlichen Fürsten gerechter Weise dem Tode überliefert werden, so könnten um so viel mehr die Irrlehrer, alsobald sie des Falschglaubens überführt werden, nicht bloß gebannt, sondern auch gerechterweise getötet werden.« (S.th. II–II 11, 3)

cher Willensfreiheit erklärt. Der Wille müsse, sagt Thomas, dergestalt vom Heiligen Geist zur Liebe bewegt werden, daß er auch selbst dieses Wirkgeschehen mit hervorbringt (S.th. II–II 23, 2).

Keine echte Tugend ohne Liebe

Nun wurde gesagt, daß das höchste Gut und damit das letzte Ziel des Menschen darin besteht, Gott zu schauen und bei ihm zu sein, und daß die natürlichen Tugenden nicht ausreichen, um dieses Ziel zu verwirklichen. Wenn aber Tugend, wie Thomas meint, ein Habitus ist, der seinen Träger notwendig auf sein eigenes Gut, also auf das Erreichen seiner ultimativen Bestimmung hinordnet, dann kann es in Wahrheit gar keine natürlichen Tugenden im eigentlichen Sinne des Wortes geben. Zwar ist das klassische Tugendgeviert von Tapferkeit und Besonnenheit, Gerechtigkeit und Klugheit ein notwendiger Schritt auf dem Weg zum Ziel, aber dennoch bleiben diese Eigenschaften ohne die von Gott eingegossene Liebe letztlich nutzlos, weil sie uns dann gleichsam auf halber Strecke im Stich lassen. Von Tugenden kann man hier also nur insofern sprechen, als sie uns stets auf den *richtigen* Weg bringen und insofern gut genannt werden können – im Unterschied zu Handlungsdispositionen, die den Menschen von seinem angestammten Gut entfernen und daher schlecht sind. Sieht man aber auf das eigentliche Ziel (wie es sich der Sache nach gebührt), kann es wahre Tugend (vera virtus) ohne Gottesliebe nicht geben (S.th. II–II 23, 7). So erweist sich für Thomas am Ende nicht die Klugheit, sondern die Gottesliebe als eigentliche Wesensform *aller* Tugenden, der übernatürlichen wie der natürlichen. »Charitas omnium virtutum forma est« (S.th. II–II 23, 8). Sah es bislang so aus, als bestünde die Tugend bereits dann, wenn sinnliches Begehrvermögen und Wille ihre Form durch die Vernunft erhalten, so zeigt sich nun, daß die wahre Tugend darüber hinaus verlangt, daß sich die Vernunft ihrerseits durch den Willen formen läßt. So wird also die Vernunft dem Willen unterworfen und damit auch der Theologie die

Philosophie, der am Ende eben doch nur eine dienende Rolle zuerkannt wird. Wie der Mensch nichts ohne Gott ist, so sind die natürlichen Tugenden nichts ohne die eingegossenen, die Gerechtigkeit nichts ohne die Liebe und das Wissen nichts ohne den Glauben.

Quellen:

Thomas von Aquin: Summa theologiae. Vollständige deutsch-lateinische Ausgabe. Graz u. a. 1934 ff. [S.th.].

Thomas von Aquin: Summe der Theologie. 3 Bde, Stuttgart 1934.

Thomas von Aquin: Summa contra gentiles. Lateinisch-deutsch, hg. v. Karl Albert u. a. Darmstadt 1974 ff. [Scg].

Thomas von Aquin: Prologe zu den Aristoteles-Kommentaren. H., übersetzt und eingeleitet von Francis Cheneval und Ruedi Imbach. Frankfurt am Main 1993 [De an.].

Thomas von Aquin: Von der Wahrheit (Quaestio disputata de veritate I). Lateinisch-deutsch, ausgewählt, hg. und übersetzt von Albert Zimmermann, Hamburg 1986 [Verit. I].

Thomas von Aquin: Über den Lehrer (Quaestio disp. d. ver. XI). Lateinisch-deutsch, herausgegeben, übersetzt und kommentiert von G. Jüssen, G. Krieger und J. H. J. Schneider. Hamburg 1988 [Verit. XI].

Literaturauswahl:

Chenu, Marie Dominique: Das Werk des hl. Thomas von Aquin. 2. Aufl. Heidelberg, Graz 1982.

Elders, Léon J. und K. Hedwig (Hg.): The Ethics of St. Thomas Aquinas. Citta del Vaticano 1984.

Flasch, Kurt: Aufklärung im Mittelalter? Die Verurteilung von 1277. Mainz 1989.

Grabmann, Martin: Thomas von Aquin. Persönlichkeit und Gedankenwelt. 7. Aufl. München 1946.

Kluxen, Wolfgang: Philosophische Ethik bei Thomas von Aquin, Mainz 1964.

Mensching, Günther: Thomas von Aquin. Frankfurt am Main, New York 1995.
Meyer, Hans: Thomas von Aquin. Sein System und seine geistesgeschichtliche Stellung. 2. Aufl. Paderborn 1961.
Pesch, Otto Hermann: Thomas von Aquin. Grenze und Größe mittelalterlicher Theologie. Mainz 1988.
Pieper, Josef: Thomas von Aquin. Leben und Werk. 3. Aufl. München 1986.
Rhonheimer, Martin: Natur als Grundlage der Moral. Innsbruck, Wien 1986.
Schilling, O.: Die Staats- und Soziallehre des heiligen Thomas von Aquin. 2. Aufl. München 1930.
Schönberger, Rolf: Was ist Scholastik? Hildesheim 1991.
Weisheipl, James A.: Thomas von Aquin. Sein Leben und seine Theologie. Graz 1980.
Wittmann, Michael: Die Ethik des hl. Thomas von Aquin. München 1933.

Allgemeine Literatur zum Mittelalter

Blomme, R.: La doctrine du péché dans les écoles théologiques de la première moitié du XIIe siècle. Louvain, Gembloux 1958.

Copleston, Frederick C.: Geschichte der Philosophie im Mittelalter (1972). München 1976.

Flasch, Kurt: Das philosophische Denken im Mittelalter. Stuttgart 1986.

Flasch, Kurt und Udo Reinhold Jeck (Hg.): Das Licht der Vernunft. München 1997.

Lea, Henry Charles: Geschichte der Inquisition im Mittelalter. 3 Bde, Bonn 1905–1913.

Nigg, Walter: Das Buch der Ketzer. Zürich 1962.

Potts, T.: Conscience in Medieval Philosophy. Cambridge 1980.

Saarinen, R.: Weakness of the Will in Medieval Thought. From Augustine to Buridan. Leiden u. a. 1994.

Namen- und Sachregister

Geschichte der Ethik

Die Frage nach dem richtigen Handeln und der richtigen Lebensführung gehört zu den zentralen Gegenständen philosophischen Denkens. Die auf vier Bände angelegte ›Geschichte der Ethik‹ eröffnet einen Überblick über die grundlegenden Anschauungen und Systeme der Ethik und führt in die Lektüre der wichtigsten philosophischen Texte ein. Bisher liegen vor:

Michael Hauskeller

Geschichte der Ethik
Antike

Originalausgabe
dtv 30634

Der erste Band der Geschichte der Ethik stellt die wichtigsten Systeme dieser philosophischen Disziplin in der Antike – Platon, Aristoteles, Epikur und die Stoa – vor und gibt damit auch eine Einführung in die grundlegenden Methoden philosophischen Denkens.

Michael Hauskeller

Geschichte der Ethik
Mittelalter

Originalausgabe
dtv 30727

Im abendländischen Mittelalter treten mit der christlichen Heilslehre Glaube, Liebe und Hoffnung an die Seite der Erkenntnis des Guten. Sich selbst zu erkennen und im Spannungsfeld von Willensfreiheit und Determination durch den allmächtigen Gott den richtigen Weg zu wählen, hält die mittelalterliche Geisteswelt in Atem.

dtv

Lust auf Philosophie

Jostein Gaarder
Sofies Welt
dtv 12555

Christoph Helferich
Geschichte der Philosophie
Von den Anfängen bis zur Gegenwart
und Östliches Denken
dtv 30706

Frieder Lauxmann
Der philosophische Garten
dtv 20176

Michael Macrone
Heureka!
Das archimedische Prinzip und 80 weitere Versuche,
die Welt zu erklären
dtv 30673

Martin Morgenstern, Robert Zimmer
HinterGründe
Die Philosophie und ihre Fragen
dtv 30709

Frédéric Pagès
Frühstück bei Sokrates
Philosophen ganz privat
dtv 20040

Kostis Papajorgis
Der Rausch
Ein philosophischer Aperitif
dtv 30665

Texte zur Philosophie

Texte zur Ethik
Herausgegeben von Dieter Birnbacher
und Norbert Hoerster
dtv 30096

Eine handliche Sammlung grundlegender Abhandlungen und zugleich eine ideale Einführung in die Probleme der Ethik.

Was ist Natur?
Klassische Texte zur Naturphilosophie
Herausgegeben von Gregor Schiemann
dtv 4697

Die ältesten Fragen des abendländischen Denkens, die um das Verhältnis des Menschen zur Natur kreisen, erhalten vor dem Hintergrund der ökologischen Krise neue Brisanz.

Zeichen über Zeichen
Texte zur Semiotik
von Charles Sanders Peirce bis zu Umberto Eco
und Jaques Derrida
Herausgegeben von Dieter Mersch
dtv 30653

Philosophische Texte von der Antike bis in die Gegenwart beschreiben den Wandel des Verhältnisses von Denken, Sprache und Welt und damit des menschlichen Selbstverständnisses schlechthin.

Klassische philosophische Texte von Frauen
Herausgegeben von Ruth Hagengruber
dtv 30652

Denken Frauen anders? Gibt es ein spezifisch weibliches Philosophieren? Aufschluß darüber geben Texte von Frauen aus sechs Jahrhunderten von der Renaissance bis heute.

Philosophie jetzt!

Herausgegeben von Peter Sloterdijk
Ein Wegweiser zu den Texten der großen Philosophen, sachkundig ausgewählt und kommentiert

Platon
Ausgewählt und vorgestellt von Rafael Ferber
dtv 30680

Aristoteles
Ausgewählt und vorgestellt von Annemarie Pieper
dtv 30682

Kant
Ausgewählt und vorgestellt von Günter Schulte
dtv 30683

Fichte
Ausgewählt und vorgestellt von Günter Schulte
dtv 30687

Hegel
Ausgewählt und vorgestellt von Günter Schulte
dtv 30685

Schopenhauer
Ausgewählt und vorgestellt von Peter Sloterdijk
dtv 30686

Marx
Ausgewählt und vorgestellt von Oskar Negt
dtv 30684

Sartre
Ausgewählt und vorgestellt von Thomas H. Macho
dtv 30681

Christoph Helferich

Geschichte der Philosophie

Von den Anfängen bis zur Gegenwart
und Östliches Denken
Mit einem Beitrag von Peter Christian Lang
dtv 30706

Diese umfassende, anschauliche und für Laien verständlich geschriebene Philosophiegeschichte mit ihren zahlreichen Illustrationen und ausführlichen Textbeispielen führt bis in die jüngste Zeit. Sie bietet allen an Philosophie Interessierten gründliche Information über die großen Denker und Denkerinnen, über die wichtigsten philosophischen Fragen und Theorien sowie über die dadurch ausgelösten Debatten und Kontroversen. Die faszinierende Welt der Philosophie – des Westens und des Ostens – in einem Band!

»Wer heute auf eine vergleichsweise kurzgefaßte Geschichte der Philosophie im Weltmaßstab nicht von vornherein verzichten will, könnte zwar jederzeit eine andere Philosophiegeschichte schreiben, schwerlich aber eine ›bessere‹.«
Allgemeine Zeitschrift für Philosophie

»Helferich hat jene vom philosophischen Laien so gefürchtete esoterische Sprache, die die Philosophie immer wieder in Mißkredit gebracht hat, durchgängig vermieden. Alle speziellen Fachbegriffe werden entwickelt und erklärt. Sein Buch ist deshalb als Einführung in die Philosophie und damit zugleich in die geschichtlich entwickelten Formen unseres Fragens und Denkens geeignet.«
Frankfurter Allgemeine Zeitung

Richard Tarnas

Idee und Leidenschaft

Die Wege des westlichen Denkens
Aus dem Englischen von Eckhard E. Sohns
dtv 30715

Woher kommen wir? Wohin gehen wir? Wohin bewegt sich die Welt? Seit Beginn der Zivilisation ist die Menschheit von der Leidenschaft erfüllt, die Welt und den Platz des Menschen darin zu verstehen. Richard Tarnas erzählt die Geschichte dieser Leidenschaft und entfaltet das Universum des westlichen Weltbildes in Philosophie, Religion, Wissenschaft und Kunst. Er beschreibt die abendländischen Ideen in ihrer Polarität und Widersprüchlichkeit, ein »Universum der Doppelwahrheiten«: Glaube und Wahrheit, das Männliche und das Weibliche, Tradition und Innovation, Bewußtsein und Unterbewußtsein. Tarnas zeigt uns »Sophies wirkliche Welt«, veranschaulicht Lehren und Epochen und weist den Weg zu einer spirituellen und intellektuellen Erneuerung. »Nur dieser Überblick kann uns in die Lage versetzen, zu entziffern, was vor uns liegt.«

»Ein intellektuelles Abenteuer, dessen provozierende Ergebnisse ein helles Licht auf die Ideen werfen, die wesentlich für unser Denken sind.« (Publishers Weekly)

dtv